影响的剖析：
社会化媒体与当代中国的生活方式

李芹燕 著

西南交通大学出版社
成都

图书在版编目（CIP）数据

影响的剖析：社会化媒体与当代中国的生活方式 / 李芹燕著. —成都：西南交通大学出版社，2018.8
ISBN 978-7-5643-6294-2

Ⅰ.①影… Ⅱ.①李… Ⅲ.①社会化－媒体－影响－生活方式－研究－中国－现代 Ⅳ.①D669.3

中国版本图书馆 CIP 数据核字（2018）第 168418 号

影响的剖析：社会化媒体与当代中国的生活方式

李芹燕　著

责任编辑	武雅丽
封面设计	严春艳
出版发行	西南交通大学出版社 （四川省成都市二环路北一段 111 号 西南交通大学创新大厦 21 楼）
发行部电话	028-87600564　028-87600533
邮政编码	610031
网址	http://www.xnjdcbs.com
印刷	四川煤田地质制图印刷厂
成品尺寸	165 mm×230 mm
印张	16
字数	229 千
版次	2018 年 8 月第 1 版
印次	2018 年 8 月第 1 次
书号	ISBN 978-7-5643-6294-2
定价	79.00 元

图书如有印装质量问题　本社负责退换
版权所有　盗版必究　举报电话：028-87600562

序言

这是一个喧嚣的沸腾的时代，这是一个冷静的孤独的时代，这是一个探索与碰撞的时代，这是一个追求理想生活方式的时代，这是我们所处的最好的时代。

一切都来得那么突然，而又那么顺理成章。或早或晚，当代中国人已经被一股强大的力量编织进庞大细密的社会化媒体网络之中，无论自愿与否。数字生活成为我们生活的一种重要方式，不仅在中国，全球都呈现共同的趋势。

毫无疑问，互联网的普及带来世界范围内的巨大变化，一场新的变革正在悄然发生，社会化媒体正是这一变革的工具。在过去的几年时间里，互联网的重心逐渐从门户时代转向社会化媒体时代，社会生活中的各个领域都发生了重大的社会变迁，而不仅仅是经济领域。虽然这一点非常重要而且显而易见——社会化经济是社会经济学的重大变革，消费者正在成为经济发展的动力——更为重要的是，社会化媒体带来的变化使我们每一个人都深度卷入其中，深刻地转变了我们的生活方式，生活领域内的变化是最直观最真实的。

社会变迁如此突出地体现在人们生活方式的变迁中，变化的速度是这样快，BB机、大哥大、3G、聊天室、大虾刚刚成为记忆，外卖、团购、网约车、网络直播、大V、表情包已经席卷而来。社会化媒体带来的改变表现于我们正在经历的一切日常生活的变化以及未来几年、几十年要经历的一系列演变。我们正站在一个由网络和技术发展而造就的历史转折点上，社会化媒体在引导生活方式变迁中扮演着越来越重要的角色，甚至主导着当代中国人新的生活方式的形成和塑造。

生活方式只是文化的浅表层。社会化媒体时代线上线下生活的界限已经淡化，从交往方式、语言习惯到消费行为，这一系列变化的背后是社会文化的变迁以及生活理念的碰撞。改革开放使中国正式融入世界体系，成为全球化消费社会中的重要一环，也带来中国社会生活方式认同感的多元化。欧美一度被当作风尚发源之地、技术发源之地、生活方式发源之地，中国社会化媒体的发展后来居上，在很多方面成为世界的引领者，当代中国人正在依赖社会化媒体自觉或者不自觉地去设计一种新的生活方式，去实践一种新的生活方式，去传播一种新的生活方式。

一种新媒体的诞生从来不缺乏赞美，社会化媒体当然也是如此。它带给我们新的可能性，改变着我们的生活、我们的文化和我们的思维，我们对它如此寄予厚望，就像早期我们看待互联网那样。但是，我们会越来越理性，我们渐渐承认，它并没有那么糟糕，也不是想象中的那么美好，我们在跌跌撞撞中试错，在试错中创新，在创新中前行。

我希望把这本书当作一个观察分析报告，着眼于小处，细致地描述社会化媒体影响下的当代中国生活方式的变化。我希望这份报告，能够检视这些变化背后的缘由，做一些理念层面的反省与反思。

本书认同"生活/生产互构论"的研究范式，但重点关注生产活动、经济活动以外的狭义的生活方式。书中所使用的观点，综合借鉴了社会学、管理学、心理学、语言学等领域的研究成果。本书从分析社会化媒体的含义及特性展开，梳理了学界对社会化媒体及生活方式的相关研究，选择了人际交往、语言生活、消费生活、合作与学习几个领域，具体分析社会化媒体带来的影响和变化，也关注社会个体在这种影响下的行为及观念的变化。本书偏重于对生活本身的观察，偏重于对具体案例和数据的分析，偏重于关注对未来生活方式有着重要影响的年轻人。

本书所使用的例证材料是混合型的：有些来自已经发表的国内外优秀的研究成果，有些来自业界或专业咨询公司的分析报告，有些来自社交媒体中的知识平台，有些来自现实生活中完成的问卷调查和访谈，而有些来自社会化媒体社群、圈子中完成的问卷调查和访谈，还有一些直接取自周围普普通通的或者是富有个人特色的社交媒体用户的资料。我想，这有利于把零散的经验联结在一起，把对社会生活的观察与理性的思考分析联结在一起。

社会化媒体时代带来的是一场影响深远的变革，而现在，我们，正处于这场变革的初级阶段。延续了几个世纪的生活方式是否适用于新的时代，哪些原则将继续坚持，哪些方式将会被社会淘汰，我们需要做哪些调整、改变，才能在竞争激励、急剧变化的世界格局中找到应有的位置，这是一个新鲜而又有趣的话题。

我们期待更好的社会、更好的生活，我们期待成为生活得更好的中国人。

目录

003 **第一章 直面：社会化媒体时代**

003 　第一节　社会化媒体概述

003 　　社会化媒体的兴起

005 　　何为社会化媒体

007 　　社会化媒体有哪些

013 　第二节　社交媒体的基本特性

014 　　不在场的真实互动性

018 　　用户生产性与开放性

024 　第三节　社会化媒体研究

025 　　用户研究

027 　　应用研究

028 　第四节　被影响的生活方式

028 　　生活方式的含义

029 　　生活方式研究

037 **第二章 社会化媒体下的时间空间**

037 　第一节　折叠的时间

037 　　时间消灭空间

039　价值时空

043　折叠的时间

046　第二节　移动的空间

046　消失的空间？

047　移动的个人空间

048　网络公共空间

055　**第三章　社会化媒体下的人际交往**

056　第一节　社会化，还是反社会化

057　手机成瘾

059　透明的我们

062　真实之间

064　新的"我们"

066　多重社会角色养成

068　多层次需求的满足

070　社会化媒介素养

074　第二节　规则与礼仪

075　规则：破坏与重塑

076　社交网络中的道德乱象

082　网络空间的道德规则构建

085　丰富社会角色内涵

088　催生新的社会角色和职业

090　重构社交礼仪

093　第三节　情感、圈子与印象管理

095　"遇见"陌生人

100	圈子与熟人社交
104	强关系与弱关系
107	网络社群体验
111	网络印象管理
123	**第四章　社会化媒体下的语言生活**
124	第一节　被改变的汉语
125	新词新语
130	流行语
134	网络用语
139	禁用词和慎用词
142	第二节　从字符符号到表情符号
143	字符符号——颜文字
145	表情符号——图文字
150	网络交际副语言
152	交谈功能
154	第三节　表情包
155	表情包来了
157	谁在表情包
160	社会文化风向标
162	"绿色"表情包
167	**第五章　社会化媒体下的消费生活**
168	第一节　主动的商家，互助的用户
171	觉醒的消费者
172	形散神聚与形散神似

178	在路上
179	从群雄逐鹿到百舸争流
184	共享和分享
186	社会化媒体下的网络消费环境
191	**第二节　炫耀式消费，符号化生活**
191	炫耀式消费与"镜中自我"
195	符号消费
199	外卖
201	民宿
203	二手消费
207	**第六章　社会化媒体下的合作与学习**
208	**第一节　社会合作的革新**
208	跨时空合作
212	企业社会化网络合作
215	弱关系凸显力量
217	网络社区合作
221	**第二节　学习的新方式**
222	社会化学习
226	知识的大众生产
232	学习成长型社群
235	知识付费
238	**参考文献**

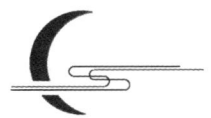

整个世界是一个舞台,
所有男女不过是这舞台上的演员,
他们各有自己的活动场所,
一个人在其一生中要扮演很多角色。
　　　　——(英国)莎士比亚《皆大欢喜》

第一章
直面：社会化媒体时代

Web2.0时代，互联网在工业化浪潮、信息化革命的合力作用下迅猛发展，互联网的重心正在从门户时代转向社会化媒体时代，云计算、物联网、大数据、虚拟技术等相辅相成，使得社会化媒体渗透到我们日常生活与工作学习的方方面面。我们要探询的是，社会化媒体如何演变成深刻改变中国社会的重要力量，又是如何深度地影响当代中国人的生活方式并将持续发挥作用，而其间的种种问题和弊端，该如何破解和规避。

第一节 社会化媒体概述

社会化媒体的兴起

社会化媒体，又称社交媒体（Social Media）。对于社会化媒体兴起与发展历史的追述，其实目光不用投向太遥远。2004年，马克·扎克伯格创立社交网络服务网站Facebook（脸书）；2006年，杰克·多尔西等创办社交网络及微博服务网站Twitter。随后的几年，以Facebook和Twitter为代表的社会化媒体在全球范围的用户急剧增长并产生了巨大的影响，发展成为与门户网站、搜索引擎相匹敌的互联网基础性应用。社会化媒体这一提法首次出现，是在2007年美国学者安东尼·梅菲尔德（Antony Mayfield）的《什么是社会化媒体》一书中，他将社会化媒体定义为一种给予用户极大参与空间的新型在线媒体。社会化媒体并不是一个单数的存在，而是一个复数的表达，早期的社会化媒体一般包含博客、播客、微博、论坛、社交网络、社区、维基等多种形式。①

网络技术的更新迭代促进了社会化媒体的快速发展。根据中国互联网信息中心2016年1月22日发布的《第37次中国互联网络发展状况统计报告》，截至2015年12月，中国网民规模达到6.88亿，互联网普及率达到50.3%，移动互联网塑造了全新的社会生活形态。《报告》同时显示，网民的上网设备正在向手机端集中，手机成为拉动网民规模增长的主要因素。我国手机网民规模达6.20亿，有90.1%的网民通过手机上网。互联网的分散性和普及性，使得信息呈现的速度加快，范围加倍扩大，推动了社会化媒体的创立和产生，而社会化媒体所拥有的开放、互动等特性，又为人们交流信息提供了更自由的平台。基于Web2.0技术、移动技术的支撑和更加广泛的网民基础，社会化媒体从博客、网络论坛发展到Podcast、Wikipedia、Facebook、Plurk、Twitter及内容社区和社交APP。具体来讲，包括但不限于：社交网络、微博、视频分享、社会化电子商务、即时通信、RSS订阅、百科、问答、社会化书签、博客、论坛、社交游戏、直播平台、消费点评等。

我国的社交媒体发展日新月异、竞争激烈，新的社会化媒体形态不断延伸、拓展，并且可能没有终点。2011年以来，以微博为代表的社会化媒体呈现爆发式增长态势，成为整个社会话语场域的第一信息源、舆论策源地。② 同样是在这一年，另一个社会化媒体"微信"悄然上线，这是一款支持跨通信运营商和跨操作系统平台的应用程序，可以为智能终端提供免费的即时通信服务，发送信息包括语音短信、视频、图片和文字，并且可以使用通过共享流媒体内容资料和基于位置的社交插件"摇一摇""朋友圈""公众平台"等。初期的微信不温不火，推出接近一年

---

① 张哲. 社会化媒体对传播方式的影响分析[J]. 人民论坛, 2011(8): 144-145.
② 喻国明. 中国舆情年度报告2013[M]. 北京: 人民日报出版社, 2013: 5.

半的时间用户才达到 1 亿，后期调整功能和接入机制后用户急剧增长。截至 2016 年第二季度，微信已经覆盖中国 94%以上的智能手机，月活跃用户达到 8.06 亿，各品牌的微信公众账号总数已经超过 800 万个[①]；用户覆盖 200 多个国家，超过 20 种语言，微信支付的用户则达到 4 亿左右[②]。2018 年 2 月，微信全球用户月活数突破 10 亿大关[③]。

当下主流的社交媒体微信、微博、播客和社交网络等，组成了当代中国的新媒体传播群落，渗入到社会结构的每个角落，移动媒体终端的发展最为迅猛。社会化媒体作为当下政治、民众文化的重要表征，已经成为社会公共领域的重要构成，但完善的社会化媒体生态系统尚未建立。

何为社会化媒体

越来越多的研究者将目光投向"社会化媒体"，但至于什么是社会化媒体（社交媒体），目前尚无统一定论。

安东尼·梅菲尔德（Antony Mayfield）最初定义的社会化媒体是一种给予用户极大参与空间的新型在线媒体，建立在 Web2.0 的技术和思维方式上，用户可以创造新的内容，用户间可进行内容交流[④]。在全球著名的百科全书网站 Wikipedia 上，社会化媒体是指运用易涉入和传播的沟通技术并以社会化交流为目的的媒体。

2009 年，魏武挥进一步总结 Wikipedia 的内容，提出社会化媒体有两个关键词：UGC（用户创造内容）和 CGM（消费者自主的媒体）。2013 年，田丽、胡璇等对社会化媒体进行了拓展，界定为：社会化媒体是以互动为基础，允许个人或组织进行生产内容的创造和交换，依附并能够

---

① 数据来自腾讯科技. 腾讯 2016 年第一季度总收入 319.95 亿元，同比增长 43%. http://tech.qq.com/a/20160518/067853.html，2017-01-09.
② 数据来源搜狐. 微信用户最新数据：月活跃用户达到 5.49 亿，支付用户 4 亿左右. http://www.sohu.com/a/68816511_381541，2016-8-2.
③ 数据来源新华社-人民网. 马化腾：春节全球月活用户首次突破 10 亿. http://media.people.com.cn/n1/2018/0305/c40606-29848867.html，2018-03-05.
④ NGAIA E W T, TAOA S S C, MOONB K K L. Social media research: Theories, constructs, and conceptual frameworks[J]. International Journal of Information Management, 2015, 35(1): 33-34.

建立、扩大和巩固关系网络的一种网络社会组织形态。它的思想与技术核心是互动，内容主体为 UGC，关键结构是关系网络，表现为一种组织方式。① 在这个界定中，一个重要的拓展是，把社会化媒体看成一种社会的组织方式，而不是媒体。

2017 年 3 月，百度百科关于社会化媒体的界定是：社会化媒体一般指社交媒体，社交媒体（Social Media）指互联网上基于用户关系的内容生产与交换平台，是人们彼此之间用来分享意见、见解、经验和观点的工具和平台，现阶段主要包括社交网站、微博、微信、博客、论坛、播客等。②

要分析社会化媒体的含义，必须要厘清新媒体、自媒体、社会化媒体三者的关系。

新媒体是一个相对的概念，是指相对于传统媒体的新的媒体形态。学界关于新媒体的定义很多，难有定论。联合国教科文组织对新媒体的定义是"以数字技术为基础，以网络为载体进行信息传播的媒介"。美国《连线》杂志对新媒体的定义是"所有人对所有人的传播"。新传媒产业联盟秘书长王斌对新媒体的定义是"以数字信息技术为基础，以互动传播为特点、具有创新形态的媒体"。

从以上具有代表性的观点可以看出，相较于传统媒体而言，新媒体有 3 个核心特点：一是技术基础为数字技术，二是传播媒介基于互联网，三是传播者变成了所有人。以互联网技术、无线传输技术和智能终端设备为基础的新媒体，传播的介质、方式和物质条件发生了根本变化。这带来了新媒体数字化、交互性、实时性和"无阻碍"的特点。新媒体的特点，社会化媒体自然都具备。

社会化媒体与其他新媒体的区别在于，社会化媒体在网络中模拟了真实世界的人际关系，并且将真实世界的信息传递方式在互联网进行移植、扩大，使得个体的声音被传播得更远。并且，它的传播者也是个人，

---

① 田丽，胡璇.社会化媒体概念的起源与发展[J].新闻与写作，2013(9): 27-29.
② 资料来源：百度百科 https://baike.baidu.com/item/%E7%A4%BE%E4%BA%A4%E5%AA%92%E4%BD%93/1085698?fr=aladdin&fromid=10393477&fromtitle=%E7%A4%BE%E4%BC%9A%E5%8C%96%E5%AA%92%E4%BD%93，2018-3-16.

不是组织。

当把新媒体的传播者限定为"个人",也就是普通大众时,这个新媒体我们就称为自媒体。我们可以把社会化媒体理解成是一种特殊的自媒体,它强调接收者由所有人变成基于社交网络的所有人。当自媒体的接收者基于熟人关系或者是基于兴趣爱好创建一个社交网络时,这个自媒体就成了社交媒体,也就是社会化媒体,例如,基于兴趣社交的微博,基于熟人社交的微信,基于知识社交的知乎等。虽然传播者都是个人,但自媒体的接收者是所有人,而社会化媒体的接收者是社交关系链上的人。

基于以上分析,本书所定义的社会化媒体是以 Web2.0 为核心技术、以用户生产为主要内容、以社交关系互动为主要形式的互联网社会组织平台。

社会化媒体有哪些

不仅在社会化媒体的含义上研究者和使用者们存在着意见分歧,对于究竟哪些互联网应用可以纳入社会化媒体的范畴,人们也没有达成共识。

凯度公司在中国的研究机构 Kantar Media CIC 通过总结社会化媒体覆盖的应用范围概括了社会化媒体的全景图,并从 2008 年到 2017 年发布了九个中国社会化媒体格局概览版本(2008 年和 2009 年为一张),其中有代表性的是 2013 年版、2016 年版和 2017 年版。图 1-1 是 2013 年的版本[1],图 1-2 是 2016 年的版本[2],图 1-3 是 2017 年的版本[3]。

2013 版:

2013 年版中,被 CIC 列为社会化媒体应用的有(参见图 1-1):

基础功能网络类:在线问答、在线百科、博客&.博客聚合、文档分享、签到与位置服务(LBS);

---

[1] 图片来源:http: //www.ciccorporate.com/index.php?option=com_content&view=article&id=1079&catid=84 : archives-2013&.Itemid=194&lang= zh, 2013-04-02.

[2] 图片来源 http: //www.ciccorporate.com/images/SocialMediaLandscape/china%20social%20media%20landscape%20cn_20161107_new%20logo.png, 2016-10-08.

[3] 图片来源:http: //www.ciccorporate.com/images/landscape_2017_0130.jpg, 2018-01-30.

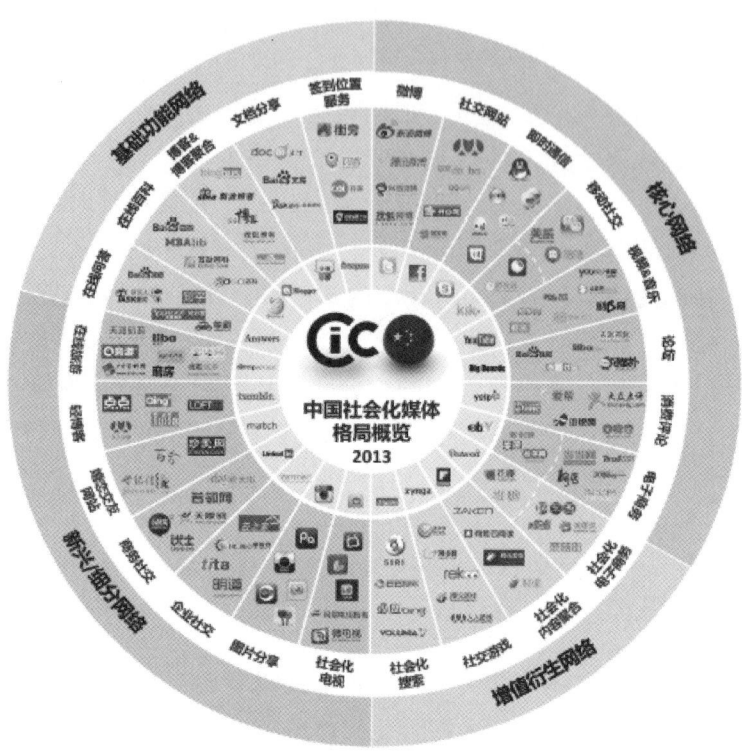

图 1-1　CIC 总结的中国社会化媒体格局概览图（2013 年版）

核心网络类：微博、社交网站、即时通信、移动社交（如微信）、视频&音乐、论坛、消费评论、电子商务；

增值衍生网络类：社会化电子商务、社会化内容聚合、社交游戏、社会化搜索；

新兴/细分网络类：社会化电视、图片分享、企业社交、商务社交、婚恋交友网站、轻博客、在线旅游。

在 2013 年版中，CIC 把论坛、游戏、即时通信、博客、视频分享、问答、SNS、微博、微信等作为社会化媒体应用，符合大多数人的认知，也能和大多数研究者的观点达成共识。但 CIC 把电子商务列入社会化媒体应用，当时却存在一定的学术争议。的确，从社会化媒体的特点来看，当时的电子商务及未来发展包含了社会化媒体的元素。基于社交关系的网络商品推荐和对网站商品的评论都是由用户生产的，这些内容不仅促成了购买行为,也成为用户间关系的纽带。从未来趋势看,电子商务必将与社会化媒体深度结合,甚至电子商务平台和社会化媒体平台融为一体,这将是未来商业的发展方向。

2016版:

2016年版中,被CIC列为社会化媒体应用的有(参见图1-2):

功能性细分平台:博客、百科、问答、游戏、商务社交、交友、通信、社交网络、新闻、图片社交、视频、音乐、电子商务、点评、分类信息;

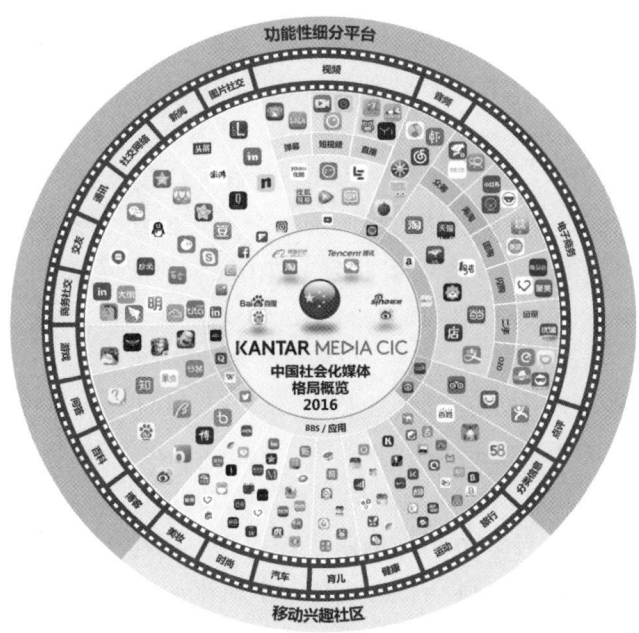

图1-2 CIC总结的中国社会化媒体格局概览图(2016年版)

移动兴趣社区:旅行、运动、健康、育儿、汽车、时尚、美妆。

在Kantar Media CIC的2016年中国社会化媒体格局概览图发布会上,Kantar Media CIC的研究与咨询部总监Linda Xu强调了2016年中国社交媒体格局五大变化发展趋势[①]:

---

① 资料来源:http://www.199it.com/archives/507168.html,2016-08-13。

（1）百度（Baidu）、阿里巴巴（Alibaba）、腾讯（Tencent）和新浪（Sina）（总称为 BATS）是中国社会化格局的核心力量，BATS 的壮大使得互联网具有快速传播（Viral）、大信息量（Informative）及高实用性（Practical）的特点。

（2）中国电子商务集成了更多的社会功能，从而提升了消费者的购物体验，也进一步勾起了客户购买新产品的欲望。

（3）多种类的视频网站和应用程序出现在市场上，从而接触到不同的目标客户群体。

（4）类似分答和知乎 Live 的问答网站开始在中国经历一场复兴并且在 KOL（Key Opinion Leader 的缩写，即意见领袖）之间越来越流行。

（5）网红作为 KOL 格局的新兴人物，在网络上极具影响力，网红经济开始爆炸式增长。

在 2016 年版中，一个有意思的社会化媒体应用类别"移动兴趣社区"被 CIC 单列出来——基于移动终端用户个人兴趣社交基础上产生，包括在虚拟社会（online）或者现实社会（offline）的交际往来——主要集中于但远远不止于 CIC 所罗列的旅行、运动、健康、育儿、汽车、时尚、美妆等方面。兴趣社交并不是一个新鲜事物，一度火热又一度冰寒，在消费因素及移动科技发展两大因素的影响下，移动兴趣社交重新火热起来。国内陌陌的版本更迭与用户增长、Houseparty 等视频社交数据都验证着年轻人交友正在从关系社交向兴趣社交转变。

对于"95 后"与"00 后"的新生代而言，志趣是否相投是判断彼此能否相谈甚欢的第一准则。当这些衔着手机出生的年轻新生代们逐渐成为互联网消费市场的主力时，各类型的移动兴趣社交应用应运而生。移动兴趣社交主要依附于移动端，从以往的流量模式转为内容模式，且内容玩法多媒体化、富媒体化，年轻新生代移动兴趣用户不单单是内容的接收者，更是内容的生产者。可以预想，随着泛娱乐时代和新零售新商务时代的到来，移动兴趣社交还将有更大的发展空间和可能。

2017 版：

2017 年版中，CIC 列出的社会化媒体运营方式包含社会化商业、平台功能和用户原创内容三大类。和以往版本不同的是，三大类之间并没有明显的界限，具体内容有：电子商务、问答、音频、游戏、视频、微博、公益、新闻、通信、社交搜索、商务社交、分类信息、图片社交、社交网络、博客、论坛、交友等应用。（参见图1-3）

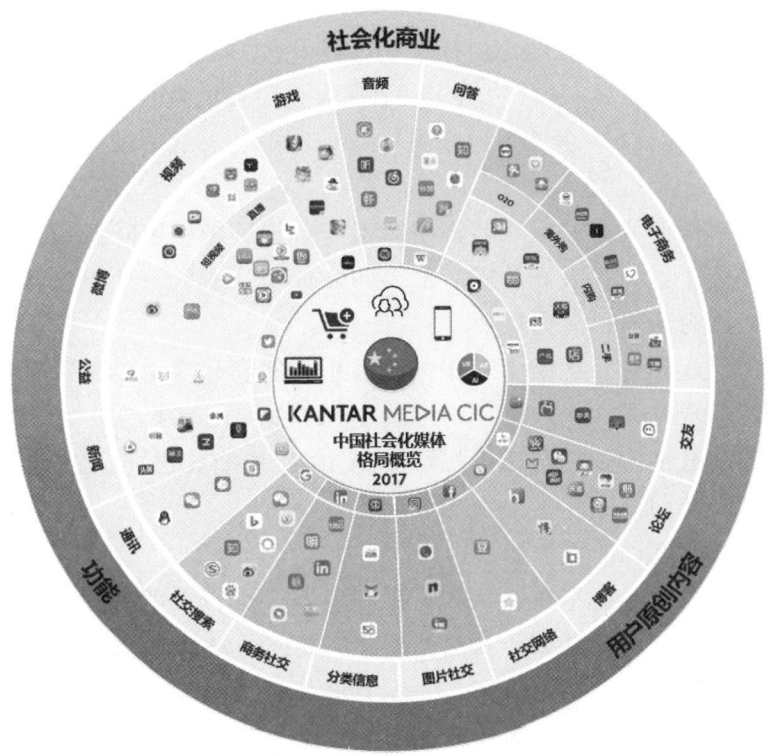

图1-3　CIC总结的中国社会化媒体格局概览图（2017年版）

2017年版中，CIC把"用户原创内容"列为社会化媒体应用的三大版块之一。用户原创内容，即UGC，是"User Generated Content"的缩写。在一些组织中也将其称作UCC User created Content。UGC的概念最早起源于互联网领域，按照百度百科的解释，UGC即用户将自己原创的内容通过互联网平台进行展示或者提供给其他用户。① UGC并不是某一种具体的业务，而是一种用户使用互联网的新方式，即由原来的以浏览

---

① 来自百度百科，https: //baike.baidu.com/item/%E7%94%A8%E6%88%B7%E5%8E%9F%E5%88%9B%E5%86%85%E5%AE%B9/ 9117304?fr=aladdin, 2016-12-15.

内容、内容下载为主变成内容下载和内容上传并重。随着社会化媒体运用更加广泛地发展，UGC产品将越来越丰富、越来越细分，优秀的UGC产品内容也将越来越优质。

CIC还提炼出了2017版中国社会化媒体格局的五个发展趋势[①]：

（1）功能与内容的融合。社会化媒体平台的运营方式包含三类：用户创造内容（UGC）、平台功能、以及社会化商业的融合模式：用户创造内容+平台功能支撑+意见领袖影响）。这三种运营方式并没有十分清晰的界限。

（2）对即时满足的需求。消费者对于价格的敏感度降低，更多的是追求产品的个性化以及购物过程的参与和体验。所以，社会化商业中的快速销售能力便显得尤为重要。

（3）泛娱乐化。消费者对于内容娱乐化的喜好增加，更乐于接受轻松幽默的呈现方式。

（4）KOL的专业化与话语权增加。CIC所指的KOL包括有独特个人魅力的名人及网红。

（5）智能互动的更多运用。

社会化媒体无处不在，不仅微信、微博、QQ以及陌陌等这些具有明显通信社交功能的媒体属于社会化媒体，论坛、视频、新闻甚至电商类型的媒体通过评论、弹幕等形式，也具有了社交功能。具有社交功能的媒体在广义上都可以称之为社交媒体（社会化媒体）。在这个意义上，凯度在《2017中国社交媒体影响报告》中把社交媒体分为九个大类，并且由于微信、微博的突出表现，被单独列为一个小类：

（1）微信；

（2）微博；

（3）交友类社交媒体（如陌陌、世纪佳缘、珍爱网等）；

（4）通信社交类媒体（如QQ、LINE、米聊、无秘等，但不包括微信）；

[①] 资料来源：http://www.ciccorporate.com/index.php?option=com_content&view=article&Id=1375%3Athe-evolution-of-chinese-social-media-in-2017&catid=113%3Aarchives-2017&Itemid=224&lang=zh，2017-7-9.

（5）论坛类社交媒体（如百度贴吧、天涯、QQ空间、豆瓣、人人、Facebook等）；

（6）生活类社交媒体（如美团、去哪儿、携程、大众点评等）；

（7）带有社交评论功能的新闻类媒体（如今日头条、腾讯新闻、网易新闻等可评论的新闻APP）；

（8）带有社交评论功能的电商类媒体（如淘宝、京东、小红书等）；

（9）带有社交评论功能的视频或直播平台（如优酷、哔哩哔哩、斗鱼TV等）。

视频类媒体尤其是直播类媒体因为评论、弹幕、直播等形式的实现，具备了很强的社交属性；某些新闻类媒体由于具有问答、评论等形式，所以也具备了社交功能；大多数的生活类媒体因为具备交流、评论、共享、用户内容自生产等特性，也具备了强大的社交功能，都被归为具有互动社交功能的社会化媒体。

第二节　社交媒体的基本特性

尽管关于社会化媒体的各种定义切入角度不同，但大多数观点认为社会化媒体有着新媒体的一切特性——公开性、高参与度、交流性、便捷性、即时性、自由性、社区化与连通性等。

有学者认为社会化媒体的特征是其定义的模糊性、快速的创新性和各种技术的融合。[①] 传统沟通媒体常常是由组织中的某一点来传输信息，其沟通网络具有中心性，而社会化沟通媒体以互联网为平台（参与体系），用户作为开发者，通过用户的"自服务"而服务于"长尾"，进行人人互动，从而降低了沟通网络的中心性，具有去中心化作用。[②]

---

① 孙楠楠. 对社会化媒体的传播学思考[J]. 新闻爱好者，2009(17): 16-17.
② 王伟军，孙晶. Web2.0的研究与应用综述[J]. 情报科学，2010, 25(12): 1908-1913.

Mayfield 认为社会化媒体特征包括参与性、开放性、交流/会话性、社区化和连通性，这是对社会化媒体技术特性较为完整的总结。① Berthon 等认为社会化媒体还具有较高的可达性和可扩展性，容易获取和接触到大量的人。②

彭兰认为，社会化媒体的主要特征有两个方面，一是内容生产与社交的结合，二是社会化媒体平台上的主角是用户，而不是网站的运营者。③

本书总结得出社会化媒体区别于非社交型新媒体还具有以下基本特征：不在场的真实互动性和用户生产性及开放性。

不在场的真实互动性

社会化媒体的互动性是一种不在场的真实参与互动。在虚拟网络空间，个体隐藏在符号、代码后面，其在现实生活中的文化属性是隐匿的，社会角色是匿名的。相关研究表明，个体在网络空间中的匿名性和身体不在场对于网络人际关系交往具有非常重要的意义。④ 互联网技术支撑起来的虚拟生存催生了一种新的具有鲜明网络时代特征的人际交往方式——网络人际交往，这种新的交往方式打破了传统人际交往的时空限制，影响了人际互动模式、人际交往场域、交往动机以及交往互动的内容。

对于社会化媒体而言，这种互动尤其特殊。从宏观上来讲，社交媒体上的个体依然是隐匿的。现实生活中的个体和社会化媒体中的身份符号尽管有着千丝万缕的联系，但并非一一对应的关系。一个真实身份，可能有好几个社交媒体中的符号代表，尽管实名制越来越严格，尽管各个社会化媒体的数据交换和后台计算已经能够很大程度地辨识个体多个身份的关系，有些社会化媒体干脆允许用户借助成熟的媒介平台的身份数据直接接入。

---

① Mayfield A. What is social media [EB/OL]. http：//icrossing.co.uk/ebooks，2012-05-06.
② Berthon P R, Pitt L F, Plangger K, et al.Marketing meets web 2.0, social media, and creative consumers: implications for intenational marketing strategy [J]. Business Horizons, 2012, 1(7): 1-11.
③ 彭兰. 社会化媒体理论与实践解析[M]. 北京：中国人民大学出版社，2015：3-4.
④ 屈勇. 电子网络空间中人际互动的本质：角色与去角色[J]. 社会心理科学，2009(1).

从微观上来看，社会化媒体的个体身份是真实存在于特定的、规模或大或小、层次单一或者层次多重的人际关系圈中的，身份在一定的圈子是公开的，并且和现实生活中一定的人际关系结构的某个结点是对应的。这种隐匿性也不是完全遮蔽身份，对于社会化媒体的一定社群、圈子成员是公开的。

从这种宏观考量与微观考察的结合不难发现，社会化媒体中的互动性既体现了网络场域的虚拟特性，又具备了现实社会个体互动的基本特点，受到个体在现实社会中的社会关系和社会角色身份的影响。

从"多重自我"到"去多重自我"：

与传统专业媒体相比，社会化媒体的"个体不在场"特性突出。专业媒体的信息生产与传播是组织化的，社会化媒体的内容生产是个体主导的；专业媒体的主体身份是特定的组织机构，社会化媒体的主体身份是泛化的个人。不在场特性对于个体的改变主要表现在多重自我、个体符号化与去角色化三个方面。[1]

在虚拟网络空间，人们常常以不同的面貌或戴着假面具出现。社会化媒体高度发达的环境中，每个人都可以拥有不止一个社会化媒体身份，在不同的社区、群落间来回地切换。不同的相互隔离的社会化网络空间有不同的人际结构，往往成为现代人精神和心理的避难所。社会化媒体使用者可以在不同的人际结构中选择性地展现和表达自我，其"叙述的自我"介于"真实的自我""经历的自我"之间，既可以超越现实功利构建理想人格，也可以基于现实的羁绊在某个空间中表达"真实的自我"。

社会化媒体所构建出的一个个虚拟社区，看似安全、非常自由，吸引着在现实生活中不能安全地试验自我多重性的现代人，成群结队地涌向那里。但随着大数据的广泛运用，社会化媒体中的每个人都会变得越来越透明，行为轨迹的记录随着网络技术的发展变得更简单、更详细，每个人都可以被记录、被画像；社区之间的用户身份交叉重叠也越来越多，每个人都会很容易地被广泛二次传播，虚拟空间中保留"多重自我"

---

[1] 彭剑. 社会化媒体舆论传播与引导研究[M]. 上海：三联书店，2016：61.

的难度越来越大。从交往利己的角度考虑,"去多重自我"才是社会化媒体持续发展对我们的改造。总之,我们的本质需要不是建立更多的网上社区和网络关系,而是修缮我们真实世界的社会,只有我们亲身在现实中去重新发现和重构现实,我们才能充分地明白作为一个"人"的生存意义何在,并在这人文实体中保持以这样的信念生活下去。①

从"个体符号化"到"符号认同化":

符号化倾向是现代社会的重要特征,社会交往领域的符号化对现代人的生活产生了很大的影响。第三次工业革命爆发以来,现代人逐渐被一系列意义符号所指代,我们的生活空间充斥着各式各样的符号,符号逻辑无所不在。人类已经开始进入关注真理论与认识论的同时空前关注"思维经济"与"思维效率"的时代,现代社会最重要的特点之一就是拥有了空前强大、有效与便利地进行符号创造和传播的工具,现代人正在以空前有效与便利的符号手段,以空前的"效率"创造面貌空前的符号世界②。

有学者认为,个体符号化"是指在社会化媒体的舆论传播中,社会化媒体的使用者展现的不是真实的身份,而只是一个网络化符号。即使他在真实生活中具有真实的身份,在网络下也留有个体的信息,但这样的信息很难还原他真实的社会存在、社会属性和可见的身体属性,在网络上我们看到的除了语言或图片所表达的意见外,感受到的发言者可能只是一个符号化的存在"。③社会学意义上的人本身就是一个符号概念,而在社会化媒介构筑的虚拟空间,这个符号概念的表现将会越来越容易被自己定义,也越来越容易被定向传播。自我定义的形象符号应用范围的扩大和使用频率的提升会带来对"真人"这个概念的进一步解构。

不妨大胆地设想,如果一个人每天 80%以上的非睡眠时间是通过在各种网络社区中的 ID 身份构成的数字化形象来生存的话,那么究竟哪一

---

① 黄李龙. 虚拟社区——西方人文镜像的溯源与重建[J]. 电影评介,2006(16): 101-103.
② 李伯聪. 符号世界与符号异化[J]. 哲学研究, 1998(7): 10-15.
③ 彭剑. 社会化媒体舆论传播与引导研究[M]. 上海: 三联书店, 2016: 61.

个是真,哪一个是假?无处不在的社会化媒介,让我们与这个世界的联系千丝万缕又越来越透明。欧文·戈夫曼所说的前后台边界正在消逝,人人裸奔,没了隐私。他认为日常生活中人们会运用符号预先设计或展示在另一个人面前的形象,也就是进行自觉或者不自觉的表演。

借用欧文·戈夫曼的拟剧理论,社会化媒体中的个体因为考虑了在他人心目中的印象——因为正是这些印象构成了这个人在社会化媒体网络中的符号化存在,所以会更加自觉或不自觉地维护符号化的面具,甚至反射到现实中。我们并不会悲观地认为虚拟世界正在吞噬现实世界,但却分明地看到虚拟世界和现实世界的交融。

有研究者认为,真实的人如果长期陷在某个或某几个虚拟符号化的人背后,有可能会影响自我认知,混淆现实世界与虚拟世界的界限,甚至对符号化的自我产生强烈的依赖和尊崇。"当人们在网络上长期使用同一个代号后,环绕着这个代号就会凝聚出一个人际关系的网络,慢慢地这个代号就像是其在真实世界的外貌长相一样,长期戴着这个面具,也自然而然地对这个网络上的化身产生了认同,这个面具也因此而成为人们自我认同的一部分。"[1]马克思关于人的自由全面发展的思想认为,只有个体摆脱了对人、对物的依赖后才能达到自由个性的发展。在信息技术高度发达的今天,人和人沟通的深度、广度和即时性都极大拓展,这有赖于符号意义的生成与传递,但符号化的媒介化生存终究不是人生的真意,人的交往不应该受制于一种或几种符号,人类无须为了符号的意义来异化自己。

人类科学技术的发展需要接近的是真实人的自由全面,个人的社会关系应该是统一的、始终如一的存在。符号化社会化媒体的高度发达对于人的自由而全面的发展既是挑战也是机遇。深度的细密的社交化媒体,如蜘蛛网般套叠进我们的生活,线上世界和线下世界的逐渐趋同可以期待,个体虽然是社会化媒体中可以被一一统计、量化、描绘的数据,但并非是无差别的符号存在。随着网络后台技术的提升及大数据应用推广,社会化媒体可以对每一位用户的信息和行为轨迹进行分析,获取读者年

---

[1] 李辉. 网络虚拟交往中的自我认同危机[J]. 社会科学, 2004(6): 84-88.

龄、性别、职业、居住区域、受教育程度、消费能力等基础信息，了解用户心理、阅读偏好、社交倾向和购买习惯等。用户，从一个冰冷的发行数据，凸现为一个个具体可感的人，有身份背景，有文化差异，有个性特征。社会化媒体既可能加快符号对人的异化，也可能将我们从符号的面具后和符号化的人性中解放出来，回归真实的具体的生活世界。

用户生产性与开放性

随着社会化媒体类型和数量的增加、社会化媒体使用者数量的加剧增长和移动通信端功能的日益完备，社会化媒体逐渐成为新闻内容、娱乐消息、社会见闻的第一提供者。智能手机集通信、摄影、摄像、文本编辑、视频处理、信息传送于一体，能够即时发布亲历的事件，用图片、文字或者视频的方式，也能够随时记录下生活、工作的点滴细节或者随感，还能即时参与热点事件的评论。这些由社会化媒体使用者个体生产的内容都成为互联网传播信息的一部分。也正是由于以上的原因，社会化媒体表现出较大的自由度和开放性，人人参与表达，基本没有自上而下的控制。社会化媒体的出现改变了信息的传播方式，即在一个相对公开的环境中，各类信息的传播具有极大的不可控性，表现在传播时间、传播内容以及传播信息来源的不可控性。①

传统媒体遵循把关理论，以封闭、单向的渠道模式为理论框架，传播模式基本依据施拉姆提出的"传播循环模式"，是传者—受者的单向传播。传播的起点是传者，编辑作为"把关人"与作者成为传播一方，受众一方为读者。媒体编辑是连接作者与读者的中心，是作者与受众双向互动的主要桥梁。新媒体环境下的传播模式是传者（受者）—受者（传者）的双向和多向传播，受众是作者与受众、编辑与受众、受众与受众多向互动的关键性枢纽。社会化媒体使用者针对第三方话题或者第一人称内容充分互动，这样的互动内容是社会化媒体使用者作为群体层面的

---

① 丁海猛，侯雪. 网络时代企业危机公关面临的两大挑战及原因分析[J]. 新闻界，2009 (1): 62-64.

信息生产与传播，主要是在微博群、社交网和论坛中进行。

受众可以通过社会化媒体对内容进行二次编辑和再传播，再传播的广度和深度，甚至有可能超过一次传播。在这种传播中，"每一个用户都成为圈层传播的节点"[①]。在微博、微信和知乎等知识社交媒体，都开放了用户互动的接口，允许用户的内容转载、信息编辑、材料添加等行为，这种开放的编辑行为留给用户很大的发挥的空间，让参与者接续话题形成传播内容，就像有时候，人们饶有兴致地读一则消息或者看一篇文章，兴趣点和兴奋点却在文后的评论区。

2017年"紫光阁地沟油"刷屏的后续内容，就都是用户生产编辑且二次传播的。2018年1月4日至7日，认证为"中共中央国家机关工作委员会《紫光阁》杂志社官方微博"的@紫光阁连续发布微博，批评嘻哈歌手PG one涉毒、音乐低俗、侮辱妇女，疑似遭遇PG one粉丝买水军报复，以"紫光阁地沟油"上了新浪热搜。粉丝的举动且真假不论，@紫光阁的回应却被大量转发，网民纷纷为紫光阁编辑诙谐风趣的网络语言、示弱卖萌的态度、借机自言自语讨论负面舆情处理方式的智慧以及走好网络群众路线、与网民玩在一起的"接地气"态度点赞，子虚乌有的"紫光阁地沟油"带起全网互动。饶有意思的是@共青团中央、@环球网、@新华社等官方微博也迅速反应纷纷配文转发@紫光阁的回复，在此基础上与网友互动，生成一个个新的开放文本，不断丰富内容、增加信息，成为新的传播内容。

紫光阁的微博原文如下：

上热搜了？这种"负面"舆情该怎么应对？① 大规模删帖？可那只会导致舆情进一步发酵，自己处于被动地位！② 装作看不见？可是沉默并不会"清者自清"，而是会被认为是"默认"！③ 赶紧出来澄清？可是根本叫不醒装睡的人呀！……紫宝宝只能躲在楼下食堂紫光阁饭店里瑟瑟发抖！

@新华网转发并配文和网友积极互动。

---

① 任文京，甄魏然. 微信社交化阅读困扰与突破路径——兼论"微出版"的可能性[J]. 中国出版, 2015(7): 36-39.

@新华网：【痛心疾首！百年老店紫光阁竟然用地沟油】"紫光阁地沟油"终于上热搜了！一个卖香炉的，仗着有点关系竟然做起了餐饮，还用地沟油，典型的店大欺人，目无法纪！……小编编不下去了。因为前两天紫光阁点名批评 PG one，粉丝误以为紫光阁是饭店，所以想用"地沟油"来搞垮它。紫光阁也回应表示只能躲在"楼下食堂"里瑟瑟发抖了。讲真，有这么能作的粉丝想不凉都难吧。新华小旅馆在此郑重澄清：紫光阁是个好宝宝，从来不用地沟油！好好炒菜，不用紧张。@紫光阁

（网友）：新华书店等着！有你们盗版书籍的实锤！一个小书店，看把你能的！还敢为用地沟油的饭店发声！一定背地里有不可告人的秘密！！！不管你们是饭店还是书店，敢搞我们家老大，你们都得倒闭！我可是八旗子弟正蓝旗的人！

@新华网：都说了是旅店！也兼职卖书。

（网友）：哈哈哈哈哈，你还有心思在这澄清呢，赶紧看看有没有人给你买"新华书店"的热搜吧！要不然你跟香炉、团团搞个组合出道算了！

（网友）：居然袒护一个用地沟油的饭店！以后都不去你们家买书了，抵制！曝光@人民日报。

@新华国际：希望不会连累新华书店、新华保险、新华电脑、新华宾馆……

@紫光阁：给大家解释一下，新华书店确实是卖书的，但是由于大家一看书就犯困，所以又发展了新华小旅馆供大家睡觉休息，实现一条龙服务。

@共青团大邑县委：你先在这里不要动，我把店里的青团给你拿过来！

其他各大官博也纷纷配文转发并和网友互动，形成另外的一个个开放式文本，如：

@共青团中央：听说下一个曝光目标是卖青团的小作坊？害怕.jpg。

@江宁婆婆：按照某家粉丝这个匪夷所思的"以名取人"逻辑，说实话我现在很担心他们去招惹侠客岛。

@环球网：不要叫我环球美食网了！瑟瑟发抖.jpg。

@观察者网：惹不起惹不起，下个目标请找隔壁卖青团的，我就是个观察动物的求放过。

@平安北京：为回应群众期待，打击危害环境、食品药品、旅游安全等方面的违法犯罪，北京市公安局环境食品药品和旅游安保总队主要负责打击查处涉及环境、食品药品和旅游等领域的违法犯罪活动。@紫光阁

在这个案例中，各大官博转发@紫光阁的回复所形成的每一个开放文本，都既有"紫光阁地沟油"事件的共同语境，又有新文本的讨论重点，各不相同而又互相关联。"地沟油""旅店""书店""小作坊""青团"等，是特定语境下心照不宣的表达，是文本互动的默认前提。这些转发原文后产生的新的文本，经过开放式编辑，产生了新的传播效果。

传统媒体中，编辑、读者这一文化世界的古老的重要主体关系蕴含着深层的人与人的社会文化关系。传统意义上的编辑与读者的关系是较为单一的，是典型的文化输出与接受的关系。长期以来，编辑是拥有学识的人担当文化选择和文化传播的职业，传统媒体编辑一般被称为"老师"，这一泛指传授文化、技艺的人的称谓，既包含着对知识分子的敬意，也体现出编者和读者之间不完全平等的社会文化关系。新媒体编辑已经从单纯的文字图片编辑成为媒体运营者，注重的是以受众为中心，努力降低受众信息成本，为受众信息消费提供便利性并鼓励受众互动并参与信息生产与传播。①

从某种意义上说，社会化媒体是"去编辑化"的媒体，"受众"只是用户，用户也可以成为"自由媒体人"，编辑和用户建立的也是"类社交关系"。2017年"新华社38字推文"的现象级传播，就清楚地体现了这一点。

---

① 许诺. 新媒体环境下"编读关系"的维护和话语选择[J]. 青年记者，2017(8): 37.

2017年新华社官微一条38字的新闻推文引起了网友的注意,并加以评论,迅速引发大范围的二次传播,产生刷屏现象。不到10分钟的时间,该条微信阅读便突破10万+,连头条点赞内容都有3万多的回复。正如《南方都市报》的官微评论所说的那样,推文的内容是什么已经不重要了,所有人都被评论吸引了,内容看10秒,评论可以看半小时。以下是互动内容的节选。

沙特国王萨勒曼21日宣布,废除王储穆罕默德·本·纳伊夫,另立穆罕默德·本·萨勒曼为新任王储。(来源:新华社 监制:刘洪 编辑:王朝、关开亮、陈子夏)

(网友)扬科维奇:就这九个字还用了三个编辑。

作者回复:王朝负责刚刚,关开亮负责被废,陈子夏负责沙特王储。有意见?

(网友)小小眼睛:卧槽,看你们那回复,一脸天下第一的样子,你们怎么不上天???

作者回复:我们的确上过天,我们的特约记者景海鹏、陈冬在天宫二号上发过稿件,电头就是"新华社天宫二号电"。而作为"把地球管起来"的中国国家通讯社,我们也是世界五大通讯社之一。想了解更多,欢迎继续关注我们。

(网友)北鼻:这标题堪比一部大片,刚刚,显示了时间,沙特,表明了地点,王储,凸显了男一号以及他的地位,被废了,这是事件的核心也是结果!还有,这句"被废了"是心理?还是身体?这让观众留下了无限的瞎想……同时为众编辑点赞!

作者回复:同学你阅读理解题做多了,要注意劳逸结合。

(网友)KJX:哇,仙女小编你要红了!

作者回复:我一直很红,我们新华社的人都有红色气质。知道什么是红色气质吗?如果还不了解,欢迎网上搜索新华社去年拍摄的微电影《红色气质》,你会回来给我鼓鼓掌举高高的。

(网友)焜仔很忙:为什么用被动句?为什么不用把字句?想表达无奈?遗憾?还是其他什么情绪,来来来,小编快快斟酌一下。

第一章
直面：社会化媒体时代

作者回复：送您一个神秘的微笑😊

（网友）Avalon：就这九个字用三个编辑恰恰说明了新华社的高效严谨专业的工作态度，首先一个编辑负责实地考察以最快的速度发回及时的报道，其次第二个编辑严谨地核实了相关报道的真实性有效性，最后第三位编辑以专业的视角完成了此篇报道。

作者回复：年轻人，你很有想法，想成为我们的伙伴吗？

（网友）浅岛：差点以为看了假新闻，言简意赅，耐人寻味，新华社厉害了。点赞，double 赞。

作者回复：三个编辑，double 赞不好分，triple 赞。

（网友）石鼓祥山杏林堂阿瑞：5374，点一下，5375了。新华社牛人就是多，几个字就把一个国家的大变动交代清楚了。佩服得身体的五个部位都趴地下了！！！不愧是玩转中国文字的一群牛人。

作者回复：骄傲地移入精选。

（网友）田玉达：刘洪是干啥的？负责逗号么？

作者回复：他负责逗。

（网友）不知道：今天的评论比新闻好看多了。

（网友）小雪儿：我竟然看完了评论。

（网友）东起：老大让来的，说是看评论和回复。

作者回复：你们老大是谁，让他放学别走。

这一刷屏现象也成为当日各大新闻媒体的内容资源。凤凰资讯的新闻标题是《新华社38个字的推文刷屏了！公号狗卖起萌来也是没 sei 了》；《扬子晚报》的新闻标题是《新华社这条38字稿子瞬间10万+火了3位编辑》。

从上面的案例可以看出，大众在使用各种幽默的方式来解读新闻及其背后的故事。也就是说，消费者本身也是娱乐化内容的积极创造者。在信息生产过程中，对于社会化媒体而言，能够产生影响的话语领域有两个方面，一是信息内容本身，二是用户的互动内容。

在传统媒体时代，传播内容以编辑发布的信息内容本身为主，与受众的互动内容为辅，所占比例极小。在新媒体时代，编读之间的互动成为重要的传播内容。在社会化媒体时代，受众之间的互动也成为传播的重要内容，对于传播内容的讨论本身和讨论过程，都是新鲜有趣、大可挖掘的传播资源。每个社会化媒体使用者的信息生产、交换和传播行为，以及他们通过文字、语音、视频等的互动过程，都可以成为内容资源。

如果说新媒体时代用户生产内容还只是新媒体传播内容的副产品的话，那么社会化媒体时代用户生产内容就是社会化媒体传播内容的主打品。不管互联网流量红利是否消退，受众之间的互动始终受人欢迎，这种互动可以发生在同一个或者同一类社会化媒体中，也可以跨媒体类型互动。微信、微博、网络留言及评论、在线答疑等方式，使用户互动的参与度高、互动频度高、反馈周期短、反馈速度几乎实时，使沟通的渠道多元，能够做到公开沟通、多向沟通、直接沟通，互动关系加强。网络上一次次大范围舆论监督和一个个传播热点形成，都是跨媒体类型互动合力作用的结果。

第三节　社会化媒体研究

社会化媒体的迅猛发展引起了国内外学者的关注，其研究几乎和国内外社会化媒体发展同步。关于社会化媒体的研究成果不断涌现，涉及社会化媒体与信息传播、商业营销、政治外交、教育教学、医疗保健、公共管理等相关领域，尤其是在舆情研究、营销及商业模式研究上成果颇丰。从研究的内容来，国外的现有研究大多集中在应用实践类的具体案例上，理论性的、述评性的研究较少，尤其是关于社会化媒体的内涵、特征以及概念辨析的成果较少。国内的研究起步稍晚，但研究范围较广，既有理论探讨，也有实践研究，而且社会化媒体的许多具体问题在新媒体研究中和 Web2.0 研究已经被探讨。

有学者利用 SSCI 检索标题中含有"Social Media"的 2008—2015 年英文文献，统计得出，自 2010 年起社会化媒体受到较多关注以来，文献数量增长速度逐渐加快，涉及的学科领域较多，分布范围较广。国外的社会化媒体研究文献主要发表在社会科学、媒体传播类专业性期刊，占所有文献总数的22.38%，信息、行为、教育、管理、健康、医药领域期刊也逐渐增加了对社会化媒体研究的载文量，同时，社会化媒体相关研究的文献也散见于商务、经济、法律类期刊。除去关于社会化媒体概念、起源、背景、现状、特点、发展趋势及内在机制等理论基础研究外，关于社会化媒体的研究集中在用户研究和应用领域研究方面。

用户研究

用户研究主要集中在用户动机、用户生成内容、用户关系、用户特征、用户行为等方面。研究者们探讨了个体在社会化媒体中的一般使用动机、行为特点和社会化媒体的应用对个体带来的影响，包括对个体行为方式、文化养成、知识管理等多方面的影响研究，以及个体采用社会化媒体的心理和策略等。有研究者从"拟剧理论"的角度对网络社交媒体的角色展演、交往报酬与社会规范进行了研究，认为用户利用社交平台进行表演，是其自我呈现和社会化的重要方式，网民的角色意识不断增强，用户在网络社交过程中，具有寻求情感能量、获取社交报酬、强化群体归属、取得社会声望等方面的目的，但是在网络社交过程中出现的表演失范、表演出位、表演崩溃等问题，也违背了表演的基本原则，容易引发社交危机和系统风险。[1]

社会化媒体的崛起改变了传统社会的话语表达方式和话语权力格局，草根话语表达由原来的恶搞、囧化过渡到戏谑化表达，从而带来了整个社会话语语态及生态的变革。[2]对社会化媒体用户生成内容行为以及用户价值的研究也是热点。用户生产内容行为的研究主要基于社会资本、社会认

---

[1] 蒋建国. 网络社交媒体的角色展演、交往报酬与社会规范[J]. 南京社会科学, 2015(8): 113-120.
[2] 郑满宁. 戏谑化：社会化媒体中草根话语方式的嬗变研究[J]. 中国人民大学学报, 2013(5): 18-23.

知以及理性行为理论等，研究重点各有差异。还有研究涉及社会化媒体与城市居民健身需求的交互性、社会化媒体中的网络自拍动机研究、社会化媒体中粉丝的身份认同建构、社会化媒体头像选择与个人自我表达分析、社会化媒体中的亲属关系的挖掘与识别以及社交模式等问题，范围广泛。

用户研究的另一类主要针对特定群体的社会化媒体使用情况来展开。赵英、范娇颖等针对影响大学生持续使用不同社交媒体的因素进行了实证研究[1]，郭瑾基于全国12所高校大学生调查数据的定量研究表明[2]：大学生的社交媒体使用较普遍，他们更注重社交媒体的"社交"功能，对于以"微博"为代表的社交媒体的影响力评价较高，但是信任度有限；社交媒体使用的频率以及社交媒体规模对大学生的线上公共参与行为有着显著影响。这与社交媒介的特性、"90后"大学生的媒介素养，以及以亲友为主的强关系型社交网络资本有关。

华昊等研究了社会化媒体之于女性的社会意义，女性借助社交媒体"发声"，拓展了女性的话语空间，推动了日常生活的变革。[3] 韦路、陈稳等关注了在城市新移民中广泛使用的社交媒体如何影响他们在新环境中的社会融合和幸福感知，认为社交媒体使用只能在某些方面促进城市新移民的社会融合，其正面作用主要集中在心理上的认同和弱关系的增加，并且城市新移民的社交媒体使用的确能够影响其主观幸福感，但使用的方式不同，效果也迥异[4]。

社会化媒体对青年人政治参与的影响也是学界的关注热点。有研究者通过对青年人的访谈，讨论了社会化媒体的实名制和网络暴力对个体观点自由表达以及社会观点多元化发展的影响[5]，还有研究者通过对中国境内大学生的网络问卷调查，系统分析了社交媒体和移动APP使用对中

---

[1] 赵英，范娇颖. 大学生持续使用社交媒体的影响因素对比研究——以微信、微博和人人网为例[J]. 情报杂志，2016(1): 188-195.

[2] 郭瑾. 90后大学生的社交媒体使用与公共参与——一项基于全国12所高校大学生调查数据的定量研究[J]. 黑龙江社会科学，2015(1): 120-128.

[3] 华昊. 社交媒体空间女性声音的政治意涵[J]. 现代传播，2017(12): 72-75.

[4] 韦路，陈稳. 城市新移民社交媒体使用与主观幸福感研究[J]. 国际新闻界，2015(1): 114-130.

[5] 周凯、刘伟、凌惠. 社交媒体、"沉默螺旋"效应与青年人的政治参与——基于25位香港大学生的访谈研究[J]. 现代传播，2016(5): 143-148.

国青年政治抗议行为的影响，研究结果显示，微信新闻使用和移动 APP 新闻使用对青年的政治抗议行为具有促进作用，但微博新闻使用对青年的政治抗议行为并无显著影响[①]。

应用研究

社会化媒体的应用研究主要集中在社会化媒体对政府事务、公共管理、教育文化、医疗保健、商业营销的影响。研究者们从社会化媒体在各领域的使用情况入手做了很多案例的分析和量化的统计，对社会化媒体在社会层面的应用提出了不少建议。如，吴菊华、高穗等分析了社会化电子商务特有的通过社交网络圈不断扩散影响，从而影响传统企业价值链各方面的过程，总结了社会化媒体影响电子商务在盈利模式、营销模式、UGC 的挖掘及利用等方面的创新，指出了未来社会化电子商务应解决的关键问题和研究方向。[②]

社会化媒体与公共管理方面的研究较多。不少学者看到了社会化媒体中的潜在市场，社会化媒体营销成为市场营销的新渠道。在公众关系领域，美国数字营销公司 HubSpot 公关部经理 Pamela Seiple 给出了利用社会化媒体维护公司与客户之间关系的策略[③]。同时，美国营销战略家 David Meerman Scott 在其著作中介绍了博客、播客、在线论坛、社交网络等各种不同的在线媒体，并就如何在实际工作中应用这些营销、公关新规则给出了建议，同时阐述了如何使用社会化媒体工具成为"意见领袖"[④]。

---

① 卢家银. 社交媒体与移动 APP 新闻使用对青年政治抗议的影响[J]. 现代传播，2016(5): 48-54.
② 吴菊华,高穗,莫赞,陶雷. 社会化电子商务模式创新研究[J]. 情报科学,2014(12): 48-52，66.
③ PAMELA SEIPLE. How to Leverage Social Media for Public Relations Success-Using Social Media to Generate Media Coverage and Improve Brand Sentiment, www.hubspot.com.
④ DAVID MEERMAN SCOTT. The New Rules of Marketing and PR: How to Use Social Media, Blogs, News Releases, Online Video, and Viral Marketing to Reach Buyers Directly. (2ed) Hoboken.N.J.: John Wley & Sons Inc.2010.

学者们也关注政府使用社会化媒体的相关问题,将社会化媒体运用到政府与公众、政府与舆论、政府与形象塑造等方面。国内彭剑介绍了如何通过社会化媒体有效传播与引导社会舆论,提出了社会化媒体舆论的引导与管理策略以及社会化媒体舆论引导效果的检验与评估方法。[①]姜金贵、张鹏飞、沈薇丹等围绕社会化媒体环境下非对称性危机的演化进行了系统的研究,揭示了社会化媒体环境下非对称性危机演化机理,探索了适用于社会化媒体环境下非对称性危机的协调解决机制。[②]

第四节 被影响的生活方式

英国社会学家安东尼·吉登斯指出:现代性以前所未有的方式,把我们抛离了所有类型的社会秩序的轨道,从而形成了其生活形态。[③]中国社会的急剧发展,尤其是新媒体、自媒体、社交媒体的广泛运用,对人们的生活方式产生了深远又复杂的影响,生活方式研究的重要性日益凸显。构建新媒体时代健康的生活方式,实现老百姓美好的生活愿望,这正是实现中华民族伟大复兴的中国梦亟待解决的问题。

生活方式的含义

生活方式(Lifestyle)的内容相当广泛。19世纪中叶以来,"生活方式"作为一个日常用语进入学术领域。马克思和恩格斯在其著作中多次使用这一概念,"生活方式"是历史唯物主义的重要范畴,并用于区别"生产方式"。他们认为,在社会生产的每个时代,"人们用以生产自己必需

---

① 彭剑. 社会化媒体舆论传播与引导研究[M]. 上海:三联出版社,2016.
② 姜金贵,张鹏飞,沈薇丹. 社会化媒体环境下非对称性危机演化研究[M]. 哈尔滨:哈尔滨工程大学出版社,2017.
③ [英]安东尼·吉登斯. 现代性后果[M]. 田禾,译. 北京:译林出版社,2000.

的生产资料的方式，首先取决于他们得到的现成的和需要再生产的生活资料本身的特性。这种生产方式不仅应当从它是个人肉体存在的再生产这方面来加以考察。它在更大程度上是这些个人的一定的活动方式，表现他们生活的一定形式，他们的一定的生活方式。个人怎样表现自己的生活，他们自己也就怎样"。①也就是说，有什么样的生产方式，就有什么样的生活方式。马克思、恩格斯对"生活方式"的论述基本奠定了后世研究生活方式的思路，也是后世将"生活方式"做广义、狭义之分的理论依据。

广义的生活方式是包括生产方式在内的人类全部社会生活活动的总和，涵盖人类社会生活的各个领域、各个方面、各个层次；狭义的生活方式是指除人类生产活动、经济生活以外的人类社会生活方式的总和②。比较有代表性的广义范畴观点是：王雅林认为"生活方式是指在不同的社会和时代中生活的人们，在一定的社会条件制约下和在一定的价值观指导下，所形成的满足自身需要的生活活动形式和行为特征的总和"③。

比较有代表性的狭义范畴观点是：王伟光认为"生活方式是在一定的社会历史条件下，历史的形成的人类生活活动形式的总和，它说明人们在何种条件下，结成何种关系，以何种形式来利用生活资料，它反映人们社会生活活动的内容、特征和形式。"④本书从社会化媒体的社会影响角度来审视的"生活方式"，偏重于狭义的"生活方式"。

生活方式研究

（1）20世纪40年代末起，开始了以电子计算机、原子能、航天空间技术为标志的第三次技术革命，并迅速地从发源国美国扩展到西欧、日本和全球，对改变整个人类面貌起到了重要的作用。第三次技术革命一方面推动了生产力的发展并带来产业结构的变化，另一方面带来了人类

---

① 马克思恩格斯全集：第三卷[M]. 北京：人民出版社，1979：24.
② 王伟光，李忠杰. 社会生活方式论[M]. 南京：江苏人民出版社，1988.
③ 王雅林. 人类生活方式的前景[M]. 北京：中国社会科学出版社，1977.
④ 王伟光，李忠杰. 社会生活方式论[M]. 南京：江苏人民出版社，1988.

生产方式、生活方式的现代化，引起了人类观念和思维方式的更新，也加速了资本主义内部矛盾的激化。20世纪50年代末以来，各国学者把研究目光投向生活方式研究。50—60年代，西方学者的研究旨趣在于从生活方式的选择中寻求解决急剧变化的社会现实与人生观、价值观强烈冲突的答案。

（2）20世纪70年代初开始，出现了以微电子技术、生物工程技术、新型材料技术为标志的新技术革命，1973年，美国哈佛大学教授、社会学家丹尼尔·贝尔（Daniel Bell）在著作《后工业社会的到来》中，在概况后工业社会特征的基础上，对美国社会的未来前景进行了预测。他认为，后工业社会有五大特征：① 大多数劳动力以从事农业和创造业为主转向以从事服务业为主；② 从事专业和技术的工作人员将在职业结构中占主导地位；③ 理论知识成为社会的战略资源；④ 未来的技术价值占重要地位；⑤ 各项政策的制定都会有赖于智力技术。

（3）1980年3月，美国社会思想家阿尔文·托夫勒出版《第三次浪潮》，他认为人类进入一个区别于"农业革命"和"工业革命"的第三个新浪潮时期。这个时期以微电子学、生物学、信息论、控制论等为基础发展起来的由电子工业、宇航工业、海洋工业、遗传工程组成的新工业群将取代钢铁、石油等组成的传统工业群，并带来经济结构、社会结构和人类生活方式的巨大变化，社会进步不再是以技术和物质生活标准来衡量，而是以丰富多彩的文化来衡量，这个社会应该培养一种新的社会性格。[①]

西方学者对"生活方式"问题的探讨涉及社会学、政治学、经济学多个领域，但在西方社会学的知识体系中一直处于从属的边缘地位。

我国学者对生活方式的关注始于20世纪80年代，在90年代热潮退去。学者们对改革开放以来中国社会生产力水平突飞猛进、经济体量剧增过程中的社会生活方式各领域的问题进行理论和实证研究，涉及政治学、经济学、社会学、历史学、哲学、美学等诸多领域。从不同领域和角度来审视生活方式，也使得学者们对生活方式的定义各有偏重。

（4）进入21世纪以来，围绕"生活方式"的研究又呈现出平稳向热

---

① 托夫勒. 第三次浪潮[M]. 北京：中信出版社，2006.

的态势，尤其是研究互联网对不同群体生活方式的影响的成果较多，如互联网对青少年、老年群体和儿童，对大学生、知识女性、东北农村妇女、高校教师和少数民族等的影响。

社会学理论主张从日常视野去解释社会世界。对于社会学者来说，日常生活是社会理论分析和研究的基础和范围，也是很多社会现象和问题的载体，因而也是这些社会学者进行理论探讨的重要空间。

哈罗德·加芬克尔倡导"常人方法研究"，他认为社会现实是人们相互交往的活动，是相互交往的参与者对现实的社会构造；社会事实不是社会学分析的结果，而是交往的积极创造过程自身，而这个过程存在于日常生活之中。欧文·戈夫曼强调关注日常生活中的角色扮演和自我呈现，他认为人们的社会行为就是社会表演，人们日常生活中的表演与互动就是一场游戏。

现代法国思想大师、日常生活批判理论之父列斐伏尔认为，社会空间相对于抽象空间，是一种实践的、零碎的、社会成员外部化与物质化的日常生活经验。他的看法是：只有在革命和危机时期，政治和经济问题才显得重要，在其他时期，日常生活是最重要的问题。阿格妮丝·赫勒（Agnes Heller）将日常生活界定为"那些同时使社会再生产成为可能的个体再生产要素的集合"。[①]玛丽·道格拉斯（Mary Douglas）等人类学者也主张要看重日常生活的细节，她研究的都是诸如刷牙、洗脸、吃饭之类的小事，她认为，社会的秩序正是由这些不起眼的事项建立起来的[②]。

我国学者研究生活方式的角度虽然各有不同，但不外乎从狭义范畴或广义范畴两类入手。王雅林提出了"生活/生产"社会理论研究范式，这也是本书所认同的理论研究范式。王雅林建议可以做以下几方面的尝试：一是把以物质生产为中心的工业文明时代形成的生产本体论情节转换到生活/生产互构的理论框架上来。二是依据新的发展实践，在借鉴当代西方社会理论（如生活世界理论）的基础上，对已有的社会学主要范畴概念的内涵进行新的诠释。如社会结构概念其实质内涵应是"社会生

---

① 陈学明，吴松，远东. 让日常生活成为艺术品——列斐伏尔、赫勒论日常生活[M]. 昆明：云南人民出版社，1998：121.
② MARY DOUGLAS. Purity and Danger[M]. London: Taylor and Francis, 2002.

活结构"。三是适应对生活在社会发展中本源性地位认识的提高，应从日常用语和准学科概念基础上逐步提炼新的学科概念。在他看来，"生活力"是同"生产力"相比同样重要的概念。人类的生活史、社会发展史就是生产和生活活动相互汇聚、相互建构的互动生成过程，生活方式在社会发展中发挥着更巨大的建构功能。①

实现"美好生活"不仅需要社会创造丰富的物质、精神生活条件，也需要每个个体自觉构建，而这方面的问题正是生活方式研究的课题。生活方式研究在"美好生活"的构建中将发挥四个功能：价值导向和意义建构功能、生活资源的有效配置功能、生活主体的自我调适功能、为社会良性运行提供"软动力"的社会功能②。

我国学者的日常生活批判理论认为，我国处于农业文明向工业文明转型的进程中，文化的根基不在于社会生活和精神知识领域，而在于人们习以为常的日常生活领域。我国学者提出反映我国现代化进程特征的日常生活批判理论，把人类活动分为：① 基础层面——以个体衣食住行、婚丧嫁娶等为主要内容的日常生活领域；② 中间层面——政治、经济、公共事务、经营管理等非日常的社会生活领域；③ 最高层面——科学、艺术、哲学等非日常的、自觉的人类精神和知识领域。社会生活被区分为社会关系、经济、政治、信仰与仪式等等方面，日常生活受到这些制度的铸模之后，成为"生活方式"，弥散地分布在我们的衣、食、住、行的实践中，从中得到具体表现。③

社会化媒体在我国之所以发挥强大的作用，关键在于全方位地融入了社会生活，它和日常生活紧密互动，唤醒了当代中国日常生活的互联网图式。基于日常生活批判理论，可以以日常生活作为社会化媒体研究的切入点。

在任何情况下，交往媒介的变化都会牵扯到人们在有所区别的新旧生活表现方面、观念方面以及在日常社会生活方面等异常深远的改变。

---

① 王雅林. 生活方式研究的社会理论基础——对马克思历史唯物主义社会理论体系的再诠释[J]. 南京社会科学，2006(9): 8-14.
② 张杰. 生活方式研究重要性凸显[N]. 中国社会科学报，2015-12-11.
③ 王铭铭. 人类学是什么[M]. 北京：北京大学出版社，2012: 121.

社会化媒体风起云涌、日新月异，给当代中国社会的政治、经济、文化等各个领域带来深远的影响，我们每个人都深度卷入其中。不少学者利用使用与满足理论、动机理论、社会认知理论、长尾理论、六度分隔理论、第三城理论等展开对社会化媒体影响的研究，在应用领域研究上，国内外学者的关注点从起初的舆论引导蔓延到社会生活、生产的各领域，更进一步拓展到如今营销领域的各个环节，却鲜有学者聚焦其他生气勃发的狭义生活方式层面。

改革开放四十年，中国在政治、经济、文化等方面的发展取得了举世瞩目的成绩。随着改革进入深水区，社会进入转型期，中国所面临的社会矛盾也逐渐凸显。汪丁丁把中国社会的基本问题概况为两个表现形式：初级表现形式是正义问题，高级表现形式是中国人的情感方式与中国人的现代生活方式之间的协调问题。[1]马克思说过："人们的存在就是他们的现实生活过程。"这个论断在今天仍然有着现实意义。在社会经济发展、人民物质生活水平整体提高的今天，生活方式成为我们时代的重要课题，因此结合理论与现实需要研究社会化媒体对于生活方式的影响，明晰其中内在机理，有助于我们理解并驾驭社会化媒体，实现"美好生活"。

---

[1] 汪丁丁. 新政治经济学讲义——在中国思索正义、效率和公共选择[M]. 上海：上海人民出版社，2013.

　　空间和时间里充满了丰富的万物，却仍然不可能剔除我这个自我。我存在的事实，证明了我是必不可少的事实。

　　　　　　——（印度）泰戈尔《断想钩沉》

第二章
社会化媒体下的时间空间

第一节 折叠的时间

> 利用好你的时间,时间正疾步向前。
> ——(古罗马)奥维德

人类学认为,无论是作为人生的时间,还是作为"年"这个社会的时间,时间在我们生活中起的作用很大。"于是社会要融合为一体,需要依靠时间的关口,需要在把握这些关口的过程中,显示社会的整体意义。在这个层次上,时间就是社会。"①时间会随着空间的变化而变化;空间也会随着时间的改变而改变。

时间消灭空间

蓬勃发展的社会化媒体是现代人交往能力发展水平的重要表征,也是推动社会交往方式变革的最主要力量。社会交往方式是交往能力与交往关系的统一体。交往手段的发展与交往能力发展水平正相关,从外延上拓展社会交往空间范围,从内涵上深刻影响着社会交往方式的性质和面貌。

---

① 王铭铭. 人类学是什么[M]. 北京:北京大学出版社,2012:127.

19世纪初，自英国始的交通和通讯革命，逐步扩展到各工业发达国家，促成现代精神文明在世界的传播，同时使大众传播媒介和其他信息产业飞速发展，世界进入密集型的社会交往时代，人类实现了从自然地域交往向世界交往的自觉转变。这场革命，被马克思和恩格斯称之为"交往革命"。这里的"交往"，是个非常广义的概念。交往革命侧重于打通广泛人类世界物质交往的障碍，同时带去精神交往的新内容、新形式，这是现代技术促进交往手段变革后对物质交往和精神交往的革命，彰显了马克思恩格斯"用时间消灭空间"这一经济学命题在大众传播领域的理论解释力，并呈现出无限发展的可能。

交往手段的变革也促使人类社会交往方式的变迁。"驿路梨花""鸿雁传书""鱼传尺素"的时代，人类交往手段落后，社会交往方式以人对自然的依赖关系为主要特征，人们更多地处于基于血缘、地域所形成的"自然共同体"，其社会交往是封闭性的、地域性的。而"铁路""轮船""电报"等现代交往手段大大拓展了交往的空间，节约了交往的时间，社会交往方式有了对物的依赖，人际交往形成了"利益共同体"。当代飞速发展的信息化技术和移动互联网技术使信息的传达在全球范围内实现高效、即时，促成了以知识或信息为纽带的"信息共同体"的产生。

社会交往方式由"人的依赖""物的依赖"而走向"信息和知识的依赖"，内涵社会形态和人的发展的历史底蕴，是人类社会交往方式历史演进的一般规律[1]。人类社会交往方式的变化其实质是科学、技术、知识的胜利。马克思的论述早就揭示了这一点，他认为机车、铁路、电报、走锭精纺机等都是人类的手创造出来的人类头脑的器官，是物化的知识力量，"交往手段的增加和改良……建立了精神与贸易的发展所必需的交往"[2]。

Web2.0时代风起云涌的社会化媒体和移动终端的发展已经永久地改变了人与人之间交流的方式，人们可以随时随地进行信息传递，丝毫不会受到地点和时间的限制；互联网、虚拟现实以及大数据应用等更加有力量的知识，促使社会化媒体不断增加功能、优化体验，新的社会化媒

---

[1] 李素霞. 交往手段革命与交往方式变迁[M]. 北京：人民出版社，2005.
[2] 马克思恩格斯全集：第47卷[M]. 北京：人民出版社，1979：584.

体将满足人们更多的精神层面和生活层面的需求,手机(网络)将和现实密不可分。传播手段的发展对于人类的意义不言而喻,我们通过克服空间赢得人存在的重要维度之一时间的进一步延展,"时间实际上是人的积极存在,它不仅是人的生命的尺度,而且是人的发展的空间"①。

价值时空

我们的生活经验告诉我们,人存在于自然时空当中,这是人的自然生命属性的体现,但人类还有超越自然生命的一面。人的生命的"双重本质",决定了人的生存除了依赖于物质运动的"自然时空",还取决于反映社会运动的"价值时空",这使人的超生命本质充分的发展、延拓成为可能。

在"价值时空"的坐标尺度内,自然时空已被人改造、被人"人格化"而成为相对于人的"为我"的时空。②当人类囿于对人的自然的依赖关系时,交往水平比较低下,"阡陌交通,鸡犬相闻",出门靠走,通信靠吼,时间的节奏变得异常缓慢,就像木心先生的诗《从前慢》里的意境:"记得早先少年时/大家诚诚恳恳/说一句是一句/清早上火车站/长街黑暗无行人/卖豆浆的小店冒着热气/从前的日色变得慢/车,马,邮件都慢/一生只够爱一个人。"

当人的交往方式变成"物的依赖"时,交往空间有了极大的拓展,世界日益"变小"成为一个村落,时间的含量因而逐渐增大。"物的价值标准由原来的'劳动时间'被现在的'社会必要劳动时间'所替代。这样,凡使用来生产物件的时间低于'社会必要劳动时间'者,就能在相同的自然时间中经历更多的'人的存在时间'"③。

社会化媒体的发展进一步改变了互联网时代的人的劳动方式和交往方式,类型丰富的社会化媒体产品可以让普通的个体也能自主地、轻松

---

① 马克思恩格斯全集:第47卷[M].北京:人民出版社,1979:532.
② 余潇枫."价值时空"与人格的发展[J].哈尔滨工业大学学报(社会科学版),1999(1):1-5.
③ 同②

地拓展个人的"价值时空"的坐标尺度。如果说在以人的自然依赖关系为特征的第一社会形态和在以物的依赖性为基础的人的独立性的第二社会形态中，个体对物质的拥有程度和受教育水平成为制约人社会交往时空的最重要决定因素的话，那么这个因素，在社会化媒体时代显然已经是最基础的决定因素。

2018年1月31日，中国互联网络信息中心（CNNIC）发布的第41次《中国互联网络发展状况统计报告》（以下简称《统计报告》）显示[①]：截至2017年12月，我国网民规模达7.72亿，普及率达到55.8%，超过全球平均水平（51.7%）4.1个百分点，超过亚洲平均水平（46.7%）9.1个百分点；其中，手机网民规模达7.53亿，网民中使用手机上网人群的占比由2016年的95.1%提升至97.5%。网络娱乐应用中网络直播用户规模年增长率最高，达到22.6%，其中游戏直播用户规模增速达53.1%，真人秀直播用户规模增速达51.9%。

从历年的《统计报告》来看，互联网用户尤其是手机上网用户的增长速度让世人惊叹。1997年CNNIC发布的第1次《统计报告》[②]中，我国上网计算机数仅有29.9万台，我国上网用户数仅62万，其中年龄在21~35岁的青年人占78.5%，占了大多数；男性占87.7%，女性仅占12.3%。1999年CNNIC发布的第3次《统计报告》中，大专-大本及以上文化程度的占89%[③]，而2000年CNNIC发布的第4次《统计报告》[④]中，高中（中专）及以上文化程度的用户比例甚至高达97%，女性占比21%。在这份报告中，CNNIC第一次统计了除计算机外同时使用其他设备（移动终端、信息家电）上网的用户数，约为20万。

而到2014年，CNNIC发布的第34次《统计报告》显示，截至2014年6月，中国手机网民规模已经达到5.27亿，手机上网的网民比例为

[①] 数据来源：http://www.cnnic.cn/hlwfzyj/hlwxzbg/hlwtjbg/201803/t20180305_70249.htm, 2018-03-05.

[②] 数据来源：http://www.cnnic.net.cn/hlwfzyj/hlwxzbg/200905/P020120709345374625930.pdf.

[③] 数据来源：http://www.cnnic.net.cn/hlwfzyj/hlwxzbg/200905/P020120709345373005822.pdf.

[④] 数据来源：http://www.cnnic.net.cn/hlwfzyj/hlwxzbg/200905/P020120709345371437524.pdf.

83.4%，首次超越 80.9%的传统 PC 上网比例，手机取得第一大上网终端设备的地位。

上网用户从 1997 年的 62 万到 2017 年的 7.72 亿，不过 10 年；手机上网用户从 2000 年的 20 万到 2017 年的 7.53 亿，不过 7 年。

1999 年上网用户文化程度为大专-大本及以上的占 89%，而 2018 年的第 41 次报告中，截至 2017 年 12 月，中国网民的学历结构已经非常复杂，小学及以下文化程度的占 16.2%，初中文化程度的占 37.9%，高中-中专-技校文化程度的占 25.4%，大专文化程度的占 9.2%，大学本科及以上构成的占 11.2%。

1999 年网民中男性占 87.7%，女性仅占 12.3%。而到 2016 年、2017 年，网民中男性所占的比例分别为 52.4%、52.6%，女性所占的比例分别为 47.6%、47.4%。而国家统计局 2017 年发布的数据显示，2017 年男性人口 71 137 万人，女性人口 67 871 万人，总人口性别比为 104.81（以女性为 100）[①]。

上网的地点不再局限于网吧、家中和办公室，而可以是机场、饭店、公共交通工具以及任何一个允许使用手机的地方，上网的时间也不再是办公时间和整块的休闲时间，而是可以用"秒"计算的任意时间。

2017 年 12 月，CNNIC 发布的《2016 年中国社交应用用户行为研究报告》[②]（以下简称《研究报告》）指出：社交应用市场产品类型丰富，呈多样化发展趋势。当前社交应用市场主要包括即时通信工具、综合社交应用和垂直细分社交应用。即时通信工具以微信、QQ 为主要代表，主要满足用户交流互动的社交需求，使用率在 90%左右；综合社交应用以新浪微博、微信朋友圈、QQ 空间为代表，主要满足用户进一步展现自我、认识他人的社交需求。微信朋友圈、QQ 空间都是以即时通信工具为基础衍生出的社交服务，其使用率分别为 85.8%、67.5%，逐渐以服务群体年龄段的不同拉开差距。

---

① 数据来源 http://news.sina.com.cn/c/2018-01-18/doc-ifyquixe3840054.shtml，2018-1-18.
② 数据来源 http://www.cnnic.cn/hlwfzyj/hlwxzbg/sqbg/201712/t20171227_70118.htm，2017-12-27.

从近几年的《研究报告》来看，互联网发展的重心正在从"广泛"向"深入"转换，社会化媒体的各项网络应用深刻地改变了网民的生活。我们不仅可以通过社会化媒体进行人际交往、自我表达及网络购物，移动金融、移动医疗等新兴领域的移动应用更是多方位满足了当代中国人的各类生活需求，使个体作为真实人际关系的节点更加频繁地与各领域的社会关系互动。从《研究报告》的各项数据来看，网民在手机电子商务类、休闲娱乐类、信息获取类、交通沟流类等应用上的使用率都在快速增长，移动互联网带动了整体互联网各类应用发展，也推动了当代中国人的网络生活迈向全面"社交化"。

2016年11月，在北京举行的"新中国舆论学研究三十年"论坛上，中国人民大学新闻与社会发展中心、搜狗输入法大数据团队联合正式发布了《中国网民的信息生产及情感价值结构演变报告》，报告中的统计数据显示，在行为层面，中国网民日均打字总数达350亿之多，其中晚间22点睡前阶段，是网民全天打字最活跃的时段。社交类网站（APP）以超过九成的比例，占据网民经常登录的网站或APP中的最大份额。五年间网民提及度最高的三大网络行为依次是直播、发红包和刷屏。①

之所以这样不厌其烦地做数据对比，是试图更为真切地看到移动互联网，尤其是社会化媒体为每一个当代中国人带来的"价值时空"转变的可能性，人的社会存在时空尺度扩大，我们不但能在掌中尽知天下事，而且能在手中参与天下事。在以人的全面发展为前提的新的社会形态中，科学技术高度发展，社会自动化程度空前提高，"劳动时间和劳动能量在量上的减少将使人的生存发生质的变化：决定人的生存内容的，不是劳动时间，而是自由时间"②。"劳动时间"和"自由时间"的概念由马尔库塞依据马克思的时间理论提出来，他把现代人的日常生活时间分为两部分：一是现代人为了获取生活必需所付出的劳动时间，二是现代人在工作之余可以自由支配的自由闲暇时间。在马尔库塞看来，现代化高度的自动化会使劳动时间逐渐降低，自由时间会逐渐成为主导性的时间。

---

① 中国网民结构演变报告出炉.[EB]. http://finance.china.com.cn/roll/20161123/3998171.shtml, 2016-11-23.
② 俞吾金. 马克思时空观新论[J]. 哲学研究, 1996(3): 11-19.

折叠的时间

马克思说:"时间实际上是人的积极存在,它不仅是人的生命的尺度,而且是人的发展的空间。"[①]也就是说,时间是空间的本质,对于人的生存实践活动而言,时间比空间更具有重要的意义,人类的所有自我发展行为和公共生活都是在社会的自由时间展开的,社会时间可以转换为社会空间。社会空间本质上是人的社会关系、人的活动的社会结构,表现为人的活动的现实条件、并存关系及广度和深度等形式方面的特征。[②]当我们不断地致力于提高传播速度时,秉持的正是"时间消灭空间"的传播学信条。新媒体时代的文字、声音、图片甚至视频的传播速度都已经达到一个极速,社会化媒体让我们能够以更快的速度和现实社会关系的人勾连起来,以更快的速度完成社会交往和生活实践。

当周末早上醒来还未起床的时候,我们可以打开微信朋友圈,浏览头一天还没有来得及看的朋友的更新,根据我们对社会关系的重视程度,点赞或者发表评论,表达关心或者祝福,短短几分钟,几百人的状态更新就可能看完。

在大洋彼岸的同学刚换了新车,在朋友圈秀了图片,得表示一下颜色真时尚;东北三姨的儿媳妇的二胎小公主半夜出生了,母女平安,赶紧发个红包祝贺一下,顺便在家族群里面广而告之让大家都祝贺。

读大学的大儿子有个语音留言,说他在抖音上发了视频,让支持一下。视频是有点意思,但还是要提醒他把心思用在学习上。

小儿子班上的妈妈群里面正在讨论春游的问题,得去表示一下支持的立场;小区业主群里面业主管理委员会发起了投票,到底小区广场的对外租金如何使用,是时候去表达一下意见了。

[①] 马克思恩格斯全集:第47卷[M]. 北京:人民出版社,1979:532.
[②] 唐巴特尔. 论社会空间的基本形式及其方法论意义[J]. 内蒙古大学学报(人文社会科学版),2002(6):18-22.

（门铃响了）昨天预订的早餐外卖到了！比预计时间提前了5分钟，这可是刷了好多评论，发现5分好评最多的一家汤包，希望不会让人失望。

"杏仁医生"上有红色提醒，昨天皮肤过敏，挂了北京一个专家的号，却没有想到他在美国访学，有时差，刚刚才回复，还好，他认为问题不严重，给了简单的非处方药。

……不能继续打开手机应用了，小汤包要凉了，一边吃一边看手机吧……

微店的消息提醒好几次了，看来拜托时尚二妹在她微博上隆重推出自己代理的口红效果不错，好几人下单了，还特别说明是二妹的朋友，想要VIP折扣。

东北三姨的儿媳妇还没有收红包，要口红的客户地址不完整还没有回复，在等待回复的时候抽个空到亲戚群抢个红包吧，亲戚们正在兴高采烈地制造迎接小公主的红包雨。

一会儿该到楼下取衣服了，"洗衣管家"提醒前天放在洗衣柜的衣服已经洗好送回来了；下楼的时候顺便把放在快递自取箱里的京东快递取了，这20斤大米，好在是在京东买的，要是在超市买，估计得下午才有时间开车去，可停车也是个难题……

——以上这一切，是当下大多数中国人的日常浓缩，社会化媒体渗透到我们的日常生活中（连退休的老一辈也拥有1~2种社会化媒体产品作为日常生活必需品）。

时间已经不是线性发展的，空间已经完全被分割、打乱，我们可以同时加入多个不同的语境参与社会交往，也可以随时退出，在线或者不在线的状态也切换自如，物理意义上的时间没有改变，但社会学上的时间意义和心理上的时间意味已经完全不同。时间好像被折叠起来成为多维的状态，我们可以随时打开进入一个空间，也可以随时关上从某种空间状态出来。当我们忽略某个社会化媒体的时候，就好像这个媒体所连接的一切人和事物在另一个完全不同的空间一样；我们以不同的社会角色身份在折叠的时间当中进进出出，也就在不同的社会空间关系中进进出出，无比自由，物型的空间也不再是独占性的空间，"我在"和"他在"可以互不干扰。

处在当代中国的大多数人，在人际交往和社会关系的处理上，已经感觉不到空间所带来的困扰。任何我们想要联系的人，任何想要联系我们的人，都在一个巨大的社会化媒体网络中虚拟而又现实地存在，不管我们身在何处，我们都可以随时打开这个社会化媒体网络联系他们；任何我们想要获知的世界各地的新闻资讯、知识信息、生活经验，都只需要手指轻轻一点就可以轻松获取；任何我们想要传达出去的情感情绪、生活细节和当下场景，也只需要手指轻轻一触碰手机屏幕或按钮，就可以实现全球化的分享——空间的阻碍因为时间感的极速体验似乎已经不存在了。

基于现代传播技术带来的信息传播的极速发展、移动终端设备的更新迭代和日益普及，有传播学研究者提出"时间已经完胜空间"，这并不是马克思"时间消灭空间"理论论断的本意。麦克卢汉也曾经提出一个著名的论断："速度会取消人类意识中的时间和空间。"从CNNIC2017年发布的《2016年中国社交应用用户行为研究报告》的数据来看，随着即时通信工具、综合社交应用用户规模的不断增长，网络社交用户与整体网民的重合度不断提升，社交用户的性别、年龄、学历、个人月收入、职业等用户属性与整体网民相比无显著差异。

当代中国人，无比热烈地拥抱了这个高速传播的社会化媒体时代。社会化媒介可以让我们与世界上任何地方的任何人随时保持联系，也可以让我们从世界上的任何地方即时检索与发布信息。我们用折叠的时间进入一个个打开的空间，也用即时的关系型社会空间赢得了折叠的时间；我们用折叠的时间换来更多物理的量化时间，也因即时的关系社会空间获取到达更多物化空间的可能。

可是当新媒体以超快的速度在消解着人类的时间意识和空间意识的时候，我们分明在超快的传播速度面前感到了自我存在的无奈和个体真实感的丧失。难道真的如海德格尔所说，"现代人无家可归"？

第二节 移动的空间

> 不论你望得多远,仍然有无限的空间在外边,
> 不论你数多久,仍然有无数的时间数不清。
> ——(美国)惠特曼

消失的空间?

审视媒介技术的演化史,发现基于人类对时间、速度的追求,"空间"一直处于被动的状态,而且往往是被作为征服、消灭的对象,东西方皆是如此。"空间"已经逐渐缩小为"地球村"或者成为"消失的地域"。

麦克卢汉基于电视开始主导媒介环境的事实提出,传播活动能使人类的生活空间扩大,人类得以超越自然的地域环境,在更大的范围内重新部落化,整个世界由无数个小而静态的社会变成了一个大而动态的社会——新的"地球村"。约书亚·梅罗维茨把这种现象称为"地域的消失",他认为传播手段的变化使地域差异上的社会意义减弱乃至消亡。当然,这个时候他们所指的媒介都还不包括网络。莱文森修正了他所谓的麦克卢汉的"经典地球村"的不足,他认为"地球村"有成长的过程:单向传播的广播媒介造成的类似家庭亲子关系的"广播地球村"、营造类似偷窥者的村落的观看环境与心理的"电视地球村"、有极强互动能力的参与者的地球村"赛博空间"。

从麦克卢汉提出的"经典地球村"到莱文森提出的三种"地球村",其解读手段都是媒介的变化,其逻辑都是时间逻辑,他们都认为促使"地球村"形成并且维持其"运转"的基本动力的,是媒介,以及更为广义的技术。

现代电子传媒利用卫星、微波、光纤光缆和先进的数字化传输技术设备实现了高速传播,时空被进一步压缩;社会化媒体的超强互动性解决了信息采集和内容生产的起点的问题,使地球上任何角落发生的事情

都能以现场直播的方式当即传到世界每一个手持移动智能终端的在线用户,时空基本一体化,"现在时态"成为社会化媒体传播的基本时态。有学者提出,当自然距离对传播的影响接近于零的时候,就是时间差不多完全消灭空间之时,因为当传播速度快到足以忽略空间距离时,地域概念在高速度信息流和超大信息流的冲击下也就不复存在,地域文化将走向整合。

需要区别的是,信息传输技术传播信息,而交通传递物质实体。社会化媒体时代"用时间消灭空间"是指以一定速度运动着的时间对空间的占有或共有,只是强调"时间"是一个共时性概念,而空间从未缺席或消失,时间与空间一同构成了人类考察事物变化的两个基本坐标。

审视媒介技术的演变史,我们同样可以发现,媒介的发展也依赖于空间,媒介技术的发展演变也受到空间的规制。口语传播依赖身体的空间和空间距离;文字的传播需要媒介实体在空间中的展示或运动;传统的大众媒介书、报、广播、电视则需要阅听空间:私人空间、客厅—家庭等群体空间、图书馆和咖啡馆等公共空间。主要以移动智能终端为媒介的社会化媒体所需要的媒介阅听空间不是固定的,而是可移动的;不是静止的,而是流动的;不是稳定的,而是临时性的;不是公开的,而是相对私密的。这个媒介阅听空间可以在公共空间里,也可以在私人空间里,没有固定的模式,只有当下的选择,只要人、手机、网络三者存在,任何空间都可以临时生成一个媒介空间。空间并没有消失,只是社会化媒体用户有了更强的主体性,我们有了选择进入某个空间的自由:时间折叠起来,我们可以借助直播设备进入任何空间;借助虚拟技术和智能穿戴设备,我们还能创设出全新的空间感。

移动的个人空间

社会化媒体高度发达的背景下,媒介再一次向媒介使用者的身体靠近或者贴合,"移动的个人空间"成为当下占据主导地位的媒介阅听空间。

传统社会交往中物理空间的空间边界是比较清晰的,私人空间、群体空间、公共空间很少交叠，在社会交往中，有完整的社会规则来约束个体在不同空间中的行为，如在不同场合（其中，空间是场合的最重要考虑因素，时间也是考虑因素之一）着装的规范、交谈的距离（人际交往的空间距离也是人际关系的反应）、不同场合说话的艺术等。而在社会化媒体的"个人阅听空间"，场合的概念淡化，在感觉自由的私密个人空间却实质性地参与人际交往，极易让我们忽视公共议题与私人议题的边界，从而导致交往规则和交往礼仪失范，这是我们应当要注意的。

物化型、关系型及制度型的社会空间是相互制约、相互渗透的。当代中国处于和平发展的社会转型期，然而内部矛盾依然存在，外部世界也并不太平。利益格局带来的冲突和对立使社会空间争夺战也日渐激烈，尤其是境外敌对分子一刻也没有放松过对网络社会空间的争夺，这是我们需要警惕的。

据 2017 年 CNNIC 发布的最新《2016 年中国社交应用用户行为研究报告》显示，社交应用重度用户不断增多，整体上网时长、手机上网时长在 6 小时以上的用户分别占 36.9%、22.8%，上网时长在 2 小时以上的用户累计分别为 79.5%、60.5%。以一个成年人每天睡眠时间 8 小时来看，有超过五分之一的社交应用用户非睡眠时间的 37.5% 花在了社交应用上，这也挤占了社会个体现实的人际交往时间。不管是在家庭空间还是在群体空间、公共空间，当个人使用私密度高的社交应用时，是将自身置于"个人阅听空间"中，也容易形成对家庭空间、群体空间、公共空间的挤压和侵占，如玩手机的父母侵占了家庭的亲子空间，餐桌上先拍照再发朋友圈的客人侵占了大家正常的就餐空间。当然，对于那些家庭关系、群体关系或社交关系不充分的社交应用用户来说，社会化媒体以网络群体空间和网络公共空间弥补了其社会空间的不足。

网络公共空间

社会化媒体的舆论影响：

中国社会化媒体更新迭代之快和繁荣发展之速完全超出了所有人的

预期，中国老百姓对社会化媒体的接受速度以及接受范围也超出了所有人的预期，社会化媒体的舆论影响力日渐扩大，促使网络空间成为一个名副其实的公共空间，而社会化媒体成了这个公共空间的排头兵。

根据人民网的统计，2011年和2012年两年，网友在3家论坛（天涯社区、强国论坛、凯迪论坛）、2家微博（腾讯微博、新浪微博）、2家社交网站（开心网、人人网，2011年的统计不含）发帖总量超过100万的公关事件共有24起，其中由新媒体次曝光的事件比例占54%，由微博首曝的比例占42%。这项调查数据说明，以社会化媒体为代表的新媒体已经成为公共事件生成和发酵的主要源头[1]。

依据哈贝马斯的公共领域理论，所谓公共空间，指的是一个国家和社会之间的公共领域，是一种介于市民社会中日常生活的私人利益与国家权力领域之间的机构空间和时间，个体公民可以聚集在这个空间中自由言论，共同讨论他们所关注的公共事务，形成某种接近于公众舆论的一致意见，进而影响政治行动，从而维护总体利益和公共福祉。Web2.0时代下的传播冲破了时间、空间的障碍，社会化媒体平台给予人人发声的机会，它创造一种全新的传播结构，促进了公共空间结构方式的又一次转型，公共空间的内涵得以丰富，外延得以扩大。因而公共空间的形式已然不同于传统大众媒体时代。社会化媒体为普通公民提供了进入网络公共空间的技术条件和通道，我们可以在社会网络上抒发己见、针砭时弊或者自我表达、自娱自乐，而不受现实生活中地域、职业、身份和社会地位的限制。

网络公共空间的组成：

国内有研究者认为现阶段网络公共空间主要包括以下组成部分[2]：

第一，网络论坛，包括BBS以及Web2.0时代兴起的博客、博客、微博、Youtube等自媒体。这些论坛是公民在网上交换观点、进行商议的重要场所，通常被认为是网络公共空间的典型形式。

---

[1] 赵云泽. 从技术到政治——中国网络公共空间的特性分析[J]. 国际新闻界, 2013(11): 73-87.

[2] 高岩. 公共空间2.0？——论Web2.0视角下网络公共空间的转型[J]. 新闻与传播研究，2011(5): 29-34.

第二，新闻机构的网络站点，这是网络公共空间的核心要素之一，在一定程度上影响网络公共空间中的议题和议程。

第三，具有共同观念、价值、目标的组织及其在网上建立的站点，它们都具有一定的政治参与特征。

第四，电子政府，即指政府机构在网络上建立的电子政务网站，当政府机关以"对话者"身份参与时，就应该被包括在公共空间中。的确，在Web2.0时代，我们可以看到政府机关在互联网上的作为越来越成熟，越来越多地运用微博、微信公众号、网络发言人等形式与公民互动，在一些公共事务中，政府与公民的对话环境越来越良好。

当代中国网络公共空间的缺陷：

就目前而言，当代中国的网络公共空间还并不完备，虽然政府和社会沟通对话多了很多平台，但网络民主协商机制和模式还不成熟；知识分子在网络空间的中坚作用还没有完全发挥，反而激进的言论最容易取得轰动的效果；网络公共空间中网络暴力现象增多，大多数网民仍然做"沉默的螺旋"。

有研究者基于情感框架理论结合质化内容对微博的研究发现，微博讨论中情感化批评占主导，情绪会扩散，冲突话语触发愤怒并减少对话，所以，微博空间更似"减压阀"而非公共空间[1]。但更多的学者对社会化媒介下的公共空间充满了期待。用户生产内容的特性使得每个人都有可能主动地掌握信息、参与互动和自我表达，云储存功能越来越强大，网络公共空间的个人资讯也能连续而完整地保存下来，人们可以按需定制。持乐观态度的研究者认为，从目前中国的趋势来看，网络公共空间的意见表达总体更趋向于理性、批判性。尽管由于草根媒介的自发性等特征，其表达兼有理性、非理性、批判、非批判性交织的色彩，但总体更趋向于理性和批判性[2]。

社会化媒介的内容空间是传播媒介发展到今天出现的最丰富、最多

---

[1] 潘霁，刘晖. 公共空间还是减压阀？"北大雕像戴口罩"微博讨论中的归因、冲突与情感表达[J]. 国际新闻界，2014(11)：19-33.

[2] 殷俊. 自媒介与公共空间的再转型[J]. 国际新闻界，2008(9)：31-35.

元、最个性化也最具互动性的媒介内容空间,其"用户生产内容"的特性带来内容生产的多元化与个性化,正在重构当下的大众传媒内容生产的公共性,也给我们获取内容、明辨信息带来难度。同时,如何满足个体化阅听空间下的个性化需求,也是一个新的难题,虽然这一困境触发了各类媒介在内容生产和信息传送上努力实现私人化、定制化,但社会化媒体使用者个人媒介素养的提高、网络社会空间规范的重塑,也是我们应当考虑的应有之义。

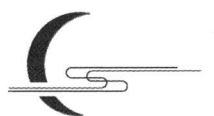

  人与人之间的相互关系中,对人生的幸福最重要的莫过于真实、诚意和廉洁。
——(美国)富兰克林

第三章
社会化媒体下的人际交往

人作为感性的存在生活于社会当中，人际交往是社会发展的必然产物，也是社会发展的基本前提，我们必须和其他的感性存在处于这样或者那样的联系之中，才能生存和发展。"人的感性存在就突破其单纯个别性的抽象意义而使普遍性成为其内在的活动倾向。这种包含在人的感性中的普遍性不是作为思维本质的抽象物而存在的，而是作为人类个体在其感性存在中超越其个别性而建立人与人的感性联系的活动能力而存在的。这种能力就是交往"[①]。费尔巴哈认为："孤立的，个别的人，不管是作为道德实体或作为思维实体，都未具备人的本质。人的本质只是包含在团体之中，包含在人与人的统一之中，但是这个统一只是建立在'自我'和'你'的区别的实在性上面的。"[②]这段话明确地肯定了人的本质只包含在团体之中和人与人的统一之中。马克思在《1844年经济学哲学手稿》中对费尔巴哈关于人的社会性问题给予了高度的肯定和赞扬，指出"人对自身的关系只有通过他对他人的关系，才成为对他来说是对象性的、现实的关系"[③]。在1845年《关于费尔巴哈的提纲》中，马克思超越了费尔巴哈对"人的社会性"的抽象理解，进一步指出："人的本质不

---

① 吴晓明，王德峰. 马克思的哲学革命及其当代意义：存在论新境域的开启[M]. 北京：人民出版社，2005：288.
② 费尔巴哈. 费尔巴哈哲学著作选集：上卷[M]. 荣震华，李金山，译. 北京：商务印书馆，1984：185.
③ [德]马克思. 1844年经济学哲学手稿[M]. 北京：人民出版社，2000.

是单个人所固有的抽象物,在其现实性上,它是一切社会关系的总和。"[①]没有人际交往过程中所形成的各种各样的网络关系以及人们所担当的各种各样的社会角色,社会就不成其为社会。

第一节　社会化,还是反社会化

> 我没有狼的孤独,我的孤独不在草原上,而在人群中
> ——刘亮程《风把人刮歪》

在过去的几年里,中国社会化媒体的表现在全球引人注目,无论是在对传媒技术的吸纳还是在对内容的挖掘方面。社会化媒体,正在成为媒体生态中最时尚的部分。人是在与他人的互动中实现人性化的,所以人类是互动过程的产物,只有与他人不断互动,人类才具有社会性和创造力。线上也好、线下也好,人与人之间的互动实际上是角色互动。社会化媒体的使用,究竟是促进了人的社会化完成还是相反?

"在互联网上,没人知道你是一条狗。"(On the Internet, nobody knows you're a dog.)这可能是迄今为止关于互联网的最流行的俚语,因 1993 年 7 月为《纽约客》彼得·施泰纳(Peter Steiner)创作的漫画标题而闻名全球。这句话的确生动地诠释了互联网初期的虚拟属性和匿名属性,一个有着酒糟鼻子的中年男子可能在网上把自己塑造成妙龄少女,而这,只要不"见光死",就不会被人知道。而匿名性、虚拟性下的身份模糊、内容虚假带来的网络社交安全以及人际交往的虚幻,正是互联网之于人际交往最被人诟病的地方,尤其是互联网对个体社会化的负面影响一直是研究者关注的焦点,特别是青少年网络成瘾的问题。PC 端上网也好,移动端上网也好,成瘾的个体往往过度使用网络,这不但对身体造成伤

[①] [德]马克思、恩格斯. 马克思恩格斯选集:第 1 卷[M]. 北京:人民出版社,1995:56.

害，而且影响工作、学习和现实中正常的生活交往、社会交往，出现种种回避人际交往等反社会化的倾向。

手机成瘾

人际交往是我们生活的一部分，贯穿生命的始终，良好的人际交往能力是青少年社会化的起点。人际交往促进社会化进程，人际交往也促进深化自我认识。正确的自我认识，能帮助我们找到自己的社会位置，扮演好自己的社会角色，也就是人只有在与他者的交往中，才能成为现实的人。正如鲁枢元所感慨的："人活着，就不能不从自然界的生物圈中利己地摄取着；作为人，则人类又不能不从更高意义上与自然、与其他生命存在，主动地求取认同。"[①] 广义的社会化指生命的整个过程，狭义的社会化指未成年人变成成年人的过程。对于个体来说，社会化是一个社会适应的过程，个体的社会化过程就是该个体在社会文化的熏陶下，由自然人转变为社会人，走向社会公共生活，融入现实社会的过程。

青少年的社会化，既受个体自身特质的影响，也受其他社会个体的相互作用，更受社会文化的制约。通俗来讲，个人的成长，离不开自身、家庭和学校等社会关系群体、社会三方面的共同作用，尤其是家庭环境对个人成长有着至关重要的作用。父亲母亲是否相爱，父母亲有什么样的社交圈子和什么样的消费习惯，父母对孩子的教育方式等，都会直接或间接地影响个人的成长。但在社会化媒体高度发达的环境下，父母一代和孩子一代使用社会化媒体的频率和强度都有所增加，社会化媒体深度卷入了家庭生活中，个体的成长过程自然也就受到"网络保姆"或者"手机保姆"的深度影响，包括行为方式、心理性格、价值观念，都受到了社会化媒体的影响。

社会化媒体传播的信息在尚未有完备的把关机制的当下显得良莠不齐，既有大量符合社会主义价值体系的内容传播，又有不少负面思想混迹在其中。社交媒体游戏以其曲折的故事情节、情感体验和互动性，令

---

① 鲁枢元. 心中的旷野——关于生态与精神的散记[M]. 上海：学林出版社，2007：25.

不少青少年着迷甚至沉迷，在一些社交媒体游戏中甚至暗藏着黄色、暴力等不良信息。的确，虚拟的社会交往不能替代现实的社交，这种互相阻隔的交往方式不能成为青少年人际交往的主流，否则，过度依赖会降低青少年的社会交往能力。

就青少年网络成瘾问题来说，网络成瘾本质上是一种行为成瘾。"行为成瘾"（Behavioral addictions）也称为"非物质相关成瘾"，指的是那些原本正常、令人愉悦的行为活动转变为由于不可抗拒的渴望及难以自控的冲动驱使的不适当、反复出现的行为，即使这些行为明显对他人或自己有害处，但仍不断出现[1]。有研究者归纳了行为成瘾的特征如下[2]：①容易产生耐受性；②出现戒断综合征；③行为的不可预料性，即行为的时间、频率、强度都大大超过自己的预料；④多次试图戒除或控制而不成功；⑤花大量的时间为这一行为做准备、从事这一行为，或从其后果中恢复过来；⑥基本停止或大大减少正常的社会交往、职业或娱乐活动；⑦明知这一行为已经产生生理或心理方面的不良后果，但仍然坚持这一行为。只要个体满足以上三条就能被认为"上瘾"了。

引发行为成瘾问题行为的不只是互联网，还有沉迷于看电视、赌博、饮食、健身、瘦身、整容等。网络成瘾的问题行为是过度上网难于自控，并导致了社会功能受损及心理问题等。按照上网工具的不同，网络成瘾分为手机成瘾和电脑（平板）成瘾；按照上网内容的不同，网络成瘾又可以分为游戏成瘾、信息搜索成瘾和社交成瘾等。

社会化媒体成瘾较多的是手游成瘾和手机社交成瘾，成瘾者使用手机的时间过长，并且带来某些社会功能的损伤，如人际关系恶化、学习能力和人际交往能力减弱、工作效率降低等。大多数人未到手机成瘾的程度，但是对手机也过度依赖，常见的表现如：24小时手机不离身，用手机来避开一些社交活动，喜欢以虚拟的形式交谈胜过面对面交谈等。

即使是"手机成瘾"，即使是"虚拟社交依赖"，手机也不是洪水猛兽，更不能将板子打到社会化媒体上。相反，社会化媒体也许是矫正手

---

[1] GRANT J. E, POTENZA M. N, WEINSTEIN A, et al. Introduction to be-havioral addictions [J]. Am J Drug Alcohol Abuse, 2010, 36(5): 233-241.

[2] 叶新东. 网络成瘾研究概述[J]. 心理科学，2004, 27(6): 1146-1148.

机成瘾的一个渠道，正所谓以其人之道，还治其人之身。有心理学的研究发现：社交媒体上的过度交友将导致社会孤立和社交焦虑，但同时也有研究发现：互联网社交应用的使用可以让用户感觉到安慰和满足。有研究表明，以美国心理学家伯尔赫斯·弗雷德里克·斯金纳（Burrhus Frederic Skinner）的激进行为主义理论为基础的应用行为分析（Appliedv Behaviorv Analysis，简称 ABA）对于行为的矫正具有一定的作用。根据应用行为分析的方法，在社交应用用户的行为轨迹中找到对于社会个体的角色养成、社会化融入有实用价值的地方加以拓展，并进行线上、线下的训练，可以用具有社会功能的行为代替简单的成瘾行为。

透明的我们

虽然发展初期的互联网也有开放性，但就当时的传播手段和技术条件而言，匿名性的确可以让一个人深度隐藏，只是互联网的快速发展超出所有人的想象。迈入社会化媒体时代，一切已经藏无可藏。用户参与内容实现了人人都是线索的同时也人人都留下痕迹，加上 IP 地址和强大的搜索引擎+UGC，我们几乎可以找到所有匿名的人，也能被别人找到，实名制社交网络和社交应用 APP 进一步推动了这种可能。注册每一个 APP 或者是使用每一个小程序，我们都提供了某一个数字身份，头像、手机号码、某个社交网络账号等，我们使用得越多，我们的隐私就越少。在我们获得各类社交应用便捷性的时候，我们的各类基础信息和行为偏好也成为 APP 的数据，甚至我们的生活方式、文字习惯，都可以被记录和被解读。

从社会身份、经济收入、消费行为、电话号码、家庭住址到社会关系，一切都是数据，一切都被记录，一切皆可查询。这是一个开放的媒体时代，也是一个互动的媒体时代，我们对社会化媒体网络参与得越多，我们就越透明。套用《纽约客》的那句著名流行语，"数据的拥有者当然知道你是一条狗，而且知道你是哈士奇还是牧羊犬，还知道你有多少根狗毛！"

凯文·凯利（Kevin Kelly）在其新书《必然》中整理出美国对公民进行常规追踪（排除了对黑客、罪犯或网络部队使用的非常规的追踪手段）的清单①，这张清单包含了一个普通人在平常生活中能遇到的追踪手段，每个例子都有官方来源，或是出现在主流出版物上。

汽车活动——从2006年开始，每辆车都包含一块芯片。当你发动汽车时，它就开始记录车速、刹车、过弯、里程、事故等状况。

高速公路交通——高速公路上的柱子和测速器上安装的摄像头通过车牌和快速追踪标志记录汽车的位置。每月有7000万个车牌被记录。

拼车软件——优步、Lyft和其他零散的打车软件记录你的旅程。

长途旅行——你的航空和铁路行程被记录。

无人侦察机——"捕食者"无人侦察机监控美国边境的活动。

邮政信件——你寄出或收到的每封信的表面信息都被扫描并数字化了。

公用设施——你的用水和用电模式都被公共设备记录了（目前没有垃圾分类信息）。

手机位置和通话记录——你通话的时间、地点和对象（元数据）会被储存数月。有些手机供应商通常会把信息和电话的内容储存几天到几年不等。

民用摄像头——在大多数美国城市的中心地带，摄像头24小时不间断地记录你的活动。

商业和私人空间——如今，68%的公立机构主管、59%的私人企业主、98%的银行工作人员、64%的公立学校人员以及16%的业主在摄像头下生活或工作。

智能家居——智能恒温调节器（如Nest）检测你是否在家，

---

① [美]凯文·凯利. 必然[M]. 周峰，董理，金阳，等，译. 北京：电子工业出版社，2016：294-296.

同时记录你的行为模式，并将这些数据传输到云端。智能插座（如 Belkin）监控你的用电量和用电时间并把数据分享到云端。

家居监控——视频摄像头记录你在家里或四周的活动，将数据储存在云端服务器。

互动设备——你传达给手机（Siri，Now，Contana）、主机（Kinect）或环境话筒（亚马逊 Echo）的语音命令和信息在云端被记录和处理。

商场会员卡——超市能追踪你购买的物品。

电子零售商——亚马逊之类的零售商不仅追踪你购买的东西，还有你浏览或想买的东西。

美国国家税务局（IRS）——国税局追踪你一生的财务状况。

信用卡——显然，所有的购买行为都被追踪了。信用卡和复杂的人工智能相结合形成模式，揭示你的人格、种族、癖好、政治观点和爱好。

电子钱包和电子银行——诸如 Mint 一类的信息采集组织追踪你的贷款、房贷以及投资等完整的财务状况。类似 Square 和 Paypal 这样的钱包软件追踪你的购买情况。

人脸识别——脸谱网能在他人上传的照片中辨认（标记）你的头像。照片的拍摄地点代表了你过去所处的位置。

网络活动——网页广告 Cookie 追踪你上网时的举动。上千家顶尖网站中有 80% 利用网页 Cookies 追踪你在网上的行踪。通过与广告网络（Adnetworks）的合约，你没有访问过的网站也能得到你的浏览历史。

社交媒体——它们能辨认你的家庭成员、朋友以及朋友的朋友，还能追踪你以前的老板以及现在同事，也能了解你如何度过闲暇时间。

搜索浏览器——谷歌默认永久记录你查询过的所有问题。

流媒体服务器——他们能追踪你看过哪些电影（Netflix）、音乐（Spotify）、视频（YouTube）以及你的评论时间和内容。有线电视公司会记录你的观看历史。

读书——公共图书馆会保存你的借书记录一个月。亚马逊永久储存你的购买历史。Kindle监控你的电子书阅读模式，包括你的阅读进度、阅读每页的耗时以及停止阅读的位置。

健康追踪——你进行身体活动的时间、地点通常会被24小时不间断记录，其中还包括每天睡觉和起床的时间。

这份清单的内容，我们并不陌生，以上所有的功能和应用，正在我们身边或者我们自己身上实践，并且由于中国社会化媒体的后来居上，很多功能和应用都有千丝万缕的联系，数据都错综复杂地集合在一起，汇总在某些大型社交媒体平台的云端。

2017年第二季度，Facebook全球月活用户超过20亿，试想如果全球70%的人都使用Facebook，并且都是实名制，那"地球村"将成为一个"透明村"。2018年2月，微信全球用户月活数也首次突破10亿大关。我们需要探讨的是，在走向这个"透明村"的过程中，社会化媒体之于社会化又会产生什么样的影响。

真实之间

移动互联网时代我们不仅无处可藏，不仅24小时都在被记录，我们甚至可以被分析。作为用户的我们所生产的一切内容——文字的或者是图片的，代表了我们的知识结构和创造力、表达力；我们生产的内容被评论、被关注、被转发的关系谱系，代表了我们的社交圈子和社会影响力；我们参与的各种手机应用运动排名的情况以及我们在医疗APP上的消费情况，透露出我们及家人的健康状况……

可以说，在移动互联网时代没有绝对意义上的隐私。如果说前"前社会化媒体时代"的人际交往是在真实和虚拟之间的话，那么当下社会化媒体时代的人际交往是在现实真实和网络真实之间。媒介，真的如麦克卢汉所说"是人的延伸"。

我们在网络上完成着不断社会化的过程，去学习社会规范，去了解社会知识，去观摩他人的生活，在这个过程中抛弃生物性，增加社会性。

我们必须学会并且教会家中孩子，如何在大雪封门的时候点外卖同时保护自己，如何在事务繁多的时候通过微信或者支付宝来缴纳水费、电费、燃气费、收视费，如何使用社区的各种互助服务，如何查看别人的旅行攻略并识别消费陷阱和商家广告……社会化媒体如此强大，以至我们会忘记是为了网络上的交往和表达而去参与现实生活，还是现实生活本就如此。

我们也必须努力实践着网络上更好的自我。互联网时代的到来及相关技术的发展和进步使得传统生活发生了深刻的变革，包括交友、婚恋、消费。就连企业招聘，都因社会化媒体的发达改变了模式。网络招聘与社会化网络招聘成为新兴的招聘模式，面对一般网络招聘不利于提升招聘有效性的事实，猎聘网打造了一个基于多重互动式的社会化网络招聘模式。[1] 仅仅依靠一纸简历和一个面试，已经不能如社会化网络观察那样全面而深刻地了解一个人了。每一个人都被社会化网络深度卷入，网上的关系也如此复杂，我们需要学习新的人际交往技巧。我们必须严格自律并且教导我们的孩子，网上世界一样真实，现实生活中的行为和网上的行为都会被记录，这是我们的生活印记。

在社会化媒体环境下，个人网络印象的作用越来越突出，其影响已经不局限于网上，而是更多地影响到我们的现实生活，即便是现实生活中的成年人，我们也必须重新学习如何进行个人网络印象管理。印象管理又称印象整饰，指人们试图管理和控制他人对自己形成印象的过程[2]，个人网络印象管理则是指人们试图管理和控制他人对自己在网络中形成印象的过程。在社交网络的虚拟世界和我们生活的现实世界，我们都需要给交往对象留下一个良好的、恰当的形象，这既是调节人际关系的重要手段，也是我们适应社会、提升自我从而达到社会预期的方法。社会化媒体基于社会关系的全网互动使网络印象和现实印象互相影响、相互制约，个人网络印象管理成为现代人社会化的新课题。

---

[1] 张博，杨婷婷，韩飞. 互联网时代下多重互动式社会化网络招聘模式研究——以猎聘网为案例[J]. 中国人力资源开发，2016(8): 20-25
[2] 张静."互联网+"时代大学生网络社交印象管理倾向研究[J]. 信阳农林学院学报，2017(9): 117-119.

新的"我们"

微信全球用户月活数首次突破 10 亿大关的背后,是"中国社交关系图谱",从好友的数量、原创内容的数量以及被转发数量这三个指标,可以从茫茫网海中轻松识别出影响力强的用户。就连小区门口一家刚开的蛋糕店做推广活动,都会被要求在朋友圈里面"积赞",一定数量的"赞"对应某种档次的折扣。在大家点赞已经成习惯动作下的顺手人情的时候,商家依然热衷于"积赞",看中的不仅仅是微信朋友圈的宣传功能,更看中的是能够"积赞"超多数量的用户,本身就是网络"朋友圈"和现实朋友圈的高影响人物,会通过人际关系和口碑效应影响更多的人。

微信的优势正好是阿里的短板。阿里所欠缺的,正是社交关系图谱,而这是当下媒介平台最核心、最重要的资源。在支付宝开启红包功能不久,微信禁止了支付宝的直接分享,但却不能禁止用户分享图片。利用微信的强大渠道,通过图片分享和口令输入的方式,阿里间接复制了微信的核心财富,并且试图走得更远。

2016 年,支付宝成为央视春节联欢晚会的独家互动合作平台,共推出"咻一咻"和"集五福"两种玩法,除夕夜,支付宝四轮"咻一咻"互动平台的总参与次数达到了 3245 亿次,是 2015 年春晚互动次数的 29.5 倍①。支付宝的策略显而易见,从推出聊天功能到"支付宝好友"上线到红包策略,是盯上了"社交"这一香饽饽。尽管支付宝通过春节红包大战增加不少用户,增加了用户黏度,也培养了用户的支付习惯,但似乎从具备传统意义上用户更适应微信红包。我们无意做经济学、营销学、管理学的分析,但比较确定的一点是,微信所营造的"红包"场景,更接近人们真实社交中的场景。"发红包",本来是生活中亲朋好友间的社交往来,是社会交往中一个典型的社交行为;而微信,正是自我定义为"私人亲友间的沟通"。

不可否认的是,新奇的红包功能和春节各个社群的"红包大战"在最初吸人眼球的同时,的确挤占了亲人相聚的时光,变成了面对面地玩

---

① 温婧. 超 4 亿人参与除夕抢红包,红包收发总量超过百亿个[N]. 北京青年报,2016-2-9.

手机，这似乎远离了春节的应有之义。但从2018年春节的微信用户数据和支付宝数据来看，更多的用户参与进来，被现代科技和社交应用隔离的不再是年老的父母或农村来的二姨，全民都参与了这个欢乐的活动。据微信官方发布的2018年春节期间微信数据报告，2018年春节共有7.68亿人选择了微信红包传递新年祝福——这已经成为新的典型社交方式。

从对生活的观察来看，手机红包和传统意义上的"压岁钱"并行不悖，能当面给"压岁钱"和"红包"的，决不能发个"电子版"。面对面的社交行为有语言信息和非语言信息的传递，有情感的交流。无法给"纸质版"的，则通过"电子版"，再码上一句吉祥话或者贴个表情包，实在省事的，语音也是要发一条的，这也是新的社交礼仪。

就2018年春节红包大战的情况来看，更多的互联网公司参与其中，除了微信和支付宝，今日头条、抖音等互联网新秀也纷纷加入。据统计，超过六成的人既抢了红包，也把红包发给了朋友；朋友、亲戚、同事、同学是收发红包的主要对象，熟人圈成为用户收发红包的主力，春节收发红包已成"新年俗"；"00后"主要是在同学中收发红包，"90后"主要在朋友间收发红包，"80后"在同事间收发红包的比例高于其他群体。这些数据背后的交际行为，和现实生活关系是暗合的。

对"红包"之所以做这样详尽的分析，是因为这个全民狂欢行为背后折射出的文化意味远远超过互联网经济的进步本身。据CNNIC于2018年发布的第41次《统计报告》，截至2017年12月，我国农村网民占比27.0%，规模为2.09亿；线下手机支付加速向农村地区网民渗透，农村地区网民使用线下手机支付的比例已由2016年底的31.7%提升至47.1%。

> 大山里的绿色水果进入社交应用的公益平台了；
> 一个五线城市的乡村里的大婶因为女儿回味妈妈做的豆腐乳的一篇博文火了；
> 云南勐海某热带雨林的一处小屋主人关注"爱彼迎Airbnb"了……

越来越多的普通人通过社会化媒体拓展社会关系网，提升自身影响力。据国家统计局2017年发布的统计年鉴，2016年我国城镇人口约7.93

亿，农村人口约 5.89 亿。①这意味着超过 35%的广大农村居民开始进入互联网社交生活。

当代中国人的文化根基未变，但我们却又不完全是"我们"。我们在新的时代生成了新的"我们"。社会化媒体的浸润，不仅改变的是个体的社会化过程，而且改变了整个社会群体的"社会化"。

被改变的不仅仅是个人，还有组织机构和公共管理。社会化媒体在组织机构内部管理、外部管理中的应用日趋广泛。基于用户的实时行为流的信息传输方式以及人人互动的机制，使得组织沟通模式得以突破等级架构的限制。在内部，社会化媒体基于关系的联系方式，对组织内部社会网络的形成以及团队协作带来影响，可以促进组织创新。在外部，组织博客、组织微信公众号和客户端的使用可以改善组织的外部环境，尤其对提高组织的沟通绩效有积极的影响。我们看到，微博、微信上的媒介生态日趋完整与活跃，目前，企业微博已经超过 100 万；自 2009 年湖南桃源县官方微博"桃源网"出炉以来，政务微博已经超过 15 万。政府微博主要是代表政府机构和官员的、因公共事务而设的微博，用于收集意见、倾听民意、发布信息、服务大众的官方网络互动平台，其目的主要在于通过与公众的良性互动，搭建一个社会化参政、议政、问政的网络交流模式与平台。②这样的平台的确改变了公众和管理者之间的沟通模式。以"平安北京"为例，其建立的"热点警情当日通报机制"，实现了关系老百姓社会安全和稳定的最大程度的信息沟通，被网友亲切称为"北京蓝"。微信公众平台也促使了媒介生态系统的良好循环。身处社会化媒体时代的每一个"我们"，都自觉或者不自觉地适应着这种改变。

多重社会角色养成

社会化媒体不是层叠架构的存在，而是越来越趋于扁平化。社会化

---

① 数据来源于中国统计年鉴(2017)。参见 http://www.stats.gov.cn/tjsj/ndsj/2017/indexch.htm.
② 百度百科，参见 https://baike.baidu.com/item/%E6%94%BF%E5%8A%A1%E5%BE%AE%E5%8D%9A/3002574?fr=aladdin，2018-03-27.

媒体拓展了我们的交际范围，从自然地域的生活领域可以扩大到整个社会，我们面对的不仅仅是生活中熟悉的人、重要的人，还包含了陌生人。我们无须隐匿其中获取安全感——事实上如上文分析，这在大数据广泛应用的今天，也根本做不到——我们可以选择性地进入某个特定网络人际结构，因为社会化媒体不在场的互动性，我们反而有了一定的自主权和选择权。

我们可以在特定的社会化媒体中，选择以特定的社会角色进入不同的社交圈或者社会化媒体群落。在这个社会化媒体群落可以是某职场俱乐部的强势白领，在那个社交圈可以是时尚辣妈育儿群的温柔妈咪，以完全不一样的话语风格，谈着完全不一样的话题。每一个进入这些社交圈和社会化媒体群落的个体，都默认了互动对象彼此的身份前提。甚至在同一个社会化媒体中，也可以通过某些功能或者程序，主动地把他人分成不同的群落，把松散文化结构下的有着相同特质或者相互关联或者高频交往的个体放在一起，我们假定他们也需要这样的角色选择和扮演。

在社会化媒体中可以实现在日常生活实践场景的各种角色扮演，我们通过扮演不同的角色，获得独特的人格特质。在社会化媒体不同的情境中，我们预设自我，为自己构建一个角色，多个自我彼此响应，然后在特定的群体中，通过与他人互动的相互影响来确认社会角色的完成和实现。

在社会互动的过程中，要能确立自己的自我认同，首先必须了解他人对"我"的期待是什么，以及在什么条件下，我们相互期待的行为合作才能真正实现。[1]社会化媒体网络上的人际互动模式虽然和现实生活未必完全一样，但合作与竞争是不变的，人际互动的处世哲学是一致的。由于网络身份的确定性（而非完整性），我们更有可能去展示并维护更好的自我预设，能快速得知互动对象的反馈从而修正自我，从而自觉遵守与维护社会与价值观念和行为方式。

---

[1] 林远泽. 姿态、符号与角色互动——论米德社会心理学的沟通行动理论重构[J]. 哲学分析，2017(1): 61-97，197.

多层次需求的满足

社会化媒体可以满足个体渴望受到尊重、融入社会的心理需求。有观点认为网络毕竟是虚拟平台，不是现实生活，不管在社交软件上营造出何种形象，人终归是要回归现实生活的，并且对网络的依赖会弱化我们自身的实际交往能力和沟通能力，这个前文已经讨论过了。而更积极的一面是，社会化媒体中，用户都是平等的，用户可以选择能展示自我的社会化媒体平台，将在现实世界很难展示的多重自我展示出来，从而赢得尊重。

在社交网站中，我们会找到同路人。志趣相投或有着相同特质的人聚集在一起，既打开了人际交往的便利，开创了现实社会之外的全新社交方式，又能满足多层次的社会个体需求。亚伯拉罕·马斯洛（Abraham Maslow）的层次需求理论将人的需求由低到高分为五个层次：生理需求、安全需求、归属与情感需求、尊重需求和自我实现的需求。在现实世界中，我们都希望获得较高的社会评价，得到尊重、欣赏、认可等积极的反馈，然而有时候现实条件给予我们的机会不充分，而社交网络正好弥补了这一点。

新浪、搜狐、网易、腾讯四家门户网站在推广微博产品的时候，所设计的广告语分别是：

　　新浪：加入微博分享新鲜　有什么新鲜事想告诉大家

　　搜狐：来搜狐微博看我　分享你身边的精彩

　　网易：记录我们的微生活

　　腾讯：与其在别处仰望，不如在这里并肩记录身边的事情和点点滴滴的感动。这就是我们 140 个字的碎语人生。

尽管以上四家网站的广告语诉求各不相同，但"分享""告诉""大家""我们""并肩"这些词语，无一不在强调着微博的社会化属性以及可以提供的满足交际、归属、情感认同的功能。

全民 UGC 的社会化媒体，给了每一个平凡人展示的机会，人们可以将自己在现实生活和工作中难以尽情展示的一面（不论是特长还是能力，不论是知识还是经验）释放到整个社会化媒体平台，找到属于自己的群体或者社区，"知乎"于是大热。

知乎是典型的社交化问答社区，开放于2010年。各行各业的知乎用户围绕某个感兴趣的话题进行讨论，同时可以关注兴趣一致的人。不同于网络百科，知乎的特点是对发散思维的整合，其口号是"与世界分享你的知识、经验和见解"。

知乎的早期用户营造了一个高质量的问答氛围，知乎用户湛斌以"谈笑有鸿儒，往来无白丁，无微博之乱耳，无SNS之劳形"形象地描绘了知乎的社区氛围，也透露出知乎用户的群体认同感。像其他很多社区一样，知乎也有点赞的功能，这会对问题的回答者起到极大的激励作用。用户认为这个点赞远远比微信、微博中的点赞更值得骄傲，因为这是对答案质量的一种肯定和赞扬。知乎也有粉丝数量的激励线索，这在一定程度上彰显了一个用户的声誉，而这个声誉，对于用户来说，代表着某种生活的格调，是自我的一种"符号化意义"。

如果说微博、SNS等产品满足了人的社交（社会关系）需求的话，那么，知乎等问答社区则满足了人的需求金字塔高层的需求：尊重和自我实现的需求，由被赞扬、被认同、被感谢以及PR（Person Rank）值的增加所带来；同时带来的，还有对用户分享欲望的满足以及提升自我影响力需求的满足。

全民K歌和抖音紧跟而来。

作为腾讯公司出品的K歌软件，全民K歌的智能打分、专业混音等功能并非独创，但该应用迅速吸收了大量用户，关键点是搭上了社交的圈子，好友能评论、送礼物、趣味互动，还能彼此打擂台，还能把K歌作品分享到QQ、微信。全民K歌的最新官方数据显示，5亿注册用户，5000万日活量。全面K歌所满足的，正是人的多层次需求：归属、认同、尊重以及自我实现。

快手和抖音都是短视频社交平台，用于用户记录和分享生活，用短视频的形式，其实质还是对人的交往需求、展现自我的需求、分享需求、尊重和自我实现需求的回应。在这些社交平台或社区中，个体得以多方面地展现自己。

社会化媒体还可以有效地避免角色内冲突，给予一个社会个体在不同的相互区隔的网络空间中扮演完全不同角色的可能。和现实生活中的情况不同的是，他自己能主动选择什么时候进入这个角色，什么时候从这个角色跳脱出来——这在现实生活中是难以实现的。在现实生活中，一个人无疑同时扮演着很多不同的角色，社会化完成的成年人在一般环境中都能保持各个角色间的和谐一致，但当互动对象营造出完全不同的交往语境的时候，也会发生角色冲突。比如，一个项目经理正在谈判会上高谈阔论，突然会议室门口出现前来数落他几日没有回家的妻子，这个职业角色和他作为丈夫的角色就会发生冲突，这个冲突，是当事人必须响应、无法回避的冲突。

同时拥有多个社交应用的现代人，可能在办公大楼内是严谨的工程师，在知乎平台上是风趣、幽默、知识渊博又善讲冷笑话的"大神"；可能前一秒钟还是温柔慈爱的妈妈，哄睡孩子的后一秒就是抖音里的摇滚女郎。我们被繁忙的工作和局促的家庭所约束而丧失的公共空间和社交活动，在抖音上、快手上、知乎上被一定程度地弥补了。从某种意义上说，社会媒体网络正在重新塑造我们的交际方式和生活方式，这是虚拟社会与现实社会交融的新的社会互动，我们终将适应。

社会化媒介素养

社会化媒体的发展，把媒介素养的重要性进一步凸显出来。社会化媒体的传播特点，对公众、传媒业者以及政府机构与官员的媒介素养提出了新的要求。[①]我们终将提高媒介素养以适应这个社会化媒体时代，在这一过程中需要面对的问题还很多。

2018年3月17日，英国《观察家报》《卫报》以及美国《纽约时报》报道，剑桥分析公司"窃取"5000万脸书（Facebook）用户的信息，造成这家社交媒体创建以来最大的用户数据泄露

---

① 彭兰. 社会化媒体时代的三种媒介素养及其关系[J]. 上海师范大学学报（哲学社会科学版），2013(13): 52-60.

事件。数据泄露的源头，是英国剑桥大学心理学教授亚历山大·科根 2014 年推出的一款应用软件，名为"这是你的数字化生活"，向脸书用户提供个性分析测试，在脸书上的推介语是"心理学家用于做研究的 APP"。共 2.7 万名脸书用户下载了这一应用。按照上述媒体的说法，借助这一应用，科根可获取这 2.7 万人及其所有脸书好友的居住地等信息以及他们"点赞"的内容，因而实际共获取多达 5000 万用户的数据。一时之间，社会化媒体的用户安全性又成了尖锐的问题。[①]用户信息尚且不安全，网络社会交往又何来安全可言。

2018 年 1 月 3 日，支付宝个人年度账单正式发布，这是一份涵盖了支付宝用户 2017 年网购、出行、手机充值、生活缴费、转账等不同分类消费情况的全年账单，并且用个性化的场景折射出不同的个人生活方式，同时还能"预测"出用户在 2018 年的消费关键词，并用文艺化的句子阐释出来，极大地激发了用户晒图的欲望。不少网友都将自己的支付宝账单和年度关键词晒到了朋友圈，引起广泛的二次传播，一时之间成为手机上的霸屏现象。随后岳成律师事务所合伙人岳屾山发出质疑，认为支付宝在用户不知情状态下获取信息，涉嫌违反相关法律，剧情逆转，指责支付宝的声音铺天盖地袭来，支付宝道歉，再次刷屏。

这不是支付宝滥用数据、侵犯用户权益的第一次道歉。

2016 年 11 月，支付宝推出一个"校园日记""白领日记"的社群圈子，发帖与芝麻信用分捆绑，甚至只限女性，而只有芝麻信用大于等于 750 分的用户才能发表评论。由于出现大量美女自拍，甚至大尺度照片，引发广泛争议，随后支付宝母公司蚂蚁金服董事长彭蕾道歉。虎嗅网曾就此发文《支付宝"约炮激励"做社交事小，污染了芝麻信用分事大》称，"将公民的

[①] 美国 5000 万社媒用户数据"失窃"，经济参考报消息，转自人民网，http://industry.people.com.cn/n1/2018/0319/c413883-29874858.html，2018-3-19.

多维度隐私数据进行计算之后得出的信用分,被拿去用来作为是否能在支付宝上给穿着暴露的'美女'留言的考核标准,实在荒唐"。①

个人隐私安全问题一直是互联网最重要的话题,也是互联网用户最关心的话题。在政策的逐步规范和技术手段监督下,电子商务环境的个人隐私安全问题得到了有效的解决。但是在社会化媒体环境下,媒介平台是开放的,每个用户都能同时生产信息和获取信息,信息的有效性、正确性缺乏更有效的制度和技术的保证。社交媒体网络的用户信息的获取、收集、使用和分享,都还未有十分完备的法律法规。社会化媒体的个人隐私安全问题更加突出,主要体现在四个方面:信息的开放性、第三方应用程序、恶意获取信息和重复注册。②

社交媒体环境下,用户价值正在用数字化的形式体现出来,但令人担忧的是,无底线地使用数据也存在绑架用户的风险。互联网企业、互联网从业人员和广大用户的网络安全意识和个人隐私意识远远没有跟上科学技术的发展,甚至一度"中国人更愿意用隐私换便利"这句本来不当的话成为在科技圈中刷屏的金句。网络技术和社会化媒体发展如此之快,中国拥抱数字技术远比很多西方国家早,科技巨头们也把握了这个发展方向,但在法律和道德层面,人们却很茫然,并没有足够的规范和指引,去限制技术对隐私无限度的入侵。

2006年,一名网名为"碎玻璃渣子"的女子发布了一段残忍的虐猫视频,引起网友的极大公愤。仅用6天时间,网友就通过"人肉搜索"曝光了"虐猫事件"的女子。这让我们真切地感受到了社会化媒体网络的力量,在慨叹的同时,更多人开始忧虑社会化媒体环境下的个人隐私安全问题。

我们在享受社会化媒体信息共享的果实时,也必须承受其带来的负面影响,并且有能力将这一影响降到最低。技术手段的提升、政策规范的完善以及媒介和用户网络安全意识及防范能力的提高,将在一定程度

---

① 参见 https://www.huxiu.com/article/172481.html, 2016-11-28.
② 闵庆飞,王彦博. 社会化媒体的影响与应用[M]. 北京:科学出版社,2017:51.

上缓解这个问题，而最为重要的是，身处社会化媒体中的我们也应该具备相应的媒介素养、媒介意识和媒介使用能力。

从电影院、餐厅、机场甚至路边烧烤摊、街头水果摊等各种消费场景；到亲子教育、户外旅行、就医咨询、交通出行、公积金查询、水电燃气缴费等各类生活场景，社会化媒体无所不在。当我们的生活日益和社交应用联结在一起的时候，我们通过社交网络可以完成的事情越来越多，同时留在社交应用上的信息也越来越多。

社会化媒体的内在本质是通过状态更新、微博、社会化网络书签、视频分享、照片评论等多种途径提供更多的内容与信息。由于这种信息量的激增，人们也许会产生一种感觉：信息堆积越来越多、难于选择、难于消化，会消耗掉我们大量的时间去关注细细碎碎的无关紧要的小事。就像让·鲍德里亚（Jean Baudrillard）指出的那样，当今社会似乎有越来越多的媒体假装提供了越来越多的信息，可事实上它们提供的意义却越来越少。①

事实上，经常性地使用社会化媒体的人，经过不太长时间的调整，可以自发地根据个人的喜好调整对社会化媒体的设置，以符合自己的浏览习惯。要在社交网络中提高自身的媒介素养，获得一种熟练运用社会化媒体并且可以自我掌控的能力，这种对于社会化媒体的使用能力也是人际交往能力的构成要素之一。

人际交往能力是指人在顺利完成人际交往活动时，影响人际交往活动的效率和保证人际交往顺利进行的个性心理特征。人际交往能力包括人际认知能力、人际情绪控制能力和人际沟通能力三个互相影响、紧密联系的有机组成部分。②人际交往能力并非人人生而就有，同样，社会化媒体使用能力也并非生而就有，也不是人人具备，需要我们自觉培养或者通过学习、练习、自律来达成。也就是说我们可以让社会化媒体成就我们更好的生活方式，而不是相反；社会化媒体也在不断更新换代以消

---

① [英]安吉拉·默克罗比. 后现代主义与大众文化[M]. 田晓菲, 译. 北京: 中央编译出版社, 2001: 27.
② 王晓红. 论大学生人际交往能力及其培养[J]. 南京工程学院学报（社会科学版）, 2003(3): 64-68.

除为用户带来的行为负担、时间浪费和生活干扰。比如微信的朋友圈功能，就逐渐增加了新消息免提醒功能、分组功能、屏蔽他人功能、某条朋友圈的互动不再通知的功能、收藏笔记功能和标记功能、交易查找功能等，我们可以选择自己适合的时间打开微信，可以选择看特定人的微信，我们可以选择看特定内容的微信，这样就有效避免了"手机成瘾症"和"社交成瘾症"。

"手机成瘾症"也是媒介素养和媒介使用能力不足的一种行为成瘾，其本质和上网成瘾症一样，都是"网络成瘾"，只是由于手机更小巧方便，因而更具有广泛性和隐蔽性，其对人的生理、心理危害更大。诚如《吕氏春秋》所言："譬之若水火然，善用之则为福，不善用之则为祸；若用药者然，得良药则活人，得恶药则杀人。"

在当下环境谈人际交往能力，当然包括在现实世界和网络世界的通用能力。学习人际交往知识和培养人际交往技能是提升人际交往能力的主要途径。传统意义上的人际交往知识主要包括人际交往心理学知识和社交礼仪知识，在社会化媒体环境下，我们还必须学习必要的互联网知识，同时培养适应社会化媒体技术发展及网络人际特点的表达能力、理解能力、合作与协调能力等。

随着现代市场转型过程中传统社会结构的解构，当代中国人的交往活动不再囿于亲缘范围而多发生在陌生人之间，而体现为一种现代性的公共交往；当代中国人的人际关系建立在一种更广泛的非血缘的、陌生人的利益关系基础上，这种人际关系更充分地体现在社会化网络当中。处于转型期中国的当代国人要面临的重要问题之一就是学习应对这个陌生化、个体化网络时代的人际关系。

第二节　规则与礼仪

> 善不是一种学问，而是一种行为。
> ——罗曼·罗兰

Web2.0时代，我国社会化媒体迅猛发展，用户成为主角，内容基于社交需求而被生产，从一个侧面反映出当代中国人对于社会交往和社会归属的渴望。处于经济转型期的当代中国，也在面临从传统到现代的文化转型和从同质单一性社会到异质多样性社会的转型。经济转型期容易触发多种社会问题，当下社会上出现的很多问题，都和这个转型期过程有关。"从道德现象和诸多社会问题的根源看，和转型期社会特有的无序化、个体化、碎片化、价值紊乱、制度管理缺失等深层原因相关。"[①]转型期既是社会问题的多发期，也是社会规则重塑、社会秩序和人的心灵秩序重建的机遇期。

麦克卢汉说"媒介即讯息"，人类只有在拥有了某种媒介之后才有可能从事与之相适应的传播和其他社会活动，每一种新媒介的产生都开创了社会生活和社会行为的新方式。移动互联网塑造了当代中国全新的社会生活形态，网民的上网设备正在向手机端高度集中，手机成为拉动网民规模增长的最主要因素。社会化媒体作为一种新媒体，其全球性、交互性、开放性、虚拟性、个性化、多元化等特征，给人际交往带来新模式，同时也带来新问题。

就现实情况来看，社会化媒体已经成为各种社会思潮、各种利益诉求的集散地和社会舆论的风向标、放大器，形成了复杂而喧嚣的舆论场，更成为各互联网企业和用户个体追逐利益的竞技场。在这个复杂环境中，传统的价值标准、礼仪规范都备受挑战，斗富炫富、调侃恶搞、低俗媚俗甚为常见，一些无底线出位、违法违规、价值导向严重偏差的内容也明目张胆地在社会化媒体网络中传播。

规则：破坏与重塑

社会化媒体拓展了人们的交际圈子，改变了人们的生活方式，贡献了无比丰富的互联网内容，但因为开放互动的特性，让本就充满了荆棘和暗流的互联网身处险境，这风险之一，就是规则的破坏。互联网时代，

[①] 葛晨虹. 中国社会转型期面临道德问题的解读与思考[J]. 齐鲁学刊，2015(1): 70-74.

不论是谁，都已经自觉不自觉地被互联网影响、改变，从心理到思维模式等，这是适应新的时代的必然；然而，在这种改变中，现实生活的社会规则被急功近利者迅速抛下，互联网时代的新的社会规则又尚未建立。依托多媒体技术与互联网传播环境的网络文化呈现出娱乐消遣性文化与价值解构文化的双重特性。

社会是有规则的，是规定出来供大家共同遵守的制度或章程，而更多的时候，规则是得到每个社会公民承认和遵守而存在的。社会作为一个有着共同发展目标的整体，也必须有其共同的规则用以维护整个社会的秩序。社会规则中以道德规则、管理规则和法律规则最为主要，而且三者是相辅相成的，基于本章的讨论范围，我们主要关注社会化媒体网络下人际交往的社会规则。

早在2013年，《求是》杂志一篇题为《让网络空间清朗起来》的文章就指出，中国的互联网是世界上最热闹、最嘈杂、最舆论化的网络。网络谣言大行其道、网络侵权等乱象纷呈；匿名发帖群起炒作、传播快、覆盖广，有让人百口莫辩的杀伤力；更有甚者，利用网络空间的开放自由，大肆抹黑、攻击党和政府。[1]

社交网络中的道德乱象

社会化媒体兴起和迅猛发展，让每一个人都拥有了向全社会发声的权力，貌似催生了更多的网络乱象：

——人人手持摄像头、人人手拿麦克风，内容生产便捷，信息发布实时，网络关系更为广泛的背景下，网络暴力时有发生，一不小心，人们就会成为网络暴力的受害者。

——极端观点不绝于耳，基于博取眼球的心理，语不惊人死不休，罔顾事实，随意发言。

——个人情绪随意宣泄，他人隐私随意泄露，将公众平台当成自家垃

---

[1] 石平. 让网络空间清朗起来[J]. 求是，2013(18): 51-52.

圾桶；为谋私利，把微小事件扩大化；

——各类微商天天"霸屏"，从奶粉尿不湿等婴儿用品、生活必需品、化妆品、保健品到奢侈品，商品真真假假难辨；还有各类国外代购其实不少是在销售假冒伪劣产品。

——部分网络大V丧失基本立场，个人行为偏差引发"人设"坍塌。

2016年11月30日上午，一篇《罗××，你给我站住！》的文章刷爆朋友圈，文章出自深圳某杂志主编罗×之手，其5岁女儿罗××，被查出患有重病，每天都需要高额的医疗费。心急如焚的父亲没有选择公益捐款，而是选择"卖文筹款"。如果有人多转发一次这篇文章，便可为孩子的治疗筹款多增一元钱，文章同时开设赞赏功能。悲情的父爱立即触发广大网友的爱心善心。随即，有网友证实此事为营销炒作，罗××的治疗花费并不像文中所说的那般高额，而且罗×在东莞与深圳均有房产，善款也早已筹齐。社交网络一片哗然。后续，2016年11月30日网友当日全天所有文章的赞赏资金原路退回至网友，经核算，共计2 525 808.99元。

……

网络传播领域的各种文化乱象，从不同侧面反映了这种全新文化形态对网民文化价值观念和道德伦理取向产生的积极作用和消极影响。网络流行语折射出网民的草根精神，网络恶搞体现了常常越界的现实批判精神，网络暴力源于网民和媒体失去法律与道德底线，而网络炒作则无限放大了网民的病态狂欢。[1]比这些现象更具伤害力的是，很多人对这些乱象视而不见、听而不闻。很多网友既是这些网络乱象的受害者，同时又是参与者，甚至是推动者——当我们随手晒出未经朋友许可的聊天记录的时候，当我们为某些西方意识形态的"水军"帖子点赞的时候，当我们随手分享低级趣味的"段子"的时候，当我们未经证实仅凭善心转发"求助帖""求救帖""公益帖"的时候，如此等等。

案例1：2018年4月10日，海南证监局公布〔2018〕1号

---

[1] 刘志刚，常璐.网络文化乱象解读[J]. 唯实，2012(5): 56-60.

行政处罚，对某上市公司员工林×、杨××泄露内幕信息和内幕交易的违法行为，合计罚没24.3万元。值得注意的是，此次林×内幕交易的时点正是该上市公司董事长发出"兜底增持"的倡议期间；而该上市公司的文员杨××，也只是因为随手对文件拍照，然后顺便发了一条朋友圈，就因为泄露内幕消息被罚了3万元。①从"有意识"不道德向"无意识"不道德转变，这正是网络世界不道德行为最为突出的特点。而这种网络"无意识"堪比慢性毒药，网络社会个人的无意识不道德会不断升级为群体的、社区的乃至整个网络社会的无意识不道德，社会化媒体环境下，网内网外早已密不可分，最后网络社会的无意识不道德将蔓延至整个现实社会，导致整个社会沦为无意识不道德的社会。

案例2：同样在2018年4月10这一天，国家广播电视总局通报，因"内涵段子"存在导向不正、格调低俗等突出问题，引发网民强烈反感，为维护网络视听节目传播秩序，清朗互联网空间视听环境，依据相关法规的规定，责令"今日头条"网站永久关停该客户端软件及公众号，并要求该公司举一反三，全面清理类似视听节目产品。②这是一周内，国家广播电视总局第二次责令"今日头条"整改。总局4日通报，针对社会舆论强烈关注的"今日头条""快手"两家网站播出有违社会道德节目等问题，依据《互联网视听节目服务管理规定》责令两家网站立即采取以下整改措施：全面清查库存节目，对网站上的低俗、暴力、血腥、色情、有害问题节目要立即下线；停止新增视听节目上传账户，全面排查现有账户，对上传了违法违规有害节目的，要采取关停上传功能、永久封号等处理措施。

"双微"之后，是直播社交平台、短视频社交平台的兴起：映客、花椒、斗鱼、熊猫、YY、虎牙、酷狗……2016年以来，网络直播、网络视

---

① 参见网易新闻，http://news.163.com/18/0412/13/DF6Q6NB50001875P.html，2018-4-12.
② 参见："内涵段子"被永久关停，新华网，http://www.xinhuanet.com/2018-04/10/c_129847557.html，引用日期2018-4-10.

频等网络娱乐产业全面进入繁荣期。广泛意义上的网络直播，即个人通过网络实时观看和学习的网络播出的内容，并可与网络主播进行对话、交流。随着社会化媒体应用的全网覆盖，吸引了越来越多的用户投身社交直播。直播成为迅速积聚人气从而获得财富的捷径。

据中国演出行业协会发布的《网络表演（直播）社会价值报告》[1]显示，2016年我国网络表演（直播）整体营收达到218.5亿元，平台数量250多家，用户规模3.44亿。网民总体渗透率达47.1%，其中30岁以下网民渗透率73.6%。CNNIC2018年最新发布的41次《中国互联网络发展状况统计报告》显示，截至2017年底，全国共有网络视频用户近5.79亿，网络直播用户逾4.2亿。

直播、短视频社会化媒体产品以新颖的形式、酷炫的内容吸引了大批用户和"粉丝"，但快速扩张也导致无序滋长。大部分网络主播未接受过任何专业训练，文化修养、道德品质良莠不齐，过度趋利、内容有违道德甚至违法乱纪等现象时有发生，而且由于网络直播即时传播的特性，使得监管难度较大；更有某些直播平台为了吸引流量，故意放纵主播"打擦边球"，以高额奖金为噱头，鼓吹"一夜暴富"。一时间主播收入成为热点话题，不少人为利趋之。综合数据分析机构和各直播平台统计，截至2017年2月，各大直播上仅是有影响力的主播就超过40万人。在YY上平均月收入超过3000元的主播接近10万人。[2]

2011年快手上线，2012年转型为短视频社区。快手上充斥着各式各样自虐的视频：自虐式喝酒、自虐式生吃东西（死猪、生蛇、蛆等一切奇异或恶心的东西）、炸裤裆、跳冰河。一个叫"二哥"的河北滦县农民是快手红人，坐拥50多万粉丝，他的"特技"视频就是放鞭炮炸裤裆或者跳冰河。

2015年，12岁的小新加入"熊猫TV"平台，做起了《英雄联盟》游戏的视频直播。据了解，当时担任主播的他，月收入高达3万元。当时一份由新浪游戏发起的调查显示，在9032份

---

[1] 腾讯文化产业办公室. 网络表演（直播）社会价值白皮书[EB/OL]. http://www.tisi.org/4897.
[2] 同①

问卷中，47.5%的人认为"社会对'玩游戏'还存在偏见"，40.8%的人认为"天才不应该以传统模式培养"，还有11.7%的人则建议"不能为了玩游戏荒废学业"。(参见法制日报，2018-2-13.)

从2017年8月"泛果直播"上线开始，到2017年11月，短短3个月，平台就拥有了68万多名注册会员，通过付费观看淫秽直播的人员有20多万人。2017年10月20日至11月30日的短短40天时间内，通过微信、支付宝对直播平台充值金额高达1300多万元。经过侦查，警方在黑龙江、广东、辽宁等地抓捕了十多名犯罪嫌疑人。①

2018年2月12日晚，曾极力炫富开豪车的网络主播天佑以负面形象登上了中央电视台《焦点访谈》栏目。节目揭露了网络直播中存在的乱象，节目中还曝光了天佑在某直播平台中的一段喊麦视频，视频中他用说唱形式赞扬冰毒，歌词中尽是"冰毒你真乖，吸完想××……"等低俗的词汇。天佑随即被全网跨平台封禁。

2016年12月1日起，国家网信办实施《互联网直播服务管理规定》，对于直播资质、内容管理、信用体系等提出了具体要求，给规范互联网直播服务划定了底线。随后，一些直播平台也陆续出台管理规则，对主播和用户的行为进行规范。中国演出行业协会网络表演（直播）分会发布《促进网络表演（直播）行业健康有序发展行动计划》指出，网络表演（直播）分会将通过建立内容审核、行业培训、信用体系、信息共享、行业评优、行业调研等方面的工作促进网络直播的健康发展。

直播做好了，不仅可以丰富生活、联络情感、普及知识，而且可以助推经济、促进就业、服务民生。

——直播和短视频帮助农村地区甚至老少边穷地区的老百姓热销农副产品。"巧妇9妹"和西瓜视频签约后，流量+直播收益每月有50万左右，农村电商带动村民发家致富。

——"YY"上的男子（网名"龙衣"），在户外旅行时进行风土

---

① 数据来源：http://www.cnfl.com.cn/cj/2018/0213/337642.html，2018-2-13.

人情的直播，既传递知识，也传递乐趣，还满足了主播的展现欲。

——熊猫、花椒等将直播与公益结合。如2016年7月，因南方连日引发水灾。花椒直播聚集24位人气主播开启48小时公益直播，在第一时间传递消息，通过人气募集善款。

……

任何一个新生事物的发展，都会有从野蛮生长到规范整理的阶段，网络直播是这样，微博是这样，支付宝是这样，滴滴打车是这样，共享单车也是这样。美国政治学家亨廷顿在《变化社会中的政治秩序》中说：现代化过程就是带来冲突和不稳定的时期，经济加速发展的时期，也就是社会动员加速的时期，在这一时期，人们想干的事实，远远多于他们能干的事。这个意义上，转型期过程也是一个"期望值革命"的过程。因而这个时期是最活跃、最进取，也是最矛盾频发和风险凸显的时期。[①] 而现在，我们就处在网络快速发展的"期望值革命"时期。

社会化媒体在提升自净能力和自净技术手段，其自净表现在进入2018年以后显得比较突出。根据@微博管理员发布的微博，微博社区管理中心3月份屏蔽、删除涉及时政有害信息13.2万余条微博，删除涉及违法信息、涉黄信息139万条微博。

2018年第一季度刚过，抖音也发布处罚通告：3月份永久封禁15 234个账号。2018年3月1日至3月31日，抖音平台累计清理27 231条视频，8921个音频，89个挑战，永久封禁15 234个账号。受罚账号及内容主要包括以下7种违规类型：色情低俗、侮辱谩骂、造谣传谣、垃圾广告、侵犯版权、内容引人不适、涉嫌违反法律法规。[②]

2018年4月4日至2018年4月12日，西瓜视频共计下架嫌疑视频50万个，处罚、封禁问题账号3.8万余个。西瓜视频方面称，未来将全面提高审核标准，加大内容审核力度，对嫌疑内容采取"沾边就打"原则，而且将调整推荐模型，通过人工智能与人工编辑共同提升内容质量，

---

① [美]塞缪尔·亨廷顿.变动社会中的政治秩序[M].张岱云，等，译.上海：上海译文出版社，1989：151.
② 参见新浪新闻，http://finance.sina.com.cn/roll/2018-04-13/doc-ifyteqtq9410326.shtml，2018-4-13.

对专业媒体机构生产的内容予以优先推荐。据悉，西瓜视频已与央视新闻、澎湃新闻、BTV 新闻等多家知名媒体机构达成版权合作。西瓜视频相关负责人表示："权威机构是社会最宝贵的内容生产力量，为了让信息良莠分层，我们会进一步调整权威内容在平台上的推荐权重，让权威机构的声音，穿透个人的兴趣，成为平台上的主流声音。"①整改后，西瓜视频还将设置正能量视频内容池，置顶"弘扬正能量，奋进新时代""厉害了我的国""美丽中国"等符合社会主义核心价值观的正能量视频内容。

网络空间的道德规则构建

当社会化媒体自净能力不够的时候，行政力量必然会介入进行规范。

2018 年 4 月 11 日，全国"扫黄打非"办公室召集 YY、斗鱼、花椒、映客、六间房、酷六、KK、龙珠、熊猫、天鸽互动和今日头条、快手、爱奇艺、炫一下、微博、哔哩哔哩、荔枝 FM、金山等 18 家互联网公司相关负责人，召开网络直播及短视频企业加强内容安全管理会议，严明监管要求。无论是网络直播企业，还是短视频平台，都务必履行企业社会责任，在追求经济效益的同时兼顾好社会效益，要坚持正确价值导向，加强内容审核，确保平台上不出现淫秽色情、凶杀暴力等有害信息，不传播泛娱乐化、低俗、恶搞等不良内容。②

我们已经意识到，对自由的崇尚不是网络社会将法律规则、管理规则拒之门外的理由，网络社会不能出现法律真空、管理真空和制度真空。"网络空间安全"已被国家确立为电子信息领域的 4 个重大项目之一。"网络空间安全学院"在北京邮电大学、上海交通大学、四川大学等相继落地；规划面积 40 平方千米的"国家网络安全人才与创新基地"已落户武汉。由于网络社会是急速流动的空间，法律规则、管理规则的制定有时远远落后于网络社会发展扩张的脚步，虽然迟到，但一定不会缺席。社

---

① 杨鑫健. 西瓜视频整改：暂停移动端视频上传功能，将设正能量内容池[EB/OL]. 澎湃新闻 http://www.thepaper.cn/baidu.jsp?contid=2071811，2018-04-12.
② 引自中国扫黄打非网"工作要闻"，http://www.shdf.gov.cn/shdf/contents/767/367791.html，2018-4-12.

会化媒体从PC端走向了移动端，但哪里都不是法外之地，这是处于网络空间的每一个公民必须意识到的问题。

社会化媒体中道德乱象频出，虽然有网络法律规则、管理规则不健全以及社会大环境复杂等原因，但网络表达主体个人道德认知不足和网络空间道德规则缺失是内因。社会规则中的道德规则，并不是凭一纸文件就能立行立改的。制度的完善能解决一部分矛盾和冲突，但没有从互联网主体的角度来解决根本问题。我们在现实世界有着伦理价值的追求，有道德的约束，同样，在网络空间，唯有道德规则才能成为网络空间的终极规则，为个人和组织行为划定边界。因此，治理社会化媒体网络中的道德乱象，要加强法律、网络监督等外在因素的完善，更要抓网络主体（包括管理者、从业者和使用者）道德素养的提高。

提高社会化媒体中网络主体的道德素养，需要通过道德教化和自觉教育，培养他们的道德认知能力和文化自觉。"生活在一定文化中的人对其文化要有'自知之明'，明白它的来历、形成的过程、所具有的特色和它的发展的趋向。自知之明是为了加强文化转型的自主能力，取得决定适应新环境、新时代文化选择的自主地位。"[1]当代中国人的文化自觉就是承接中华民族美德体系，践行社会主义核心价值观。中华民族的人文精神，包含中华文化、中华美德和中华民族精神三个维度。中华美德是文化的灵魂和根基，是民族的价值观，是一个民族文明程度的重要标志。这个根基，在网络空间依然不能丢。

历史上，中华传统美德对家庭、社会和国家起到了强大的维系与调节作用。春秋战国时期，管仲提出"礼、义、廉、耻"之"国之四维"[2]，孔子提出以"仁"为中心的道德哲学，孟子提出"仁、义、礼、智"四德和"君臣、父子、夫妇、兄弟、朋友"五伦[3]，并以"忠、孝、悌、忍、善"为"五伦"关系准则，形成了"以人为本"的伦理道德观，为中华伦理道德思想的发展奠定了基础。汉代董仲舒在孟子"四德"的基础上

---

[1] 费孝通. 文化自觉的思想来源与现实意义[J]. 文史哲，2003(3).
[2] 管仲：礼、义、廉、耻，国之四维，四维不张，国乃灭亡。
[3] 《孟子·滕文公上》："使契为司徒，教以人伦：父子有亲，君臣有义，夫妇有别，长幼有序，朋友有信。"

增加了"信",发展出"五常":"仁、义、礼、智、信",成为对社会影响深远的道德规范。宋代提出了"孝、悌、忠、信、礼、义、廉、耻"八德,形成了"以家为本"的伦理道德观。清末民初,孙中山、蔡元培等提出"忠、孝、仁、爱、信、义、和、平"新"八德",强调了国家观念,形成了"以国为本"的伦理道德观。经过轴心时代①及其以后两千年的发展,中华文明确定地形成了自己的价值偏好:责任先于自由、义务先于权利、社群高于个人、和谐高于冲突。②

社会主义核心价值观要与中华民族传统美德相承接,习近平"四个讲清楚"③已经很好地阐明了这一点。习近平指出,社会主义核心价值观"传承着中国优秀传统文化的基因,寄托着近代以来中国人民上下求索、历经千辛万苦确立的理想和信念,也承载着我们每个人的美好愿景"。社会主义核心价值的实践要以中华美德体系的传承和实践为根本落脚点,并结合时代和社会发展的新要求,注入新内容。"三个倡导"中"爱国、敬业、诚信、友善"的要求,是新时代道德建设、精神文明建设的新发展,也是对中华美德的新承接。网络是虚拟的,但社会化媒体环境下的互联网(尤其是移动互联网),已经和现实生活细密地交织在一起,网络生活也是生活的一部分,何况,道德规范从无虚拟一说。社会主义核心

---

① "轴心时代"概念是德国思想家卡尔·雅思贝尔斯在其比较历史学巨著《论历史的起源与目标》(1949)中提出的跨文化研究的概念。他所构想的"轴心时代"发生在公元前 800 年到公元前 200 年间的人类精神的发展过程中,这个时代,在中国、印度、波斯、巴勒斯坦和希腊奠定了人类精神的基础,迄今这一精神基础依然是人类借以生活的根基。

② 陈来. 中华文明的核心价值——国学流变与传统价值观[M]. 北京:生活·读书·新知三联书店,2015:3.

③ 习近平总书记在 2013 年 8 月全国宣传思想工作会议上提出"四个讲清楚":"宣传阐释中国特色,要讲清楚每个国家和民族的历史传统、文化积淀、基本国情不同,其发展道路必然有着自己的特色;讲清楚中华文化积淀着中华民族最深沉的精神追求,是中华民族生生不息、发展壮大的丰厚滋养;讲清楚中华优秀传统文化是中华民族的突出优势,是我们最深厚的文化软实力;讲清楚中国特色社会主义植根于中华文化沃土、反映中国人民意愿、适应中国和时代发展进步要求,有着深厚历史渊源和广泛现实基础。中华民族创造了源远流长的中华文化,中华民族也一定能够创造出中华文化新的辉煌。独特的文化传统,独特的历史命运,独特的基本国情,注定了我们必然要走适合自己特点的发展道路。对我国传统文化,对国外的东西,要坚持古为今用、洋为中用,去粗取精、去伪存真,经过科学的扬弃后使之为我所用。"

价值观凝聚了古往今来中国人的价值观共识，告诉我们什么是美和丑，什么是对和错，什么应该弘扬，什么应该摒弃，这同样也是网络空间的道德标准和底线。

移动互联网环境下，我们每一个人都无法置身"网"外。复杂多变的社会化媒体环境，就是当代中国面临的现实环境，也是每个当代中国人生活的现实环境，我们每一个人都不可能置身事外。民众在网络空间的行为和社会稳定、国家发展之间有着重要的关系，很多时候我们认为这是政府的事情、国家的事情，"跟我没关系"，这种想法是需要警惕的。互联网道德规则的建立，也关系到每个网民的切身利益。要实现"网络空间天朗气清、生态良好，符合人民利益"，需要让每个人都成为参与者，不当旁观者，需要发动一场人民战争。

所谓良草萎则杂草生，而良草生则杂草萎，联结在社会关系网络上的每一个人都要树立道德底线思维，自觉抵制低俗、庸俗、媚俗等不良风气，还要珍视宝贵的网络话语权，不要做"沉默的大多数"，要勇于批驳，让正面的、积极的、主旋律的声音在网络上蔚然成风，从个人网络基本道德做起，从而改善网络社会公共道德。公德是有益于国家和社会的，私德是有益于个人品格的。梁启超《新民说》认为，公德和私德是同等重要的，但是认为公德的基础是私德，重点还是私德。加强网络道德建设、形成网络道德规范，都是就网民的个人基本道德而言，实质是要借助网络生成什么样的人，要引导网民做好新时代的"网络公民"。

丰富社会角色内涵

当前，我国社会发展正处在利益格局深刻调整、思想观念深刻变化、媒介技术日新月异、生活方式不断变化的转型期，人们会感到，很多角色的行为规范都超出了过去习以为常的范围，这样发展下去难免出现社会失范问题。一个直接的反映便是社会角色不清，也就是社会大众或角色的扮演者对于某一角色的行为标准不清楚，不知道该做什么、不该做什么和如何去做。人们需要不断地进行角色验证和校正，调整适应时代发展需要的角色状态，以适应角色规范。

随着社会化媒体飞速发展并深度参与我们的生活，新的职业在产生，旧的职业在消亡，社会化媒体也产生了以前从未有过的社会角色，如群主、博主、粉丝、网红、大V以及网络主播、微商等社会化媒体从业者等，要确定新的社会角色的规范，发展并丰富社会角色的内涵。

角色是"个人社会关系的定位"①，是社会关系的纽结。

社会角色，就是指与人们的某种社会身份、地位相一致的一套权利、义务规范和行为模式②，"它既是人们对具有特定身份的人的行为期望，又是构成社会群体或组织的基础"③。角色理论认为，人们根据对角色的理解来进行角色扮演、角色规范和角色调适。

社会角色的内涵，都是由特定的时代和具体的生活方式所赋予并且随着社会的发展变迁而变化的。当代中国的社会经济发展世人有目共睹，老百姓的生活发生了翻天覆地的变化，在这个过程中，"中国的网信事业在整个社会经济发展中发挥着越来越重要的作用，中国也正从网络信息化的'跟随者''并行者'，向未来的'引领者'转变"。④今天的中国，网民规模和手机网民数量的增长率连续三年超过10%，移动互联网的发展与13亿多人民的工作和生活息息相关。社会化媒体产品和平台的创新，造成了社会场所普遍的重组，这不但影响了许多个人的行为，而且影响了整个同类人的行为。"新媒介通过改变各类社会人群所接触的场景类型，改变了我们对各种社会角色的认识。"⑤中国的社会化媒体发展的速度太快，我们还没有清晰地认识到各种社会角色在社会化媒体环境下的改变，一是原有社会角色增加了新的内涵，二是新的社会角色产生，都需要对其权利、义务规范和行为模式进行新的界定。

---

① 程东峰. 责任伦理导论[M]. 北京：人民出版社，2010.
② 中国大百科全书社会学编辑委员会. 中国大百科全书：社会学卷[M]. 北京：中国大百科全书出版社，1991：311.
③ 郑杭生. 社会学概论[M]. 北京：中国人民大学出版社，2003：107.
④ 习近平在网络安全和信息化工作座谈会上的讲话，新华社，http://www.xinhuanet.com/newmedia/2016-04/26/c_135312437_2.html，2016-04-26.
⑤ [美]约书亚·梅罗维茨. 电子媒介对社会行为的影响[M]. 肖志军，译. 北京：清华大学出版社，2002.

比如各级党政干部。在社会化媒体环境中，各级党政干部的义务就必须包括倾听互联网上的民意和规范管理自己在社交媒体上的行为，思维方式要具有互联网的思维，行为模式需要增加运用互联网的能力，这是新的时代赋予这一类社会角色的规定。"网民来自老百姓，老百姓上了网，民意也就上了网。群众在哪儿，我们的领导干部就要到哪儿去，不然怎么联系群众呢？各级党政机关和领导干部要学会通过网络走群众路线，经常上网看看，潜潜水、聊聊天、发发声，了解群众所思所愿，收集好想法好建议，积极回应网民关切，解疑释惑。善于运用网络了解民意、开展工作，是新形势下领导干部做好工作的基本功。各级干部特别是领导干部一定要不断提高这项本领。"①

比如明星、偶像。从纸媒、舞台和电影电视屏幕中走进社交网络的明星、偶像，在社交网络上拥有极高的人气。2017年新浪微博粉丝量排名第一的明星，粉丝数接近1亿，排名第三的明星，粉丝数也超过8000万。从由电影、电视剧、歌曲等作品说话，变成直接在社交媒体上表达，社会化媒体环境下的明星该如何自律，如何他律，在享有网民给予的超高人气以及带来的滚滚利益的时候，该承担什么样的社会责任和义务，该有什么样的时代担当？明星可以像普通人一样随便"吐槽"吗？明星发布体验式微博进行产品推广如何约束？在实行监管明星微博广告的规范的同时，该如何要求新媒体时代的明星自律？他们秀照片、发牢骚、讲段子，这些看似个人化的行为和他们当下的社会角色是否匹配？正如《人民日报》社论所指出的那样："非同寻常的身份，使得公众人物必须承担相应的社会责任，如果缺乏对自我的约束，则不仅可能输掉自己的人生，还会带坏社会风气、侵蚀社会价值。日常生活中，有的人在名利诱惑中放任自流，有的人在义利纠结中迷失自我……这些教训非常深刻，更给人以警示。"②

---

① 习近平在网络安全和信息化工作座谈会上的讲话，新华社，http://www.xinhuanet.com/newmedia/2016-04/26/c_135312437_2.html，2016-4-26.
② 人民日报评论员.修身律己，校准价值航向——一论树立弘扬社会主义核心价值观的公共标杆[N]. 人民日报，2014-8-29.

催生新的社会角色和职业

社会化媒体、自媒体、新媒体也催生了一些新的社会角色和职业，而这些新兴社会角色没有内涵的建设和自我的约束，外部没有责、权、利、义的规定，权利边界混淆、义务模糊不清，还没有形成一套既符合法律规范又符合社会主流价值体系的带有这个角色个性特征的行为模式。

比如网络大V。大V，指的是在微博上十分活跃、又有着大群粉丝的"公众人物"。通常把"粉丝"在50万以上的称为网络大V。"V"是指贵宾账户（VIP），账户会在名字后面显示一个V字符，是经过微博实名认证的高级账户，后来就成了尊称。在新浪和腾讯微博中，10万以上粉丝的大V超过1.9万个，百万以上粉丝的大V超过3300个，千万以上粉丝的大V超过200个。[1]由于前文已经单独讨论，明星大V就不再涉及。大V们拥有数以百万计甚至数以千万计的粉丝量，在微博传播中极具影响力。从话题传播的角度来说，大V差不多已经是半个媒体，他们发布的每一个消息、转发的每一条信息，都会一石激起千层浪，在这个半虚拟的环境中引发轩然大波。

积极的一面是，大V把专业知识公共化，传递了公共信息，集中表达民意，起到网络舆论监督的作用，很多社会弊端都是由网络爆出，网络大V参与讨论，汇集民意，从而推动事情的解决或者政策的完善。著名案件"表叔"案、"房嫂"案等也是经由网络爆出，网络大V积极推动，使贪腐官员被扳倒。如"表哥"杨达才事件正是网络大V周禄宝公开"照片名表"罪证，才揭开杨达才贪污的真面目。

消极的一面是，这些在网络世界中呼风唤雨的名人，在传播信息时，极容易在不经意间变成谣言的推手，在无形中扰乱公共秩序。还有网络大V经常以"求辟谣""求证"等方式故意扩散谣言，如"艾滋病人用毒针扎人""山东3000多人感染H7N9""张海迪拥有日本国籍""自来水里有避孕药""中国政府花2亿元赔偿'7·23'动车事故外籍旅客""中石化

---

[1] 参见百度百科 https://baike.baidu.com/item/%E5%A4%A7%E2%85%A4/9663742?fr=aladdin&fromid=12011273&fromtitle=%E7%BD%91%E7%BB%9C%E5%A4%A7v，2018-3-28。

'非洲牛郎门'"……这些谣言都出自网络"大V"编造，导致不明真相的网民跟风，挑起了不必要的社会恐慌，损害了网络媒体公信力。还有如傅学胜为泄愤报复、诽谤他人，"网络维权斗士"周禄宝利用网络发布负面帖文施压获取"封口费"等违法行为。秦火火（真名秦志晖）、立二拆四（真名"杨秀宇"）、边民（真名董如彬）、周禄宝、傅学胜等网络名人，相继因造谣传谣、敲诈勒索落网。在虚拟的网络社会中，这些所谓的网络大V完全对自己的社会角色没有基本认知，最终导致行为偏差、肆意妄为。

再比如"网红"。不同于文字时代和图文时代的网络红人，社会化媒体环境下的"网红"因为自身的某种特质在网络作用下被放大，与网民的审美、审丑、娱乐、刺激、偷窥等心理相契合，从而受到网络世界的追捧，甚至以此作为自己的一份工作甚至职业，网上还有教程"手把手教你做网红"。的确有部分"网红"身怀绝技能吸引人和感染人，但也有人没有道德底线、无原则地在网络上表现极端个人形象，利用夸张甚至不切实际的手法吸引网民关注，以求"吸粉"，从而一举成名，获得广告主关注而谋求一夜暴富。这种网红背离了中国传统道德文化，遑论对社会角色的正确把握。古人有义利之辩，强调义在利先，不因利害义。在中国现代市场经济里，当社会效益与经济利益发生冲突时，要把社会效益放在首位，在新的网络时代，这依然应该是全社会的共识。

马克思指出："人双重地存在着，主观上作为他自身而存在，客观上又存在于自己生存的这些自然无机条件之中。"[①]人不仅要从自然界的生物圈中摄取养分，和自然和谐相处，还要与其他生命共同在一定社会关系中存在，并主动地求取认同。首先，要制定可参照可遵循的社会规范。社会规范是社会中普遍认可和遵守的行为准则。[②]相关机构和部门应该分别根据所涉及的角色主体的特点和角色期待，确定社会角色的社会规范，明确其权利和义务，使角色行为有章可循。社交网络上的角色也应当形成一个标准，这个标准不应该是任何一方单独制定的，民意要有表达，政策要有反馈，这个标准应该建立在充分讨论达成的社会共识的基础上。

---

① 马克思恩格斯全集：第46卷[M]. 北京：人民出版社，1979.
② 张维迎. 博弈与社会[M]. 北京：北京大学出版社，2014：333.

社会角色通过对社会规范的习得，从而对自己进行正确的社会角色定位，履行应该的角色权利和义务，并内化为个体认同的行为准则，从而减少角色冲突，促进网络社会的和谐。

对于"全民触网"的当代中国人来说，要提高生活质量和幸福感，一方面，仅有极大丰富的物质是不够的，仅有制度和规范也是不够的，要想建立真正公平而和谐的社会，在制度正义、依法治"网"的基础上，还需要人的心灵秩序的建设和道德良知的建设。社会秩序应该是管理规则、法律规则加上道德规则才能够真正生成。另一方面，要注意引导公民在网络公共空间的行为礼仪，提高网络公民的礼仪素养，培养网络新时代的"公共精神"。

重构社交礼仪

道德是在人与人交往的具体行为中实现的，社会交往的最好润滑剂是礼仪，人际交往的重要调节是礼仪。礼仪是个人在社会中必须遵守的行为准则，是做人的行为规范，是个体内心的核心价值观的外在形式之一，我们要把"礼"作为建立社会化媒体环境下公共空间行为文明体系的出发点。

我国自古为礼仪之邦，中华文明的"礼"是以"敬让他人"为其精神，以"温良谦恭让"为其态度，以对行为举止的全面礼仪化修饰与约束为其目的的文明体系①。《说文解字》中，许慎说："礼者，履也。"《周礼》强调："礼，不踰节，不侵侮，不好狎。"孔子也曾说："非礼勿视，非礼勿听，非礼勿言，非礼勿动。"礼仪也是做人的道德规范，《礼记》强调："凡人之所以为人者，礼义也。"孔子认为："礼者，人道之极也。"荀子认为："礼者，养也"；"礼者，节之准也。"而"在社会分化程度的视角之中，所谓礼，是处于乡俗和法治之间的"。②现在一般而言，礼仪是指在人际交往中，自始至终地以一定的、约定俗成的程序、方式来表

---

① 陈来. 中华文明的核心价值——国学流变与传统价值观[M]. 北京：生活·读书·新知三联书店，2015.
② 阎步克. 士大夫政治演生史稿[M]. 北京：北京大学出版社，1996：79.

现的律己、敬人的具体行为。①

　　礼仪作为日常生活的行为规范体系，在社会化媒体所形成的公共空间也同样适用，现实生活如此，网络空间概莫能外。我们需要在社会化媒体环境的变化中彼此触碰，了解什么可以做，什么不可以做，共同遵守大家所认同的社交礼仪。观照历史我们发现，礼仪的内涵气质和普遍精神是相对不变的，但其表现形式会随着社会的发展和历史的进步推陈出新，不断增加新的内容与时代同步。社交工具对我们的影响不再是技术性的，它也在不断改变我们的社交行为，拓展我们的社交边界。礼仪既有总体的原则"遵守、自律、敬人、宽容、平等、从俗、真诚、适度、沟通、互动"②，又有在具体的情境中律己敬人的方式和方法，具有可操作性，不是空洞无物的，礼仪的"言之有物""行之有礼"以及"易学好用"，使其能够被广泛推行并运用于网络交际实际。

　　社会生活总在不断发展和变化，媒介是改变我们生活方式的利器。从马车到高铁，从"大哥大"到智能手机，从老婆孩子热炕头的生活场景到拿着手机和东西南北的好友一起视频聊天，我们应该如何来让交往过程更愉悦，让交往对象更自在？人际交往的语境发生巨大变化，社交网络的互动性、即时性、多媒体化，催生了许多我们从未遇到过的交际场景，会促使我们在碰撞中不断试错、不断总结，最后约定俗成地认可一些新的行为规范，得到更广泛社会成员的认可后，吸纳到我们的现代交际礼仪中来，以此让我们更好地应对新环境下的人际交往。从20世纪90年代开始到现在，从"60后"到"00后"，从最开始的BBS灌水、聊天室语音，到后来的贴吧、微博、朋友圈，我们每一个人都见证着中国网络文化从稚嫩走向繁荣，也正是千千万万个我们这样的人，慢慢创设了适合我们中国人的网络礼仪。

　　网络礼仪（netiquette）也成了英语中的一个新词，由"网络"（network）和"礼仪"（etiquette）组合而成，指网络中人们交往的方式。正如在现实生活中我们需要"入乡随俗"一样，只要进入网络，我们就应该按网

---

① 金正昆. 社交礼仪教程[M]. 北京：中国人民大学出版社，2013.
② 金正昆. 社交礼仪教程[M]. 北京：中国人民大学出版社，2013.

络的方式行事。事实上，线上或者线下的人际交往所要达到的目的是一致的，诸如勿碍他人、尊重隐私等现实生活中人际交往的基本礼仪规则仍然适用，人们希望得到的最佳交际体验仍然是平等交往基础上的被理解、被尊重、被喜欢。与人友好相处，这是起码的道德要求。因此，网络礼仪既是保证网上人们正常交往和相互理解的重要手段，也是判别网民是否文明礼貌的行为标准。只是社会化媒体的发展速度实在太过迅猛，进入互联网的门槛现在已经非常低，而相应的礼仪、习惯和约定并没有及时地总结、传播。

在现实生活中，我们已经形成一整套关于陌生人之间和熟人之间交往的礼仪，细小问题如称呼等，都要慎重，需要把对方的身份、自己的身份、彼此的关系和当下的社会风气和习惯结合起来考虑，网络中亦然。社会化媒体环境下的交际沟通虽然免去了面对面的尴尬，但以文字、语音、图片、动态图像以及视频为交流方式并不意味着人与人之间的交际礼仪可以缺失。

即使不是视频聊天，微信、QQ 等即时聊天也有表达的礼仪。看到信息不回，恶意对别人发布的内容唱反调，使用让人感觉不舒服的表情，不遵守回复秩序等，都是降低交往效果的举动，这些行为都很难上升到制度去规范，只能由礼仪来约束。社交网络中的交谈，不会因为没有实质性见面而缺省称呼环节，否则会让人不快。直接问"在？""不在？"往往是让大多数人不舒服的交际开场白。网络上有一些段子引起很多人的共鸣，如"有时间发朋友圈不回我信息的祝你原地爆炸""问了在吗之后不说话你是要逼死强迫症？"其原因就在于很多人都感同身受，网络交往礼仪并非无用之谈。

有网友特意整理发布了"新世纪社交礼仪"[①]，让不少网友无比赞同。"新世纪社交礼仪"从词语、标点、表情包等使用方面总结了在网络社交中，哪些话不该说、哪些事情不该做、如何避免尴尬，重新界定了人与人交往的规则和界限。比如，发语音信息时，应先与对方确认是否方便

---

① 王萌. 网络时代社交有了新礼仪[N]. 人民网-人民日报海外版，2017-9-27.

通话；朋友圈若有多条评论，有共同好友的，都要回复；不回别人微信前最好不要向朋友圈发其他信息……而另一方面，从前被认为是"没礼貌"的举动，因为时代的变化，也变得可被接受。比如，辅以表情可以轻松地表达拒绝，聊天可以随时开始和结束，没有正式的招呼和再见，这在微信中是常态。

一般而言，网络礼仪包括两大部分，一是使用网络的礼仪，二是在网络空间交往的礼仪。使用网络的礼仪包括不可干扰网络的正常运行、不可窥探他人的网络文件、不可借助网络进行盗窃、不可未经许可使用他人的网络资源、不可盗用他人的网络成果、不可在面对面交流的时候独自使用网络等。在网络空间交往的礼仪包括但不仅限于招呼礼仪（网上如何问候与称呼）、交流礼仪（网上如何礼尚往来）、表达礼仪（网上如何表达态度、情感与幽默）。这些礼仪在网上逐渐约定俗成，并且不断发展。

互联网上出现较早的 E-mail 和电子公告板等，其相关礼仪已经基本形成。例如关于电子邮件，尼葛洛庞帝在《数字化生存》中说："简洁是电子邮件的灵魂。""要在互联网络上表现使用电子邮递的礼貌，最好的办法就是假定收信人的通信速率只有 1200 波特，而且也只有几分钟的时间来读信。反面教材就是在回信的时候，一字不漏地将原信附上（令人担忧的是许多我认识的网络老手都有这个习惯）。要让电子邮件含义清楚的办法不少，这可能是其中最懒惰的一个办法。当信件很长或信道很窄时，更是要命。"

当进入到社会化媒体时代，传播媒介变成新媒体的综合运用时，更新的交流方式产生，更多的语境需要面对，必然需要人们在碰撞中重构新的网络礼仪规范。

第三节　情感、圈子与印象管理

> 我们周围的高技术越多，就越需要人的情感。
> ——约翰·奈斯比特

2015 年，贾樟柯给"陌陌"拍了宣传片《陌生并不存在》，这事成了新闻。作为首位获得"金马车奖"的华人导演，贾樟柯呈现给大众的印象一直是走文艺片小众路线；而作为一款基于地理位置的移动社交即时通信应用，"陌陌"主打陌生人社交。自2011年8月上线以来，尽管深受年轻人追捧，用户数一直在增长，而且也找到了变现之道，但陌陌的品牌从未摆脱争议，最大的争议是很多人将陌陌与"一夜情"联系在一起。宣传片讲3个年轻人因为"陌陌"找到同类化解孤独的故事，"陌生并不存在，因为我们都有同样的孤独"，主题是鼓励人们打破陌生，告别孤独，探讨的的确是一个值得思考的问题："陌生、孤独与信任"。

孤独是作为生命个体的人对生命的迷惘，恰如陈子昂的《登幽州台歌》："前不见古人，后不见来者。念天地之悠悠，独怆然而涕下。"孤独更是现代人的普遍特征。中国正处在一个重要的转型期，从生产力到生产关系再到文化价值观和社会心态以及生活方式，都在发生转型。改革开放以来经济建设和社会发展取得巨大成就，也打破了传统的高度一元化利益格局，利益分配格局由一元转为多元，价值多元化的选择更加明显，一元价值观走向多元价值观，前现代、现代与后现代[①]"三代同堂"的各种文化思潮碰撞交锋。现代性是以抽象统一的一元"理性"为核心且作为其信仰支撑的；后现代性则对一元"理性"产生怀疑，对大一统的宏大叙事或终极性解释之理性产生深处怀疑。

中国人基本成功地实现了从匮乏到富裕的转变，但社会生活维度存在的冷漠、不仁、不义，以及精神生活维度的空虚和精神贫困则远未解决。[②]我们从以传统血缘亲情为重点的"熟人关系"社会转向了"陌生人关系"社会，从费孝通《乡土中国》所说的"差序格局"模式转变为"团体格局"模式，而如果这个"团体格局"中的陌生人关系没有及时转化为契约关系，社会血缘的情感被淡化、被利益化，那么人们就会觉得疏离、冷漠、孤独，产生无意义感、无认同感以及无归属感。

转型时期，人的心灵往往面临前所未有的挑战。"人的孤独感，部分

---

① 后现代主义是20世纪60年代以来在西方出现的具有反西方近现代体系哲学的思潮。后现代主义解构文本、意义、表征和符号，无中心意识，价值取向多元，其对真理、进步等价值的否定，导致了价值相对主义、怀疑主义和价值虚无主义的产生。
② 刘业进. 在当下语境探讨正义与效率[J]. 读书，2014(6).

地正是由于人需要与他人的关系以便确定自己的方位。"①我们生活在现代公共空间中，需要更多的他人和我们共在。周国平说："孤独是人的宿命，爱和友谊不能把它根除，但可以将它抚慰。"社会化媒体究竟是让我们的生活更热闹还是更孤独，我们如何才能获得高质量的社会关系，获得幸福的情感？

"遇见"陌生人

社交对我们来说，可能比想象的还要重要。亚里士多德在《政治学》里就论述过："从本质上讲，人是一种社会性动物；那些生来离群索居的个体，要么不值得我们关注，要么不是人类。社会从本质上看是先于个体而存在的。那些不能过公共生活，或者可以自给自足不需要过公共生活，因而不参与社会的，要么是兽类，要么是上帝。"因为良好的社会关系，我们会心情愉悦、身体更健康，更会感受到自我价值感和幸福感。现实的人总是某种社会和文化环境的产物，社交媒体上的"人"总是现实"人"的媒介化身份。"人们通常是在业已设立的与特定制度和角色相伴随的社会关系的场合来交往。"②

当下的社会化媒体网络，就是我们新的生活场合。可以把社会化媒体看成一个基于个性化信息平台的关系管理系统，除了维系现有关系外，用户还能通过社会化媒体扩大自己的社交圈，拓宽社会渠道。③根据CNNIC《2016年中国社交应用用户行为研究报告》，2016年综合性社交应用引入直播等服务带来用户和流量的增长，用户使用率较高；针对不同场景、不同垂直人群、不同信息承载方式的细分社交平台进一步丰富，向创新、小众化方向发展。典型社交应用中，微信朋友圈、QQ空间、新浪微博均属综合社交应用，使用率分别为85.8%、67.8%、37.1%，排在前三位，其中微信朋友圈、QQ空间作为即时通信工具所衍生出来的社交

---

① 罗洛·梅. 罗洛·梅文集[M]. 冯川，陈刚，译. 北京：中国言实出版社，1996：465.
② [英]A. J. M. 米尔恩. 人的权利与人的多样性——人权哲学[M]. 夏勇，等，译. 北京：中国大百科全书出版社，1995：154.
③ 赵洁. 论社交媒体——基于"受众"视角[D]. 武汉：武汉理工大学，2010.

服务，用户使用率较高；微博作为社交媒体，得益于名人明星、网红及媒体内容生态的建立与不断强化，以及在短视频和移动直播上的深入布局，用户使用率持续回升，达 37.1%。

iiMedia Research（艾媒咨询）发布的《2016—2017 中国陌生人社交行业研究报告》显示，2016 年第四季度中国陌生人社交应用用户规模达 4.88 亿人，较 2016 第三季度增长 3.61%[①]。社交网络已然成为我们生活的一部分。我们在生活中改变生活，在交往中改变交往。越来越发达的社交网络，轻松突破地域和空间的限制，让我们可以跨越千山万水等现实生活的阻隔，认识更多有趣的陌生人。我们，不再孤独？

从过去的 2017 年陌生人社交应用表现来看，陌生人社交应用中国市场竞争激烈。

陌陌：成立于 2011 年 8 月，是主要基于地理位置提供泛社交、泛娱乐的视频社交与直播平台。目前处于一枝独秀的位置，是中国目前陌生人社交行业唯一的上市公司。

探探：2014 年 11 月上线，主要基于位置、兴趣爱好的推荐算法，目标用户为年轻群体，目标是"90 后最大的社交平台"，其特点是防止骚扰，同时回避熟人关系联系人，以"左滑无感、右滑喜欢，互相喜欢即配对聊天"为核心产品机制。

对面：2012 年 11 月上线，是基于相同兴趣、地理位置匹配用户的兴趣的社交软件，打造各种线上约会场景，号称"年轻人的游戏化社交聚集地"。

遇见：创立于 2011 年，是一款基于地理位置的移动社交 APP，后推出同城语音约会交友。

无秘：成立于 2014 年 3 月，是一款匿名社交类手机 APP，可以通过私信和朋友以及附近的人进行一对一交流,阅后即焚功能更加保密和安全。突出特点是：因其匿名性聊天更加随心所欲，尽情释放另一面的社交人格。后疑因数据问题和抄袭问题下架。

[①] 数据来源：艾媒咨询,《2016-2017 中国陌生人社交行业研究报告》http://www.iimedia.cn/50323.html，2018-3-30。

碰碰：专注同城交友的陌生人交友 APP，特点是提倡同城快速见面，提倡现实交友。

比邻：2016 年上线，是基于电话社交的平台 APP，特点是可以即时通话。

友加：是基于位置的同城视频直播、语音直播和实时互动的手机交友平台。

这样的陌生人社交软件还有很多很多，从"陌陌"到"碰碰""探探"，陌生人社交应用间的战火一直没有停息过。过了最初的冲击期，用户已经感到了疲劳，从陌生人社交平台的名字来看，似乎都走不出"陌陌"的窠臼。大多数的陌生人社交应用的界面，性感妖娆的各类美女照就已经揭示了这类应用最吸引人的卖点。

悲观者认为，层出不穷的陌生人社交软件，并没有改变当下年轻人的社会交际圈，不管在社交网络走多远，现实生活中的人际关系不会发生任何实质改变，改变的只是我们认识人的速度、交流的速度和再度变为陌生人的速度。我们在陌生人社交平台上寻找的不是朋友，而只是交往过程的新鲜感和刺激的快乐，甚至连这种刺激的快乐，都会因为频次的增加而变得麻木。在陌生人社交应用上变得情感麻木的人，在现实生活中更难以去经营好一段友情或者一段爱情。

乐观者认为，这样的交友方式方便快捷，符合现代人的生活节奏；自由地寻找同类更容易获得同类间的归属感；更广阔的空间范围与陌生人的神秘感带来更大的愉悦感。

贾樟柯应该是乐观者，他的看法代表了很多陌陌用户的心声，他在"受邀"回答知乎问题"社交网络对真实生活中的人际关系会有什么影响"时说，"人类交往的内驱力一定是因为孤独。社交媒体实际上是给你提供了一个介质。陌陌这样的社交软件就像一个'根'，把整个中国大地上这些不同背景却有着相同渴求的年轻人'拽'起来。他们找到和自己爱好一样的人，他们互相欣赏显得那么的合拍，那种情感特别漂亮。"

在陌陌的这支宣传片中，三个年龄、职业、身份、爱好各不相同的年轻人，在大城小镇中行走，坚守内心的追求，带着迷惘与孤独，直到在陌陌上找到产生共鸣的同伴。陌陌试图通过贾樟柯的镜头，捕捉与展现生命与变化的细微瞬间，还原当下社会大多数年轻人最真实的精神状态——孤独。孤独并不意味着悲观，贾樟柯的镜头语言为：孤独是相对的，人们会因为陌生而觉得孤独，也可以因为感受到同样的孤独而敞开心扉，不再陌生。所以陌陌创业，也正是在城市的高度工业化和高度社会化中，洞察到人们内心的孤独与需求，并希望通过互联网，让人们连接本该连接的人。这以上的一系列表达是陌陌在其官方网站上对宣传片的解读，也是陌陌试图用最文艺的语言来阐释一个社会学和传播学的命题：陌生人社交网络让我们遇见陌生人，遇见，让我们不再孤独。

  陌陌的 COO 王力在邀请贾樟柯合作的书信中写道："城市化的发展太快了，眨眼间，基于单位和家庭的社会基本单元都被更加松散的结构冲击得七零八落，人在社会之中的从属关系变得非常模糊，年轻人在其中则承载了更大的无所适从。但互联网给了他们释放的出口，起码通过手机，有了新的表达和对话的机会，他们也得以借此探射自己在这个社会中的位置。"陌生人社交最初和最后的梦想，都是找到同类，消除孤独。只是在这条路上，荆棘丛生。

  陌生人社交经历了发展期、鼎盛期，目前中国陌生人社交应用用户规模增长逐渐放缓，用户规模从增量转向存量，正是需求趋于饱和的阶段，将面临和真实社交之间的整合。重要的不是我们使用什么社交应用在交往，而是线上的交往是否扩大了我们线下交往的比例。也正如贾樟柯在知乎上的回答说的那样："因为网络而相聚，再回到现实生活中去。"就像宣传片里的几个人，因为陌陌他们相遇、聚会、分开、分享，一切都是真实的。

  艾媒咨询分析师认为，通过高质量的功能服务提升用户体验，提高用户黏度将是陌生人社交应用未来的发展方向，作为社交行业一个细分领域，从用户情感与社交特定需求、细分市场需要来看，陌生人社交行业仍有较大的发展空间；陌生人社交用户规模逐渐趋于稳定，陌生人社交行业向商业化发展；随着智能技术和大数据算法的发展，陌生人社交标准发生改变，兴趣、价值观成为外表之后的又一标准。①

  之所以没有借用更多的理论和数据对陌生人社交和陌生人情感交往

---

① 艾媒咨询：《2016-2017 中国陌生人社交行业研究报告》，http://www.iimedia.cn/50323.html，2018-3-30。

做更多的分析，是因为我们都是身在这个社交网络中的个体，我们的感受就是最为真实的感受。陌生人社交应用给予我们最大的可能去拓展生活的圈子，去打破现实的时间、地域、阶层限制因素，去尝试认识更多同类人，就像宣传片里的年轻人一样，我们在线上相遇，我们在线下相聚，也许一直联系，也许转背天涯。

本书作者曾做过一个调查，在一个大型相亲会上发放了随机问卷，其中包括通过陌陌建立社会亲密关系的态度调查。83.7%的受调查年轻人表示，可以用陌陌，但是只限于找志同道合的朋友；如果是找恋人，他们也许会选择"世纪佳缘"或"百合网"，或者宁可参加相亲会。

陌生人社交，往往基于地理位置或兴趣爱好匹配，和社会关系无关。在和陌生人形成的交际空间中，我们可以比较自由地展示自我的一切，从思想、口才、知识、才艺到声音以及自信的外在形象——用文字、图片、声音，还有当下最受追捧的直播——寻求来自他者的认同，从而获得归属感、认同感和意义感。当然，也可以快速地从线上到线下，从虚拟到真实，建立松散型的人际关系。这种便捷人际关系建立的方式，帮助我们突破身体所在之地，使更多的人可以在更大的范围寻找到自己感兴趣的组群，参加各种形式的诸如聚会、分享、圆桌、游戏等线下活动。虚拟逐步消散，关系慢慢走向现实。

反观我们现实生活的社会，罗洛·梅在50年前提出的问题依然存在：过去用以指导我们的古老神话和象征业已消逝，而焦虑则举世弥漫日益猖獗……于是，彼此联结的各种情感与生命过程——爱与意志便是其中重要的范例——遂失落了基础。①现实生活中，人类普遍的孤独、空虚、不信任和缺乏责任感，使现代人缺乏爱的能力。正如流行歌手汪峰在《生来孤独》中所唱："伤心的人啊，不要哭，我们都一样，生来孤独。"遇见陌生人，是我们抒发和宣泄情感，在某一个时空环境下摆脱孤独感的方式。我们的真实社会身份可以相对隐匿，而仅仅依靠兴趣、爱好、价值观甚至是临时的交际需求而聚集。我们因此而消耗掉的线上或线下的时间，都是我们人生当中可度量的时间，是真实的。不管这些"熟悉"的"陌生人"

---

① 罗洛·梅. 罗洛·梅文集[M]. 冯川，陈刚，译. 北京：中国言实出版社，1996：13.

以什么样的方式进入我们的生活或者离开，这种社交关系都是我们个体生命历程的一部分，是我们的经历和记忆，是自我的一部分。更多心理学的研究成果也支持了这一看法：网络社交是现实社交的一个补充，而非替代。

虚拟社交不是根除人的孤独感的不二法宝，它只是提供了一个可能的通道。社交网络的应用数量和幸福感之间没有正相关。如果交往双方情感投入真挚、互动良好，那么"虚拟"的社交和真实的社交一样，都可以让我们远离孤独感。可是对陌生人社交应用情况的考察，还是无法回答以下这些问题：社交媒体是否会改善我们真实的人际关系，又将以什么样的方式来影响我们真实的生活，与真实的社交关系如何并存？

圈子与熟人社交

就用户数量来说，充当陌生人社交应用排头兵的陌陌还远远不能和微信朋友圈、QQ空间、新浪微博等综合社交应用相比。陌陌是陌生人社交，但已经不局限于陌生人社交的概念，逐步向泛社交转型。而微信是将线下真实的社交关系搬到线上的熟人社交。简单地说，熟人社交就是通过实名认证，知道对方是谁，有现实的某种社会联系，但关系不十分密切。虽然随着微信逐渐成为一种新的通联生活方式，添加微信好友门槛越来越低，好友的范围越来越广，微信也逐步具备泛社交的特性，但在当前对比陌陌来说，微信还是一种熟人社交。CNNIC发布的《2016年中国社交应用用户行为研究报告》，参照了2015年的行为研究报告，把市场的社交应用做了以下分类（见表3-1）。

表 3-1 社交应用分类

社交应用		即时通信工具	QQ、微信、陌陌、阿里旺旺、QT语音等
	其他社交应用	综合社交应用	QQ空间、新浪微博、微信朋友圈等
		图片视频社交	美拍、秒拍、优酷拍客等
		婚恋社交	58交友、赶集婚恋、世纪佳缘等
		社区社交	百度贴吧、豆瓣、天涯社区、知乎等
		职场社交	脉脉、领英、猎聘秘书等

（来源：CNNIC发布的《2016年中国社交应用用户行为研究报告》）

从这个分类可以看到，更广泛应用的社会化媒体和我们的生活结构相关，基于血缘关系、地缘关系、学缘关系和业缘关系以及在这个基础上扩展开来的熟人社交网络，成为我们更在意的部分。

在凯度发布的《2017中国社交媒体影响报告》中，交友类媒体在使用率和用户评价的表现上都差强人意，两项指标都是九大类型的社会化媒体中得分最低的；微信的用户增长虽然已经大幅放缓，但依然是社交媒体领域的统治者，网民使用微信的覆盖率增至94.5%。由于微信的统治级地位，它被作为单独一个小分类进行调查。在"各类社交媒体对用户影响的积极程度评分"这个项目，微信得到了九个小分类中最高的83.5分，生活类社交得到了81.7分排在第二，而排在最后两名的"视频/直播平台社交"和"交友"仅仅分别为76.0分和71.2分。无论是以年龄、性别还是城市级别划分，微信的得分都很高。在"社交媒体对您的生活带来了哪些积极的影响"这个调查项上，网民认为社交媒体对自己的积极作用主要在于熟人社交，70%的网民认为社交媒体"能随时了解朋友的动态"，"让我与家人/朋友的沟通更便捷"，而认为社交媒体"拓展了我的朋友圈"的比例占50%。与陌生人社交相比，我们更在意家人、亲戚、同事、同学、朋友，以及我们所处的圈子。

根据六度分割理论，我们和任何一个陌生人之间所间隔的人数不会超过五个，也就是说，最多通过五个中间人我们就能够认识任何一个陌生人，这也叫小世界理论。那么，家人亲戚同学的朋友当然是我们的朋友，朋友的朋友的朋友自然也是我的朋友。但是，网络社群的背景和人际结构并不是现实世界或日常生活的复刻。现实生活中的强关系、弱关系在网络社群中不完全吻合。有些我们在现实世界无法轻松获得的认同感、满足感，或者是情感的甚至是现实的援助，我们可以在网络社群中得到，而这与陌生人社交的重要区别在于，我们认为网络社群中的"他们"是和我们有关系的人。所以，来自圈子的点赞、评论、分享、批评都更能刺激我们的神经，基于网络社交圈子的熟人关系和半熟人关系，我们在社群中的互动也能更多地影响现实世界的交往，我们对网络社交圈子中的个人印象管理，也能真实地影响现实世界的个人形象。

在交友网站也找不到精神出口的我们，就像法国作家圣埃克絮佩里笔下的小王子，离开了他的小星球和玫瑰花后，虽然走过六个行星，见了无数的人，内心也依然得不到理解和回应，他对着空空的山谷喊："请做我的朋友吧，我很孤独！"[1]我们对着茫茫网海和各类社交软件上闪烁的头像，依然渴望交流、渴望朋友。我们试图在更深的层面和他人建立联系，得到社会认同，共同承受困难，这一切，不仅仅源于现实的需要，而且涉及个人存在的更深的纬度，并表现在更深的心理层面与他人以及生活的世界发生同情与共鸣。

在知乎上，我们看似答题辛苦，但却收获认同和快乐。付出即为收获。社会认同是人们对自我身份及社会角色的一种认知，是"涉及我是谁或我们是谁、我在哪里或我们在哪里的反思性理解"[2]，是"社会成员追求共同信仰，共享价值与共有取向为表征的一种认同模式"[3]。简单来说，社会认同就是社会成员确认自我归属的过程，它不仅影响个人的社会归属感，也直接影响社会整体的凝聚力和集体意义的建构。[4]社会学家迪尔凯姆认为，社会认同主要由社会福利系统、社会组织系统和社会意义系统三大基础支撑，而大众媒介就是社会意义系统的重要组成部分。[5]社会认同的过程，是人参与社会活动以及人际交往的过程中人与人之间相互影响的过程，其影响是基于各类符号的传递、信息的交换、意义的表达及它们的相互作用。

大众传媒通过对信息的选择、加工和报道，形成我们了解身外世界的象征性环境，这种信息环境并不是客观环境的再现，而是一种拟态环境。一方面，媒介所形成的拟态环境制约了人的认知和行为；另一方面，作为重要的意义共享空间，媒介所构建的拟态环境提供的沟通渠道和丰富信息，又帮助个体认识客观的现实环境并对之加以影响，从而形成社会认同、文化认同。在网络圈子和社群关系中，我们更容易收获关注、褒贬，而这些信息背后是来自我们现实生活中人际关系结构上的其他真

---

① 圣埃克絮佩里. 小王子[M]. 周克希, 译. 上海：上海译文出版社，2005：90.
② 周晓虹. 认同理论：社会学与心理学的分析路径[J]. 社会科学，2008(4)：46-53，187.
③ 贾仕林. 比较与反思：社会认同价值指向的中西视境[J]. 上海行政学院学报，2012(1)：58-63.
④ 彭剑. 社会化媒体舆论传播与引导研究[M]. 上海：三联书店，2016：77.
⑤ [法]E. 迪尔凯姆. 社会学方法的准则[M]. 北京：商务印书馆，2011：101.

实个体，我们更容易获得认同感，从而产生强烈的归属感。

我们在微信朋友圈经常发布精心 PS 后的照片，我们对每一份食物都精心摆盘后拍照然后上传网络，我们把和孩子、父母的有趣互动分享到各类社群，我们想要的究竟是什么？也许是他人眼中更好的自己。如果是为了记录，我们想要的是比较真实的自我，但如果目的指向分享，我们想要被人看见"优化的理想自我"。这种从他人眼里得来的强化印象，在一定程度上会帮助我们自我约束，毕竟，网络空间的社群关系和现实生活交叉重叠。

在传统社会学意义上，社区指"具有共同习俗、共同文化心理和价值观念的同质人口所构成的人类群体及其活动区域。现今，它通常被用来指居住在一定区域范围内的人们所形成的一种社会生活共同体"。① 社区既是人们生活的特定区域，也是其成员参与社会活动的基本场所。从某种意义上讲，社区生活作为人类社会生活的重要形式，作为人的社会性的必然表现，没有社区生活，就没有人类社会。② 在网络空间中，社区、群和圈子，是网络交际的特定区域，是其成员在线参与活动的基本空间。网络空间的社区，是松散型的连接，其成员构成更接近传统社会学意义社区的含义，成员的同质性更高，基于兴趣爱好的社交越来越呈现圈子化的特点。

有研究者认为，当人们花费更多的时间在线上的各种社群，会减少现实中与家人朋友亲密相处的时间。有学者针对用户的社交行为分析后认为，社交网络本身无法使我们感到不幸福或孤独，但有些功能和特性或对我们造成不良的影响。过多的表演和展示营造的虚假繁荣生活背后，是观者的焦虑和对自我的否定。新闻评论以及日常讨论中比较常见的例证是：沉迷于刷朋友圈的父母"手机式育儿"；看多了朋友圈各种旅行景点的美拍后感觉到自我的沮丧，愈发地让自己宅在家里；重视了线上的关系却忽视了同在一个餐桌吃饭的朋友，等等。从凯度《2017 中国社交媒体影响报告》的数据来看，社交媒体给用户带来的困扰排在前三位的

---

① 胡宗山. 城乡社区建设概论[M]. 武汉：湖北科学技术出版社，2008：1-2.
② 田秀云，等. 角色伦理——构建和谐社会的伦理基础[M]. 北京：人民出版社，2014：355.

依次是：减少了深度阅读的时间，对视力、睡眠等健康方面的影响，个人隐私安全缺乏保障，而"降低我现实中人际交往的质量"只有 19%，"我受不了别人在朋友圈过得比我好"只有 8%。

更多学者把担忧放到了年轻人尤其是大学生身上，认为社交媒体圈子对年轻人的负面影响太大，但也许事实没有那么糟糕。人们越来越意识到社交媒体的负面影响并且自觉规避，正如人类在网络时代初期走过的旅程一样。更为可喜的是，根据凯度的报告数据，年轻用户对社交媒体的负面影响感知更为深刻。在"虚拟社交让我空虚、变得浮躁""让我的注意力变得不够集中""让我会受到网上一些负面价值观的影响""我受不了别人在朋友圈过得比我好"等各选项，"90"后的感知都是最强烈的，高于接受调查的"70 前""70 后"和"80 后"。但同时，在感知到社交媒体消极面的用户中，接近九成的用户会自己采取一些措施和办法来降低这种负面影响，如有意识地降低次数和时长，在固定场合（如陪伴家人）、固定时间（如工作时间）不使用社交媒体，关闭各类 APP 的推送提醒直至卸载一些对自己有干扰的社交媒体等。这一方面说明社交媒体对年轻用户的负面影响较大一些，另一方面也说明作为移动互联网的原住民的这一代年轻人，越来越多地认识到社交媒体的负面影响，并且通过自律和他律（主要还是自律）回避这些影响，并逐步培养出驾驭社会化媒体的能力，比如，优化社会化媒体结构和社交媒体网络，能够通过圈子获取社会资源、强化真实社交关系、提高个人社会资本以及进行个人印象管理等。

强关系与弱关系

在社交网络结识朋友、了解新的信息，可以给予我们愉悦感；而与他人建立联系，尤其是紧密的联系，更能获得丰厚的积极情感回报。但我们的社会时间是有限的，我们的情感是有容量的。纵使云储存技术发展到足以装下所有无穷尽的数据，我们也无法和社群、圈子中的每一个人充分交流和相互影响。我们需要对社交网络中的关系做一个区分。互联网行业有种说法是"社区沉淀内容、社交沉淀关系",随着移动终端产品的演进,社区与社交的界限已经越来越模糊。但作为社交产品肯定要沉淀关系。

社交网络类产品核心的功能按照优先级来排序的话,帮助用户结识新朋友应该排在第一位;其次是帮助用户保持彼此之间的联系,通过即时语音、发送文字和图片、视频聊天或者确定地理位置等方式;再次是帮助用户了解彼此的动态。这些功能都基于一个核心要素之上:关系。

社交关系有很多划分维度,根据沟通模式可以分为:单向关系(只需要用户关注),如微博、知乎;双向关系(相互加为好友)如微信、QQ;群组关系(同在一个兴趣群),如豆瓣小组。也可以按照美国社会学家马克·格兰诺维特(Mark Granovetter)的观点,从社会关系测量学的角度,将人际关系分为强连接关系、弱连接关系和无连接关系。关系强度包含了四个量度,即时间量、情感强度、亲密度(互相倾诉)和互惠服务,这些量度彼此独立又互相作用,构成关系的基本特征。[①]

强关系网络通常由先天的血缘、地缘关系和后天的业缘、学缘等人际交往形成,特点是成员的同质性强,彼此间情感因素重;优势是网络中的关系紧密,比较稳定,个体相互信任度高,个体互动深入;缺点是群体规模较小导致信息"窄化",重复关系人较多导致群体同质,强关系过分发展可能抑制个人发展。弱关系网络的特点是成员异质性较强,人际关系少而不紧密,情感维系较弱,弱连接的社会距离广;优势是其网络中的信息来源多元化、信息内容异质化,便于吸纳群体智慧;不足是群体信任感不强,凝聚力不足。[②]

现代科技的发展改变了现代人的生活方式,传统的强关系网络日渐式微,弱关系网络不断扩大,尤其在社会化媒体时代,弱关系在我们日常生活中的作用越来越突出。当前用户使用率较高的社交媒介当中,强关系的代表是微信,弱关系的代表是新浪微博。但这两大社交平台也在

[①] MARK GRANOVETTER. the strength of weak ties. The American Journal of Sociology [J]. 1973(6) 1360-1380.
[②] 陈世华,黄盛泉. 近亲不如远邻:网络时代人际关系新范式[J]. 现代传播,2015(12):129-132.

不断拓展新的功能,致力于发挥并融合强弱关系的优势,满足微信用户、微博用户更多样化的需求。

微信添加好友的方式除了面对面添加,好友推荐外,还增加了"摇一摇""附近的人""漂流瓶""微信公众号"等功能,加入了弱关系,扩大了用户的交际空间,让信息流动范围更广,从而呈现出强关系为主、弱关系为辅的特点。而微博也推出实名认证功能,给实名制认证的用户加"V",并且利用大数据为有着现实社交关系的用户互相推荐,引入了强关系,关联了网络社交与现实人际,呈现出弱关系为主、强关系为辅的特点。

即便做了这样的区分,处在纷繁复杂的社交网络产品环绕中的现代人,依然会比较迷惘,究竟我们需要建立多少关系来进行深度交往?究竟我们所选择的社交网络圈维持交流最优化的数字是多少?英国人类学家罗宾·邓巴认为,人类智力允许人类拥有稳定社交网络的人数上限值为148人,四舍五入是150人,这就是著名的"邓巴数字"理论,也称为"150定律"。"邓巴数字"理论认为,人类精确交往和深入跟踪交往的人数仅为20人左右,圈子数量的增加,意味着社交负担也成倍地增加。在我们每个人的亲密关系圈之外是高频交往圈,亲密关系和高频交往是我们稳定的社会支持来源;在高频交往圈之外是我们的低频交往圈,这个圈子不超过150人。

虽然后续有拉塞尔·伯纳德(Russell Bernard)和彼德·基尔沃兹(Peter Killworth)等人类学家质疑"邓巴数字"的准确性,指出人类社交网络的上限数字几乎是"邓巴数字"的两倍,同时因为社交媒体的兴起,带来信息更充分的共享,也减少了人际联系的阻力和成本,但这并不意味着我们的交际圈子越大越好,"150定律"依然有参考价值。在社交网络中,往往我们高频交往、深度交往的,大多数是生活中投入时间、精力比较多的人,或者成为我们生活中深度交往的人。我们同时拥有广泛社交圈和核心社交圈,可以自主地控制社交关系,确定如何来建立并维护我们的强关系,同时增长我们的弱关系。从这个意义来说,我们主要增长的并非是核心网络,而是被动偶然联系的人数。

现代生活越来越依靠弱关系而非传统的强关系,社交网络让更多的人可以基于兴趣、爱好而聚集在不同的社群。尽管有些微信用户拥有最多的好友，有些微博用户拥有最多的粉丝，但他们只与其中一小部人联系，也只关注一小部分人。人们可能更有效地发布信息、宣传自己，可能更大范围地获取信息，但一如既往，他们仍然只拥有少量的亲密朋友。

网络社群体验

在网络社群和圈子维持弱关系，我们要基于信任、互惠、友好来约束彼此。进入社群和圈子的每一个人，都以默认圈子的规则为前提，每一个人都应该履行对彼此的义务。曼纽尔·卡斯特（Manuel Castells）认为，"互联网特别适于发展多重的弱纽带，弱纽带在以低成本供应信息和开启机会上相当有用。弱纽带促使具有不同社会特征的人群相互连接，因而扩张了社会交往，超出自我认知的社会界定之边界。"① 网络弱关系可以让我们获得更多信息，实现群体智慧。网络弱关系中的人际关系应该是互惠互利的，互利是指我们在满足对方需要的同时，又能得到对方的报答。就如英国学者米尔恩说的那样："每一个社会都是由一群有共同生活关系的人组成的，这种关系使每个人都知道自己应该向别人付出什么，自己应该从别人那里得到什么。"②

笔者曾通过小学同学在微信朋友圈分享的二维码，加入了一个已经有 332 人的母婴闲置转让群。在这个庞大的群里，要在短时间内熟悉一些主要成员都是困难的，每天的信息内容混杂，条数多到来不及查看，但仍然有少部分群友在互动中热络起来。在该群人数达到 420 人的时候，网友"橙子妈妈"另立门户，拉了 7 个熟络的群友另建母婴闲置转让群"哈尼哈尼群"，"我"也在其中。从入群到成文，共计 3 年零 1 个月的时间，"我"既是参与者，又是观察者。

---

① [西班牙]曼纽尔·卡斯特. 网络社会的崛起[M]. 夏铸九，王志弘，等，译. 北京：社会科学文献出版社，2001：444-445.
② [英]A. J. W. 米尔恩. 人的权力与人的多样性：人权哲学[M]. 夏勇，张志铭，译. 北京：中国大百科全书出版社，1995：128.

基于在人数庞大的"母婴闲置转让群"里的体验不佳，群主"橙子妈妈"和几位网友商议了"哈尼哈尼群"的几条基本规则：①入群必须要由已经入群的网友推荐，并说明关系；②入群仅限女性；③群人数上线不超过80，达到80人后如果有新人想入群，得等到有人退群才可以；④长期在群内"潜伏"不说话的，群主有权利将其"踢出去"；⑤本群主要是母婴闲置转让但不局限于此，话题主要是育儿话题但不局限于此——虽然几位群友并无一人做网络媒介的相关工作和研究，但她们已经在自觉自发地实践如何建立和管理网络关系。

建群17天后，群内成员已经达到80人，此后一直控制在这个规模以内。每隔3个月，群主及其群内的助管，就删除1个月及其以上没有发言的成员，并适当进行新成员的补充。在建群29个月的时候，通过对群内80名成员的问卷调查和访谈获得如下情况：

（1）群内80人，有一个孩子的57人，有2个孩子的23人。

（2）年龄结构：25岁以下的9人，25岁～30岁（不包含）的51人，30～40岁（不包含）的30人。

（3）学历结构：大专以及大专以上文化程度的46人，大专以下文化程度的34人。

（4）居住地分布：群内成员居住地较为分散，分别是重庆32人（其中主城九区13人，其他区县19人）、四川20人、内蒙古5人、广东4人、广西3人、陕西2人、湖南2人、安徽2人、辽宁2人、北京2人、天津1人、黑龙江1人、湖北1人、贵州1人、美国1人、芬兰1人。

（5）职业类型分布：职业家庭主妇（含暂时性的）7人，教师、医生、工程师、律师等专业技术人员29人，餐饮、美容、仓储、健身等商业及服务行业27人，国家行政机关管理人员和邮政、电信等办事人员8人，农业渔业生产人员2人，自由职业者4人，其他人员3人。

在这 29 个月当中，发生群内物品赠送与交易行为 962 次，群内聊天话题主要是：育儿经验、备孕经验、婆媳关系处理、二手闲置物品信息、吃穿住行等其他话题。群内关系从线上延展到线下，有至少 40 人参加过群内网友组织的"妈妈见面会""亲子聚会"或临时性发起的约会等。有 92.5% 的受访者表示，信任群内其他母亲推荐的婴幼儿用品；83.8% 的受访者表示，在遇到育儿问题和生活问题的时候，会第一时间到群内寻求帮助。

网友"鑫鑫妈妈"在女儿第一次幼儿急疹时由于没有经验无法判定，在群内进行了病情描述并上传了照片，在半个小时内有 41 位群友进行了响应，其中有病情经验分析和参考意见的 21 人，其中同时也上传了幼儿急疹照片进行比对的 11 人。相同的病情表象让"鑫鑫妈妈"确定了女儿的确是患幼儿急疹，参考了群友的建议，没有带到医院去打针输液，而是适当用药物退烧并观察，直至红疹出来很快痊愈。

网友"谭小妹"在群内吐槽婆媳关系难处，求大家给支着，引起群内众人热议，共有 31 人参与了讨论，8 小时内贡献留言 1442 条，其中转发到群内的相关文章 11 篇、视频 3 个，有 17 人分享了自己和婆婆在关系处理上的成败得失及经验。整个讨论持续时间较长，群内情绪总体稳定，意见逐步统一到以下几点：第一，婆婆不是亲妈，对婆婆的要求适可而止，对婆婆的付出要珍惜；第二，不能一味忍让，要在相处中注意有礼有节地维护自己的自尊和应有的权利；第三，要注意婆媳相处的技巧，更应该注意换位思考，心态决定效果。

对以上社群的观察虽然只是一个个案，但可以看出网络强关系、网络弱关系对我们生活方式的影响。社会化媒体不是使用得越多越好，而是适度。一是我们需要对社交空间进行管理，保留适应面广的、用户体验好的；二是我们需要对社会化媒体网络中的交往对象进行管理，分级分层、亲疏有别，形成一个脉络清晰的关系圈子。社交网络给了我们联系的通道，却不能主动附加内容；拉近了我们的空间距离，却未必增加亲密感。对于我们的强关系，我们还需要花费更多的时间去经营。和现实生活中的人际交往一样，社交的幸福感来自质量而不是数量，来自沟通的深度而不是频率。

随着社会化媒体不断成熟，我们的弱关系显得愈发重要，但强关系是我们最稳定的社会支持，需要我们付出更多的精力或者时间。英国浪漫主义诗人柯尔律治曾以"……我渗透大地，海洋和空气/以强烈的爱拥有天下万物"①的诗句，呼唤"一切自然亲情的联系"。这种联系超越了人类自身情感的一般性体验，简单、透明，是自然界最纯粹最直接也是最博大的情感，而对于现实世界的大多数人来说，传统意义上的亲情、友情、爱情，依然是我们在现代文明进程中最温暖的慰藉。强关系不是需要量的增加，而是需要质的提升——在社会化媒体全面介入我们现实生活的今天，这一点尤其值得注意。

如何在社会化媒体时代建立和维护强关系，不妨借用圣埃克絮佩里在《小王子》中的一个核心词语：apprivoiser，这本写给大人看的童话书放在今天来审视现代人的关系依然具有现实意义。法文"apprivoiser"在这个童话中有着丰富的内涵，不同中文译本将其译为"驯养""驯服""建立关系"等，都不足以表现出这个词的哲理性。这是一个过程，一个彼此付出然后"就彼此都需要对方了"的过程，在这个过程中双方的关系变得强化，"你对我来说是世界上独一无二的。我对你来说，也是世界上独一无二的"②。小王子和狐狸建立强关系的过程让狐狸的生活充满阳光，让小王子的牵挂和付出充满价值感，也让他们彼此体会到存在的快乐。在童话中，温和的狐狸近乎一个哲人，他告诉小王子："正是你为你的玫瑰花费的时光，才使你的玫瑰变得如此重要。"③对于小王子来说，他的玫瑰比世界上所有玫瑰的全体更加重要："因为我给浇过水的是她，我给盖过罩子的是她，我给遮过风障的是她，我给除过毛虫的也是她。我听

---

① 玛里琳·巴特勒. 浪漫派、叛逆者及反对派：1760—1830年间的英国文学及其背景[M]. 黄梅，陆建德，译. 沈阳：辽宁教育出版社，1998.
② 圣埃克絮佩里. 小王子[M]. 周克希，译. 上海：上海译文出版社，2005.
③ 同②

她抱怨和自诩,有时也和她默默相对。她,是我的玫瑰。"①我们需要自己的"玫瑰花",那就首先要做"小王子"。社交媒体必将改善我们真实的人际关系并且影响我们真实的生活,这是时代的选择,而终究会有一天,人际交往的深度会决定网络社交的深度。

网络印象管理

强关系、弱关系并存的社交媒体给我们塑造了一个基于现实社会关系的网络场域,在这个开放的、互动的场域,一种新的日常社会交往方式正在形成,人人创造内容,随时在线对话,社交媒体已经成为我们不可或缺的工具。"网络情境化的交往方式为网络互动者充分发挥自己的潜能提供了广阔的天地,能让我们有更多的施展才华以及被人们了解的机会,并且可使自己的作品、成果、思想、观点得到广泛的传播。由此,网络互动者的自我呈现与角色实践在网络人际互动中达到了充分的实现。"②在这个人际互动的广阔天地,我们看似可以随心所欲,实则不然;在日常生活中,我们重视自我在他人眼中的形象,印象管理成为人际交往过程中的普遍现象。诚如恩格斯所说,判断一个人当然不是看他的声明,而是看他的行为;不是看他自称如何如何,而是看他做些什么和实际是怎样一个人。近几年来,社交网络的蓬勃发展使得人们的印象管理从现实生活延伸到了网络空间,并且出现和曾经的虚拟网络时代不一样的印象管理的方法和特点。

印象管理,也叫自我呈现,是加拿大籍社会心理学家欧文·戈夫曼(Erving Goffman)通过系统的观察和分析于20世纪50年代提出的理论,是指人们试图管理和控制他人对自己所形成的印象的过程。通常,人们总是倾向于以一种与当前的社会情境或人际背景相吻合的形象来展示自己,以确保他人对自己做出愉快的评价。印象管理就是个体基于自我呈

---

① 圣埃克絮佩里. 小王子[M]. 周克希,译. 上海:上海译文出版社,2005.
② 刘中起,风笑天. 虚拟镜像中的真实——网络人际互动者的自我呈现[J]. 安徽科技,2002(11).

现的需要，为了达到自我在他人心目中的预期印象，通过自我呈现反思测得印象误差，进而不断控制自我呈现过程而最终修正印象误差的行为过程。①我们常说的"面子"就是一种典型的印象管理的行为。交际双方通常从自我呈现和他人呈现两个维度采用"标签效应""观点一致""拒绝承认""重建对话""塑造相反形象""缓解尴尬"等印象增强、印象保护、印象调整类型的面子策略，以维系在公共场合中所形成的期望形象。②

网络印象管理，也就是人们在网络互动过程中基于某种目的而控制自己行为的过程，通过这种行为控制，使他人对自己的印象接近自己的预期或预设，或者转变、改变自己给他人带来的原有印象。社会化媒体环境下的个人印象管理自然地包括现实生活中的印象管理和社交网络中的印象管理，两者互有联系而彼此影响。印象管理心理影响着人际传播行为，通过媒介实现更为高密度的人际传播活动，又对公共传播活动产生影响。③

无论线上还是线下，无论虚拟还是现实，印象管理过程一般都包括印象动机和印象构建两个部分，印象构建是通过一系列的印象管理策略来实现的。有研究者把印象管理策略分为"获得性印象管理策略"和"防御性印象管理策略"两大类，使用前者的目的是使他人以积极的态度看待自己，或给他人留下正面的印象，使用后者的目的是尽可能地弱化自身的不足，以避免留给他人消极的印象。④行为个体常用的印象管理主要有两种基本形式：一是自我表现，在现实生活中反映为自我美化外在形象、注意言谈举止等约束仪容仪表仪态和为人处事方式的行为；二是自我行动，即通过主动行动投他人所好的言行举止，通过投人所好，使别人感觉良好，从而获得对个体自身的良好印象。这两种方式在网络印象管理中都得以淋漓尽致地体现。

---

① 柯黎. 基于印象管理理论分析大学生在 SNS 社交网站中的形象呈现[D]. 武汉：华中科技大学，2013.
② 王晓婧，张绍杰. 基于印象管理理论分析的面子呈现策略[J]. 东北师大学报（哲学社会科学版），2015(2): 109-113.
③ 林虹宇. 印象管理理论中的传播学思想与启示[J]. 新闻研究导刊，2014(10): 40-41, 43.
④ TEDESC HI J T, MELBURG V. Impression Management and Influence in the Organization [J]. Research in the Sociology of Organiza-tions, 1984, 3(31-58).

按照欧文·戈夫曼的理论，我们每个个体都会试图在社会情境中塑造并维持适宜的印象，以此来获得他人对我们的正面评价。社会化媒体已经让我们所处的社会情境发生了巨大的变化，我们每个人都深度卷入社交网络之中，在这个情境里，我们每个人也都会向他人呈现自我，通过文字、图片、声音、视频以及产生这些内容的过程，我们为同在社交网络中的他人制造着"情景定义"，进行欧文·戈夫曼所说的"印象管理"。社交网络自我呈现对人的多层次需求的满足在前文已经讨论过了，这里主要讨论社交网络中自我呈现与印象管理的关系。

晒：

网络新词"晒"随着微信从即时通信工具发展为综合社交平台而变得热门，微信成为"晒"的场域，"晒"现象迅速普及。"晒"是英语"share"的音译，原义是"分享"，后来引申出"公开""展示"之义。有研究者归纳出当下"晒"的三重意义：① 分享、共享；② 公开、展示或是曝光；③ 炫耀。[①] 我们的吃、穿、住、行、玩等一切日常行为都能晒出来，我们的精神活动也能通过文字、图片或者视频的方式发布出去与人分享。"晒"现象不仅在微信朋友圈，在微博、知乎以及各大直播平台都很普遍，这都是广义的"晒"。只是微信私密性和公开性共存、强关系与弱关系共存的特点，使得微信朋友圈成了"晒"现象最佳的展示场域。微信朋友圈的"谁可以看"功能设计了4个下拉选项：公开、私密、部分可见、不给谁看，把朋友圈的记录功能和沟通功能、表达功能区分开来。

除了情感和心理的需求，朋友圈的"晒"本质上是一种印象管理行为。我们通过"晒"管理自己给他人营造的形象，晒美食、晒娃、晒思想，晒有形和无形的一切，作为一种社会性动物，我们都是在向周围的观众表演。欧文·戈夫曼在其《日常生活中的自我呈现》一书中提出的"戏剧论"认为，社会交往就像戏剧舞台，每个人都在扮演某个角色；而在社交网络尤其是微信朋友圈这个介于有形无形之间的大舞台，每个人都有了充分的空间和便捷的手段当好演员，文字、声音、色彩、画面、

---

① 王欢, 关静雯. 微信朋友圈"晒"现象研究[J]. 重庆邮电大学学报（社会科学版），2016(3): 76-81.

时间、节奏,都成为我们建造表演舞台和进行自我表现的手段。

通过"晒"这种印象管理,我们提升面子,在别人的点赞和评论下表现自谦,用以增强印象。当然,有些"晒"是佯装失败、佯装自我贬低,实则在进行自我辩护或者展示一个表象之外的形象。如:

——今天的巧克力熔岩蛋糕又做失败了,造型还是不好看,这是第4次失败了!我要不要继续呢?(配九宫格照片,全方位多角度展示做蛋糕的过程。)

评论1:你已经很棒了!

评论2:巧克力熔岩蛋糕啊,这么难的烘焙技巧,32个赞!加油,你一定可以的!

——我真不是一个好妈妈!(自我反省中)……下周一定不加班不熬夜不出差,一定要陪你去游乐园,天天晚上给你讲睡前故事!(配流行表情包图片1张,配亲子照片1张)

评论1(来自丈夫):你已经很辛苦了,放心吧,这段时间有我!

评论2(来自婆婆):你是好媳妇!你是好妈妈!我和你爸爸都支持你!忙的时候注意身体。我们都理解你,忙过这段时间了再多陪陪孩子!

评论3(来自闺蜜):当妈的人都伤不起啊,伤不起!抱抱!

在这样两则简单的文字互动中,内容生产者的印象管理策略都是佯装失败而获取支持和赞同,从而满足自我;看似贬损自己,实则在积极地建立人际关系和构建自我形象。对于社交网络卷入度高的群体来说,有意识地自我展示就是一种生活方式,他们会不断地监控自己的行为,通过他人的反应(点赞、虚拟礼品、评论、分享与转发等)来接受反馈信息,从而矫正自己的社会行为以达到社会期许。

我们在社交网络中跑步计数排名、消费计量晒图、学习按天打卡,从来都不是孤独的表达;我们在朋友圈悼念一个从来没有关注过的国外科学家,我们"养蛙"且每天自说自话,也从来都不是无意义的表达。微信的"赞"和"评论"、知乎的"评论""关注量"和"浏览量",微博的"评论"和"粉丝数"、直播平台的"打赏"和实时评论,都是我们强化或矫正自己行为的依据。在这些过程中,人们通过自我表现就完成了印象管理。

我们对他人的点赞与评论,也是印象管理自我行动的常用战术。我们通过称赞和抬高别人(类似于生活中的恭维),获得他人的好感,使别人感觉良好,从而获得对个体自身的良好印象。引起刷屏现象的支付宝2017年度账单就是印象管理策略运用的典型。

在支付宝2017年度账单中,包含了两个层次的印象管理,第一层是支付宝对用户进行的自我行动印象管理。在支付宝此次的策划里,文案、场景和页面设计都显得很温情,营造了无数个现实生活中的场景,让用户很有代入感。支付宝力图把冷冰冰的统计数据还原为一个个有温度的活生生的用户,把每一笔消费和一个有意义的行为相关联,更为重要的是,支付宝要为它的所有用户贴标签、评论和点赞。在支付宝上产生的一切消费行为都被赋予价值而受到褒奖和赞扬,让所有的用户都感到自己很不错、充满正能量、未来有希望,这种被肯定、鼓励和祝福的感受带来两个直接的反应,一是对支付宝好感的上升,二是马上转发。在转发过程中,用户完成了自我行动的印象管理,这是支付宝年度账单带来的第二个层次的印象管理。我们不妨再看看2017支付宝年度账单的关键词和注释语:

颜值正义:2018你更会投资自己。颜值爆表的你,就是地球的风景。

范儿:2018你更具有时尚品味。穿什么都有范儿的你,活得更有范儿。

潮:2018,你会更有逼格。新的都试过,潮的都玩过,你就是风向标。

温暖:2018你更会料理生活。一杯茶,一锅汤,一张床,一捧花,理想生活大抵如是。

柔软:2018你会为它付出更多。纵使身披铠甲,内心永存柔软。

懂得:2018你更懂得为"喜欢"买单。世上事千万种,"喜欢"最难得。

才华：2018你会乐于探索广阔的精神世界。好看的皮囊千篇一律，有趣的灵魂万里挑一。

品味：2018你会更具有鉴赏力。品得出艺术的你，自己就是艺术品。

远方：2018你会去看更多的风景。生活不是赶路，而是去感受路。

成就：2018你的战斗力会更强。生活就像打怪升级，只有自己越来越强大，才能直面现实中的boss。

自由：2018你更享受说走就走的自由。轮胎半径不足半米，人生的半径大了不只好几环——去更好的远方。

值得：2018你会为家付出更多。所有的辛苦都是值得，所有的期待都会成真。

坚持：2018你会更爱运动。控制得了身上这几条线，更有信心控制世上其他的线。

能干：2018你会腾出更多时间享受生活。真正的能干是总能找到合适的替你干。

当家：2018你更会照顾家人。料理得好柴米油盐，就是生活的大智慧。

旺：2018，财运旺，福气旺，一年旺旺旺。

爱：2018你会为ta付出更多。变化的是时光，不变的是爱。

快乐：2018你的生活会更加精彩。永远自由自我，永远高唱我歌。

小确幸：2018你更会满足自己。幸福感不止来自人生大事，还有日常生活的小确幸。

"颜值爆表""时尚""范儿""潮""温暖""柔软""懂得""才华""有趣""品味""成就""远方""自由""付出""能干""大智慧""旺""爱""快乐""精彩""小确幸"……这一串儿词语都带着明显的褒义色彩，呈现出喜悦、幸福、开心、平和等情感倾向。我们想要在社交网络中表达自我的需求是强烈的，而支付宝年度账单正好提供给我们一个能够很好地彰显自我的素材。诚然支付宝 2017 年度账单刷屏与巴纳姆效应和从众效应有关，但如果没有支付宝对用户的印象管理和用户对自我的印象管理，巴纳姆效应和从众效应就无法释放。

巴纳姆效应是 1948 年由心理学家伯特伦·福勒通过试验证明的一种心理学现象，以著名杂技师肖曼·巴纳姆的名字命名。人们常常认为一种笼统的、一般性的人格描述十分准确地揭示了自己的特点，心理学上将这种倾向称为"巴纳姆效应"。即使这种描述十分空洞，人们仍然认为反映了自己的人格面貌，哪怕自己根本不是这种人。有网友根据支付宝的 20 个关键词拟出了另一个版本的注释语，用语更实在、直率甚至尖锐，比如"当家"的背后可能是"节俭和捉襟见肘"等，如果那样的话，纵使巴纳姆效应存在，用户转发形成二次传播的可能性也微乎其微。

在社会化媒体时代，用户与移动终端恰好构成了一个小舞台，我们每个人都是自己的后台导演，用各种各样的符号虚拟出不同的角色进行表演——一段文字、一段视频、一张 P 过或者未 P 过的照片、一个分享的链接。如戈夫曼所说，这些符号突出并生动地勾画出若干原本含糊不清的事实，是我们基于对自我形象的塑造所选择的符号，我们期望重塑理想自我。成功的印象管理的基础，是正确地理解社交网络情境，正确地理解我们所承担角色的社会期待，发挥印象管理的正向效应。

自拍：

网络印象管理作为网络社交的手段，既有积极的一面，也有消极的一面。积极的一面是可以调节人际关系，塑造网络形象辅助个人形象的生成，帮助我们认识自己的优势和劣势，推动个体自身按照社会期许来发展自我，就像经常在社交网络上晒健身、晒健康步数和打卡阅读的人，会由于得到社交网络积极的反馈而坚持下去，还可能会找到互相激励同行的伙伴。

网络印象管理的一个典型行为是自拍，社交网络智能移动设备和图像技术的飞速发展，实现了图像拍摄和社交媒体分享的双重便捷，共同推动了自拍潮流的形成，以至于 2013 年 11 月 19 日《牛津词典》宣布"selfie

（自拍）"这个来自社交媒体的自造词成为牛津2013年度风云词，并且这个词的使用频率较2012年前足足增加了170倍。在社交网络自拍照片中，个体会根据受众采取相应的印象管理策略，美化自我形象，从而满足不同的心理需求，或实现社会、政治意图。同时，网络自拍所塑造出来的更为完美的自我形象，也在某种程度上塑造着主体的自我认知，帮助人们建构和想象理想自我，甚至激励人们不断努力靠近理想自我的形象。[①]

网络印象管理消极的一面是过度的印象管理会影响社交网络的交际氛围，过分的印象管理可能会在自我和他人共同营造的假象里迷失自我、丧失个性，而出于不良动机而进行印象管理会恶化社会的风气。有些社会名人在利用新浪微博进行印象管理的时候，没有把握好尺度，或者话题选择不当、情绪表达不妥，或者展示、包装自我过度，尤其是部分流量明星的印象管理过分依赖"人物设定"，极易出现人设崩塌的情况。就像《舌尖上的中国》带来全民对饮食文化的热捧后，"吃货"成了一个受大众喜欢的人物设定，明星的微博、微信等各路社交媒体通通都在晒吃，从红烧肉到火锅，好像怎么吃都不胖，但实际上只是摆拍的假象，一旦网友识破，这个可爱的"人设"就显得可笑。

同时，在社交网络上，还有一些深谙网络印象管理之道而怀着不良动机的人。朋友圈内容、直播内容、微博内容或者QQ空间包罗万象，从射箭骑马攀岩潜水等小众业余爱好，到名表豪车别墅等物质标配，从西餐烘焙等生活情趣，到孝顺父母热心公益的善良心地，从肤白貌美大长腿到一米八的身高八块腹肌，试图构建出有着高端生活的魅力男士（女士）形象，而这往往是幻象，是陷阱。互联网上甚至出现很多打着教育旗号的培训机构，其实质是专门吸引和欺骗女性而开设的网络印象管理的课程，还提供文字模板、拍照及后期处理等全套服务。

在社交网络中，我们很难做到时时刻刻去反省自己，也很难总把自己放在局外人的角度来观察自己，在认识自我时很容易受到自我发出的信息和接受的外界信息的暗示，迷失在复杂的网络情境中。德国学者罗

---

① 鲁肖麟.社交网络自拍中的印象管理与自我认知[J].陕西教育（高教），2015(2): 5-7.

兹说:"一个人没有朋友固然寂寞,但如果忙得没有机会面对自己,可能更加孤独。"在社交网络的社群里、圈子里以及更广泛的领域,我们要学会面对自己,培养出驾驭信息的能力和敏锐的判断力。我们已然生活在社交网络当中,必须看到其中的机遇,也能看清其中的"陷阱"。

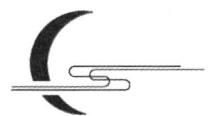

人活在自己的语言中,语言是人"存在的家",人在说话,话在说人。

——(德国)海德格尔

第四章
社会化媒体下的语言生活

当"美眉"已经落伍，当"洪荒之力"也不再时尚，当"呵呵"不可轻易使用，当我们在手机或电脑上回复信息习惯性地加个笑脸，当我们拿到新手机装好应用开始联系他人之前，先下载几套付费或免费的表情包，我们意识到，我们彼此之间关联的方式和理解社会、理解世界的方式在悄然改变。海德格尔认为，此在对于现在的存在方式是"沉沦态"，而语言是"沉沦态"的主要揭示物；语言表达了人和世界的一切关系，每一种语言都是一种特殊的世界观；语言是理解的媒介，是描述"存在"的"工具"和"依赖"，从这点来看，语言是人"存在的家"。

语言之存在，全赖于应用。语言一旦应用起来，便构成了与语言相关的各种社会生活，这些与语言相关的各种社会生活，可统称为"语言生活"。语言生活是当今人类最为重要的社会生活。[1]自1997年"语言生活"首次出现在国家语言文字工作会议报告中以来，关于"语言生活"的研究开枝散叶，"语言生活"已经成为中国政府和中国学界关心的问题。语言生活不仅是社会生活的一个重要组成部分，而且，它也记录着、传递着、影响着社会的物质生活和精神文化生活。[2]虚拟空间的语言生活，也是人类语言生活的组成部分，正在造就新文化，不断酝酿新技术，陆续形成新产业。[3]社会化媒体正改变着我们的生活方式，包括语言在内的

---

[1] 李宇明：《"语言生活"说》，引自微信公众号"语言文字政策研究"，2017-5-25。
[2] 眸子.语言生活与精神文明[J].语文建设，1997(1): 39-41.
[3] 李宇明.构建健康和谐的语言生活[J].长江学术，2007(1): 11-12.

人的一切生活，都避不开时代的冲击。我们正处于重要的社会转型时期，社会文化日趋多元，语言不是超脱的、静止的，它同样也受到社会文化的影响。网络语言正挑战着我们几千年来形成的围绕书写文字的社会文化轴心体系。①

第一节　被改变的汉语

> 语言是一座城市，每个人都为这座城市的建设增添了砖瓦。
> ——（美国）拉尔夫·沃尔多·爱默生

语言是变化发展的，语言的变化是一系列的复杂原因和社会条件相互作用的结果。"人类学家认为语言是文化行为的形式；社会学家认为语言是社会集团的成员之间的互相作用；文学家认为语言是艺术媒介；哲学家认为语言是解释人类经验的工具；语言教师则认为语言是一套技能。"② 时代往往透过社会生活的变化影响和反映语言的变化：以时间为纵轴来看，社会生活对语言在历史上的变化有深刻影响；在同一个历史时期，基于文化的冲击、地域的差异以及新技术的使用，都会对语言的变化影响显著。这些影响，不仅仅反映在群体语言上，也反映在个体语言上；不仅仅表现在语言本身的结构变化上，也表现在个体的语言行为上。作为人类最重要的交际工具，语言必须要紧紧跟上时代的步伐。

"语言作为一种社会现象区别于其他社会现象的本质特点，在于语言是一种社会交际工具。"③语言的工具属性决定了社会的各种变化发展都会促进语言的变化发展。新事物、新概念不断出现，人类的思维成果也越来越复杂、越来越精密，这些都对语言提出了新的要求。

---

① 周洪波. 述评：网络语言的位置[N]. 光明日报，2001-8-22.
② 哈特曼，斯托克. 语言与语言学词典[M]. 黄长著，林书武，等，译. 上海：上海辞书出版社，1981：189.
③ 黄弗同. 理论语言学基础[M]. 武汉：华中师范大学出版社，1988：15.

在互联网时代,"虚拟语言生活已经是我们语言生活的主要部分,甚至可以说具有一定的主导倾向"①。社交属性是语言传播的前提,更是网络语言的前提、手段甚至是目的。社会化媒体开放互动、实时交流的特性正是催生网络语言和促进其传播的沃土。移动通信终端的普及和社会化媒体的兴起,改变了人的交际方式,也改变了作为工具的语言,影响着我们语言生活的日常。作为"理解的媒介"和"交际的工具"的语言,在互动最开放、传播最迅捷的社会化媒体时代,在狭小的手机终端屏幕、折叠的时间和广阔的空间,基于共享、沟通、认同等交际需求,实践着表达符号的创新以及意义的生成和颠覆。

新词新语

处于中国发展的深度转型期,语言生活同国家的政治生活、经济生活一样发生了重要的变化,大量新词新语的涌现就是语言生活发展和变化的重要标志。语言本身就是不断发展的。斯大林说得好:"语言是随着社会的产生而产生,随着社会的发展而发展的。社会之外,无所谓语言。"②"要了解语言的发展,首先要弄清楚什么是语言要素的历史变化。语言要素的历史变化指的是由此一时期到彼一时期一种语言中某个要素的变化,不是指语言中某一要素在不同的使用情况中所起的变异,也不指个人运用语言时所产生的'不合法'的变化,也不指个人在运用语言时产生的语言要素的临时性变化。当然,在一定的条件下,临时性的变化也可能为社会反复模仿,终于成为全民的语言事实,因而造成语言要素的历史变化。"③社会化媒体时代,提供了这个"一定的条件"更多出现的可能。

2016年11月,中国人民大学新闻与社会发展中心与搜狗输入法大数据团队联合发布的《中国网民的信息生产及情感价值结构演变报告(2012—

---

① 李宇明. 关于中国语言生活的若干思考[J]. 北华大学学报(社会科学版),2011(10):31-35.
② 斯大林. 论马克思主义在语言学中的问题[A]. 北京:人民出版社,1953:20.
③ 高名凯,石安石. 语言学概论[M]. 北京:中华书局出版社,1985:210-211.

2016）》显示，2013—2015年十大新生词的变化呈现出个人领域超出热点话题的趋势。

  2013年的十大新词为：女汉子、红米、点赞、土豪金、爸比、脑残粉、人艰不拆、高端大气上档次、美腻、余额宝；
  2014年的十大新词为：小苹果、逗逼、心塞、秒赞、马航、高冷、美拍、自黑、你造吗、也是醉了；
  2015年的十大新词为：嗯哼、劳资、N瑟、爆照、妹纸、高冷、抢红包、单身狗、美美哒、雾霾。

  每年的网络新词都呈井喷式出现，悄然改变了人们的网络话语表达方式，影响并反映着每一年的网民集体记忆。与以往的新词以热点事件为主不同，2015年的热词逐步与个体领域相关，而以往的"红米""土豪金""小苹果"和"马航"等社会热点事件的提及度在下降，"嗯哼""劳资"等网络专属名词在不断提升，成为热点话语表达。

  社会化媒体网络，让每个人面向社会全体发声变得极其容易，强大的移动互联网和移动通信终端带来超乎想象的传播速度，让个人运用语言的临时性变化可以在极快的时间被传播，被模仿，被二次传播，再被模仿，大大提升了一个临时性的语言变化成为全民语言的可能性。新的语言要素的产生和旧的语言要素的消亡，都使语言系统发生变动，都体现了语言的发展。在语言的语音、词汇、语法三个方面，语音和语法的演变相对缓慢，而词汇的发展相对较快。词汇对现实世界中的各种变化最为敏感，新的事物会迅速反映到语言词汇中来。

  在社交网络的互动中，人们可以较快把握出现的新词以及词的新用途，当然，也可以创造属于自己的新词。相对于历史上的任何一个时期，社会化媒体时代新词新语产生的速度大大加快，新词新语产生的数量大大增加。正如萨丕尔所说："语言，像文化一样，很少是自给自足的。交际的需要使说一种语言的人和说邻近语言的或文化上占优势的语言的人发生直接或间接的接触。"① 在这样的接触中，我们互相影响，充满生命力的网络语言如果经得起时间的考验，在社会一般成员约定俗成后会渐

---

① 萨丕尔. 语言论[M]. 陆卓元，译. 北京：商务印书馆，1985：172.

渐进入基本词汇，成为语言核心部分中的一员。

社会化媒体沟通的方便快捷和高度的互动参与性给予每个人表达的机会，纷纷借用社交网络的一切渠道来表达处于转型期多元发展的社会环境下的新奇、困惑、苦闷和希望。新时代、新技术、新环境、新事物的一切讯息，以及关于这些讯息的新观点、新看法都通过社会化媒体传达出来，社会化媒体下语言的加速度变化也就成了理所应当。新词不断产生，词语的新的意义不断产生，新的说法层出不穷，网络用语推陈出新的速度越来越快，而流行语从流行到过时的时间越来越短。传播快、消亡快、生命周期短，成了这个时期新词语的特点。年度新词往往在第二年时就有1/3不再出现，成为"隐退词"。[1]

语言是不断进化的，过程缓慢但并非一成不变。近十年来，中国正经历重要的转型，这也是社会化媒体开始兴起到盛行的时期，媒体平台的变化带来了语言变化，从论坛到博客、微博，再到微信，为适应媒体平台的特点，我们的语言表达不断变化。随着互联网技术和移动通信终端技术的不断发展，人们交际沟通的节奏、效率在不断加快，语言交流省时、传递信息高效是人们的普遍追求，通过社交网络交流成为更多人的首选。受到语言经济性原则的驱使，简单、便捷的语言形式就成了网络语言发展的趋势。

微博140字为限的特点使我们重新组织书面语言的结构，微信多媒体融合、实时互动、用户生产内容的特点让新词频发、图像式符号有了市场。《网络语言》的作者刘海燕归纳出网络词汇的七种生成方式——符号图形、数字会意、谐音替代、缩略简称、转义易品、双语混杂、重字赘语。[2]社会化媒体成了网络语言最富活力的、最有创造力的所在，形成一大批反映社会百态的词语。

社会化媒体网络语言生活中的热词迅速地辐射到现实语言生活中，和现实生活中其他热词一起成为年度社会变化的记录仪，勾勒出媒体视野中的世事民情。很多新词正是因为在社会化媒体上广为传播的事件引

---

[1] 教育部，国家语委. 中国语言生活状况报告（2014）[R]. http://www.moe.edu.cn/s78/A19/yxs_left/moe_813/s237.
[2] 刘海燕. 网络语言[M]. 北京：中国广播电视出版社，2002：139.

起极大反响而被人熟知的,这也是相当一部分新词很快隐退的原因之一。

还有一些词语在社会化媒体用户的交际过程中因为使用情境的不同,慢慢发展变化出和现实语境不一样的新的词义。例如,在互联网初期,网络用语"呵呵"表示淡淡一笑,后来因为笑得淡然引申为表达嘲讽或无奈。"呵呵"从一个拟声词逐渐演化为一个形容词,表示意味深长的、有点无奈的或者是有点沮丧的。逐渐地,"呵呵"又增加了不屑与对方继续说话的意思,有人用来表示冷笑或者是炫耀。如今,这个当初的"拟声词"已然演变为一个具有多个义项、含义丰富的形容词。

"年度中国媒体十大新词语"是教育部国家语言资源监测与研究中心基于国家语言资源监测语料库,利用语言信息处理技术,结合后期人工确认获得的。语料来源包括主流报纸,主要电台、电视台的节目转写文本以及门户网站网络新闻等,代表了中国主流媒体的关注点和语言特点。根据教育部、国家语委发布的《中国语言生活状况报告》(以下简称《状况报告》)来看,从 2009 年至 2017 年的 9 年间,年度媒体新词涉及政治、经济、文化、教育、科技等各个领域,表达事件的多,表达新概念的也多,其流行越来越和互联网相关,越来越和社交媒体相关。仅以 2016 年的情况来看,10 个年度媒体新词中,"表情包""洪荒之力""网络大电影""摩拜单车""吃瓜群众""闺蜜门"等 6 个因和社会化媒体直接相关或者在社会化媒体中发酵传播从而进入现实生活。

社会化媒体和互联网尤其是移动互联网,重新定义了人际交流的时间和空间,人们的交流随时在线,交流的对象跨越东西南北,没有地域范围。区域性、行业性、群体性的语言通过社会化媒体可以迅速传播、广泛传播,一个新的生造的词语有了在大洋彼岸另一个国家流行起来的可能。"selfie(自拍)"就是典型的例子。

从词源角度来说,"selfie"在网络上的书证出现在 2002 年 9 月 13 日。一个澳大利亚大学生在网络论坛上传了一张自拍的醉酒照,并附上文字,对照片的清晰度不高表示歉意,因为这是一张"selfie"(自拍照)。社交媒体带动了自拍的流行,众多明星活跃地自拍是因为可以在社交媒体上分享,美国总统奥巴马和俄罗斯总统普京在内的世界政要也纷纷在公众场合自拍并通过社交媒体推送到全世界。2003 年,"selfie(自拍)"

被选为牛津词典年度热词。牛津词典定义的"selfie"显然不同于更早时候的给自己拍照的行为。"selfie"包含两个要素,一是拍摄自己的照片,通常使用智能手机摄像头拍摄;二是上传到社交网络。从个体的语言行为到进入大众视野并收入词典,"selfie"用的时间并不长。

社会化媒体构建的网络公共空间是开放、包容而且每个主体可以参与互动的,人们可以跨越地域抒发己见、针砭时弊或者自我表达,不管是以语音的形式还是以文字的形式,为了最广泛地传播自己生产的内容,以普通话作为网络通用语言成了人们最自然的选择。

普通话是以北京语音为标准音,以北方话为基础方言,以典范的现代白话文著作为语法规范的现代汉语,是现代汉民族使用的共同语。[①]由于中国幅员辽阔,方言众多,不同方言区在交流沟通上存在一定的障碍,不利于各区域经济文化的沟通交流,因此存在"区域文化岛"的现象。这些"区域文化岛"保留了所在区域的先进文化和民间智慧的精华,但是由于语言障碍无法很好地交流,难以互相取长补短。普通话作为一种共同语能很好地消除"区域文化岛",将中国广阔地域上的智慧黏合起来。不过截至2015年,中国只有70%人口具备普通话应用能力,尚有约4亿人只局限于能听懂的单向交流。《国家通用语言文字普及攻坚工程实施方案》计划到2020年,在全国范围内基本普及国家通用语言文字,具体为全国普通话普及率平均达到80%以上。[②]

社会化媒体空间里的交际主体的相互接触推动了普通话语言、词汇甚至是语法的发展,越来越多的人因为社交媒介中交际的需求而习惯普通话的语法规范,也在这个交际过程中提高了普通话的听、说能力。在社会化媒体网络空间,语言的社交属性仍然是其他属性和传播效果的前提和基础。社会化媒体中各种圈子、社群内外的交流和交际,也即社交属性,是促使网民模仿、传播和受感染的推动力。可以这样说,没有社交,没有分享,没有其他人的转发和评论,也没有网络平台的推送和盘点,就根本无从得知热点议题和最热门的语言表达。在大量的网络交际

[①] 黄伯荣,廖序东.现代汉语[M].北京:高等教育出版社,1991:1-16.
[②] 教育部,国家语委.力争"十三五"期间使所有教师的普通话水平达标[R]. http://www.gov.cn/xinwen/2017-04/02/content_5183051.html,2017-4-2.

中,网友不断地加入个性化、地域性的内容,不断丰富语料,新词新说法层出不穷,使得普通话的形象也悄然改变,变得更鲜活、时尚,普通话的灵活性大幅度提高。普通话在网络语言生活中挤占着方言的空间,随着能听、能说普通话的人群不断扩大比例,普通话也开始在现实语言生活中挤占方言的空间,从而进一步激发了普通话的活力。

流行语

作为一种词汇现象,流行语反映了一个国家、一个地区在某一个时期人们普遍关注的问题和事物。不同时期有不同的流行语,不同的流行语作为社会一根敏感的神经,反映出不同社会时期的变化。前互联网时代,流行语一般发源于各种地域社会方言;互联网时代,流行语更多地和网络文化、网络现象相关;进入社会化媒体时代,流行语也更多地与社会化媒体文化相关,反映出社会化媒体深度卷入社会生活后的语言变化。人民网《2015 上半年网络流行语分析报告》曾指出,网络语言符合社交媒体和自媒体的碎片化表达,以惊奇、简洁、表达程度强,迅速占领网络虚拟社会,具有语言碎片化、吐槽普遍化、内涵动态化、态度多元化等特征,赋予文字多层面的感受,成为网络流行语得到追捧的主要原因。[①]

《状况报告》评出的社会生活类年度十大流行语中,2008—2017 年的 10 年间,基本上每年都有一个流行语直接呈现社会化媒体的内容或产品,或者反映社会化媒体的变化:人肉搜索(2008 年);整治互联网低俗之风(2009 年);团购、实名制、微××(微时代、微新闻、微情书、微投诉)、腾讯与 360(2010 年);微博打拐、反淘宝联盟(2011 年);抵制网络谣言(2012 年);双十一、二维码、打车软件(2013 年);二维码、实名制、颜值、微信红包(2015 年);网络直播、共享单车、网约车(2016 年);共享(2017 年)。[②]其中,二维码在 2013 年、2015 年均入选年度热词,

---

[①] 周悦.2015 上半年网络流行语分析报告[EB/OR]. http://yuqing.people.com.cn/n/2015/0807/c364391-27428118.html, 2015-8-7.

[②] 根据教育部网站教育要闻整理。http://www.moe.gov.cn/jyb_sy/sy_jyyw/.

可见这一移动设备的编码方式在社会生活中的高频使用，这和社会化媒体的发展也是同步的，这几年，也正是微信用户大幅增长、微信支付和支付宝支付深入日常生活的时期。

《咬文嚼字》杂志社编写的年度语文档案从 2008 年起逐年发布上一年度的"十大流行语"。和《状况报告》采用语料数据进行统计分析的方式不同，"咬文嚼字版"流行语是通过收集、征集社会语文生活使用的高频词语，约请应用语言学界的专家、学者对这些词语进行评议、甄别、比较，从而认定的。认定的条件包括：时尚性、大众性、文明性和具有某种表达效果，对即兴式的谐音词一般不选，对按照一种模式形成的临时组合也不选，注重词形结构的稳定性。不符合社会文明规范的用语，也不在认定之列，如"然并卵"，在第一轮就被淘汰了。咬文嚼字版流行语很注重其在传统媒体上的影响，不以网络流行为唯一依据。只出现在网络中，尚未被纸质媒体认可并广泛使用的词语不会被列入流行语范围，如"杯具"（悲剧）、"茶具"（差距）等。以下是根据《咬文嚼字》杂志社每年发布的年度语文档案整理的年度"十大流行语"。

2008 年度：山寨、雷、囧、和、不抛弃不放弃、口红效应、拐点、宅男宅女、不折腾、非诚勿扰；

2009 年度：不差钱、躲猫猫、低碳、被就业、裸、纠结、钓鱼、秒杀、蜗居、蚁族；

2010 年度：给力、神马都是浮云、围脖、围观、二代、拼爹、控、帝、达人、穿越；

2011 年度：亲、伤不起、Hold 住、我反正信了、坑爹、卖萌、吐槽、气场、悲催、忐忑；

2012 年度：正能量、"元芳，你怎么看？"、舌尖上、躺着也中枪、高富帅、中国式、压力山大、赞、最美、接地气；

2013 年度：中国梦、光盘、倒逼、逆袭、微××、大 V、女汉子、土豪、奇葩、点赞；

2014 年度：顶层设计、新常态、打虎拍蝇、断崖式、你懂的、段舍离、失联、神器、高大上、萌萌哒；

2015 年度：获得感、互联网+、颜值、宝宝、创客、脑洞大开、任性、剁手党、网红、主要看气质；

2016 年度：供给侧、工匠精神、小目标、洪荒之力、吃瓜群众、"友谊的小船，说翻就翻"、葛优躺、套路、一言不合就××、"蓝瘦，香菇"；

2017 年度：不忘初心、砥砺奋进、共享、有温度、流量、可能××是假×××、油腻、尬、怼、打 call。

尽管咬文嚼字版流行语不以网络流行为唯一依据，很注重其在传统媒体上的影响，但对 2008 年以来 10 年间的年度流行语稍做分析，会发现互联网的色彩越来越重，尤其是社会化媒体酝酿发酵的年度流行语占比越来越大。也就是说，用户自由生产、偶然创造的词语，因为社会化媒体的快速且大范围的传播，不仅进入现实生活领域，而且得到纸质媒体的认可。这种情况在社会化媒体超高速发展的 2015 年、2016 年特别明显。陈寅恪先生认为："依照今日训诂学之标准，凡解释一字即是做一部文化史。"①分析这些流行语，我们能看到社会化媒体时代投射在汉语词汇上的社会发展和时代精神。当社会发展处于转型期的时候，社会心态也随着变化不断调整。区域经济、文化发展的不平衡和个人境遇的不同，常常给个人压力，需要通过一些途径来宣泄和抒发，社会化网络空间就是一个最好的场域。

2015 年十大流行语的"网络"特色非常明显，除了"获得感""互联网+""创客"外，另外 7 条都源自网络，有些是源于社会化媒体用户的原创内容，有些是得益于社会化媒体的传播而被社会广泛关注。

"宝宝"出自社交网络潮语"吓死宝宝了"，"宝宝"指称"我"；后来"宝宝"独立单用，用来称呼自己；现在还可以用来指称对方，卖萌式地表达对对方的亲昵态度。

"任性"语出网友评论"有钱就是这么任性"，经网友在社交媒体中频繁使用而衍生出各种变体，并带来感情色彩的变化，

---

① 陈寅恪. "鬼"字原始意义之试探[M]. 北京：中华书局出版，1986: 202.

由贬义变为褒义,可以表示"率性""敢作敢为"的意思。

"主要看气质"本来是网友评价歌手王心凌在新专辑《敢要敢不要》中一套吃汉堡的专辑造型,因为话语新鲜有趣引发高搜索,从而引发社交媒体全网跟风,网民纷纷晒出各自的气质照片,这句网络流行语也迅速成为现实语言生活中的流行语。

"脑洞大开"走红得益于网络剧《脑洞大开》;"颜值"是社交网络中的用户原创内容。"剁手党""网红"本身就是社会化媒体时代出现的新群体。

2016年的"洪荒之力"一夜爆红,缘起2016年里约奥运会女子仰泳选手傅园慧。她接受电视媒体采访时,配上可爱表情夸张地说:"我已经用了洪荒之力啦。""洪荒之力"在傅园慧使用之前只是《花千骨》小说读者和电视剧粉丝的群体常用语。真正促使这句话火起来的是傅园慧和网友的合力。语言要实现大范围传播,要发展为流行语,往往是语言的模仿行为、海量的传播以及情感的传染共同作用的结果。傅园慧在电视采访中夸张的表情、率真的性格以及传递出来的快乐奥运、享受奥运的愉快心情,深深地感染了广大观众,引发网友对"洪荒之力"的即时搜索、密集讨论和大量转发,从而让这句话以最快的速度成为全民流行语。主流电视媒体猝不及防但及时跟上,纷纷阐述"洪荒之力"的含义,甚至把这个现象作为新闻事件。纸媒和新媒体也纷纷将"洪荒之力"强行插入新闻标题:黑色系爆发"洪荒之力"焦炭涨停;冻产传闻再起,油价"洪荒之力"惊破市场一池秋水;大佬柳传志的洪荒之力:子女、门徒和报国情怀……这个词在一夜之间就被主流大众所接受。

"吃瓜群众"从网络论坛走入现实语言生活,语义范围也扩大了,从指称不发言只围观的普通网民,扩大到可以指称对某议题不了解或有意保持沉默的一切围观者。

"小目标"出自万达集团董事长王健林之口,他"1个亿"的"小目标"因为引发网友纷纷吐槽而网上走红,网友们使用的意思正好与本义相反,大多带着自嘲的意味,指的是普通人难以达到的"大目标"。

"一言不合就××"与网友在百度贴吧贴出低俗内容吐槽2015年末世界电子竞技大赛有关。网友评论这种行为,"现在的年轻人,一言不合就开车(网络上把传播低俗内容的行为叫作'开车')"。随着使用的泛化,"一言不合"和后面的××失去了语义上原有的表示后果的逻辑联系,仅仅表示"突然""任性""动不动"的意思。

"友谊的小船,说翻就翻"源自网名"喃东尼"的画师在其微博上贴出的一组名为《友谊的小船说翻就翻》的漫画。

"葛优躺"的表情包开始出现在网络上,后来在社会化媒体中被频繁使用。

"蓝瘦,香菇"是"难受,想哭"的谐音。广西南宁某男青年失恋后录了一则视频发到社交网站,"难受,想哭"听上去像"蓝瘦,香菇"。这一谐音充满自嘲和调侃,立马受到年轻人追捧。

在社会化媒体网络,流行就意味着关注量、点击量、粉丝量,也往往意味着更多的经济利益,所以人们更倾向于以非常规的、投机主义的、甚至是粗鄙的姿态表达自己。当网络语言的使用者从某个特定群体变为大众的时候,词语本身的含义也发生变化。而社会化媒体中的语言越来越容易被网络中的二次元群体影响,因为这一堆人,是社会化媒体的主要消费力量和内容创造者,他们正在生产而且必将生产出更具时代特色的网络用语。

网络用语

网络用语更直观地呈现出社会化媒体时代的网民在语言使用上的鲜明特征,与传统社会相比,网络语言在媒体技术及移动通信技术的帮助下,力度、效度、速度、广度等方面都发生了质的飞跃。社会化媒体是民意表达最自由的场域,来自各个阶层的意见都在这里汇集,人们都试图用最新鲜、最有趣的或者戏谑的表达使自己的意见与众不同,从而获得关注。社会化媒介的内容空间是传播媒介发展到今天出现的最丰富、最多元、最个性化也最具互动性的媒介内容空间,这也充分地体现在这个内容空间的用语上。

有研究者对各类网络语言符号做了大量真实的采集和统计,建立了网络语言语料库,通过对三个子库的语料分析,按照模因方式的不同,将网络语言分为十大类:表情符号类、谐音类、缩写类、社会时政语汇类、词义转换类、其他类、新造字/词类、语码混用类、外语词汇类、网络语法类。[①]从博客、微博、微信到直播,网民在各种社会化媒体中的表达日益呈现出泛娱乐化的特质。作为泛娱乐化生存方式重要表征的社会话语表达,也出现新的变化,从而带来社会话语生态的渐变。社会化媒体时代的媒体技术可以为网络语言运用的重置、拼贴、嫁接等提供技术支撑。有研究者梳理了学者对网络语言的归纳概括,认为迄今为止已经衍生出网络语言的三种主要形态[②]:第一种形态是以改变符号的能指的方式而形成的网络语言,如缩略语、数字或表情符号、拟声词等。第二种形态,网络语言被网民用来区分其他语言使用群体,是标榜自身身份的工具,出现很多带有强烈网络环境特征的语言。第三种形态是由社会热点事件触发而产生的语言词汇,更多地和新闻媒体以及信息的广泛传播联系起来。

网络用语作为一种新的语言现象和社会现象,既是人们对自身话语权的表达,也是对舆论焦点事件和社会现象的参与,能反映出一定的民意,在网络语言生活空间具有很强的认同度和影响力。随着社会化媒体的发展和普及,一部分网络语言成功地从社会化媒体环境中延伸到了现实语言,广泛流行于各社会群体,甚至有取代传统语言规则的趋势。

教育部国家语言资源监测与研究中心发布的"中国年度十大网络用语"与"年度中国媒体十大流行语"不同,是基于国家语言资源监测语料库(网络媒体部分),采用"以智能信息处理技术为主,以人工后期微调为辅"的方式提取获得的。监测语料库提取了代表性网络论坛、博客、微博、网络新闻等不同媒体形式的海量年度语言资源,语料库规模近60亿字,代表了中国互联网的语言生活方式。以下是根据教育部官方网站

---

① 曹进. 网络语言传播导论[M]. 北京: 清华大学出版社, 2012.
② 赵乐平, 范明. 互联网群体传播中网络语言的社交属性研究[J]. 中国出版, 2016(2).

新闻要闻整理的年度网络用语。①

  2013年度十大网络用语：中国大妈；高端大气上档次；爸爸去哪儿；小伙伴们都惊呆了；待我长发及腰；喜大普奔；女汉子；土豪（金）；摊上大事了；涨姿势；

  2014年度十大网络用语：我也是醉了；有钱就是任性；蛮拼的；挖掘机技术哪家强；保证不打死你；萌萌哒；时间都去哪了；我读书少你别骗我；画面太美我不敢看；且行且珍惜；

  2015年度十大网络用语：重要的事情说三遍；世界那么大，我想去看看；你们城里人真会玩；为国护盘；明明可以靠脸吃饭，却偏偏要靠才华；我想静静；吓死宝宝了；内心几乎是崩溃的；我妈是我妈；主要看气质；

  2016年度十大网络用语：洪荒之力；友谊的小船；定个小目标；吃瓜群众；葛优躺；辣眼睛；全是套路；"蓝瘦、香菇"；老司机；厉害了我的哥；

  2017年度十大网络用语：打call；尬聊；"你的良心不会痛吗？"；惊不惊喜，意不意外；皮皮虾，我们走；扎心了，老铁；"还有这种操作？"；怼；"你有freestyle吗？"；油腻。

从这些网络用语来看，时间越近的，和社会化媒体的相关度越高，尤其是近几年的，大多数都是在社交媒体上产生的，基本上都是通过社会化媒体发酵、传播，然后迅速进入现实表达层面，成为口语交际的常用语。社会化媒体用户参与内容生产的特性在网络语言生活领域展现得淋漓尽致。网络语言依靠本体与喻体之间的相似性，其创造和传播能够反映人们调侃宣泄、女性心理、童心童趣、求新尚异的社会心理特征。②"我想静静""你的良心不会痛吗？""友谊的小船说翻就翻""我妈是我妈""且行且珍惜"等，这些网络流行语或幽默、或自我调侃和对他人调侃、或戏谑，带着对我们习惯的语言结构和语言方式的解构，也带着对我们遵循的语言戒律的冲击，携裹着社会化媒体网络热气腾腾的生活气

---

① 根据教育部网站教育要闻整理，http://www.moe.gov.cn/jyb_sy/sy_jyyw/.
② 孙思齐. 网络语言：价值观的解构与重构[J]. 新闻研究导刊, 2017(9).

息,承载着网民对于社会现实、文化现象以及政治、经济和管理制度的反思,宣泄着网民不满或愤懑的情绪,也传达出积极向上的心态。

　　基于快速表达、即时响应的交际需求,社会化媒体中的用语往往追求快捷高效,手机屏幕的输入方式以及尺寸,让排在各大输入法前面的常用字、常用词成了人们表情达意的首选,从而显得特别生活化。为了使交流更加形象生动,能够使自己在社区、群落、圈子脱颖而出,人们往往采用不同的方式改变原有词汇,并结合各种地方方言、图形符号、英文字母来组成新词语,这在一定程度上促成了网络语言的新、奇、异,一些闪烁着创新火花的语言经常从网民的自由交流中产生并流传开来。因而,网络流行语的形式也是多样的:有单纯的由汉字组成的,这种情况比较普遍,如"我反正信了""现在整个人都不好了""也是醉了";有英文字母与汉字的组合体,如"你 out 了""你有 freestyle 吗""打 call"等;有简写词,如"做人不要太 CNN";有英文与汉语拼音的组合,如"no zuo,no die";还有纯粹的英文词、符号词、谐音词。

　　在现实语言生活中(特别是在传统媒体上)不被认可、不合语法规范的表达,都可以在社会化媒体中来实验。例如,中式英语"no zuo,no die(不作死就不会死)"结构简单、表意新奇,"作"这个具有典型方言意味的词获得了跨区域的影响力,成为中国社交媒体中年轻人的常用语,这句话也迅速在全球范围流行,作为汉源俚语被收入美国在线俚语词典《城市词典》[①]里。又如"我妈是我妈",这句话从字面含义来讲极其浅白,但因为市民陈先生"如何证明我妈是我妈"的奇葩遭遇而被赋予特定语境下的新意——陈先生一家三口准备出境游,却被要求出具陈先生和紧急联络人的母子关系证明——社交媒体中网友们的"加注"让这一"新意"迅速固化下来。网友们纷纷在各种社交论坛、微博、朋友圈晒出自己遭遇到的各种"无法自证的清白":找工作、参加考试要出示品行端正

[①] 《城市词典》(Urban Dictionary)是一个解释英语俚语词汇的在线词典,到 2010 年 4 月,这个网站拥有 486 万个词汇的定义,每天都在不断增加。这些词汇定义由志愿者通过注册该网站后编辑提交,网站访问者可以对这些定义做出评定。该网站每月大概有 1500 万的流量,其中 80% 的用户是 25 岁以下的年轻人。参见百度百科 https://baike.baidu.com/item/%E5%9F%8E%E5%B8%82%E8%AF%8D%E5%85%B8/899748?fr=aladdin,2018-4-15。

证明;个人行为引产却要开具"自愿"证明;不懂事的孩子在家撕碎了钱、去银行兑换残币却被要求去社区开证明……各种四处跑腿、极其无奈的心情被"我妈是我妈"这句话击中而迅速传播开来。

类似"no zuo, no die""我妈是我妈"这样的流行语,如果缺乏对社会化媒体情境的了解是无法理解的,我们只有在特定的语言对话情感中才能理解它。有学者对网络语言研究后发现,网民创造网络语言的两大主要动力是网民争夺话语权的需要和心理情绪宣泄的需要。[①]而为了寻求认同感和归属感,身处网络社交中的人们会纷纷使用它们以自证身份。社会化媒体中的互动和沟通往往是他人可见的,所以个体之间在交流互动的时候,不自觉地受到他人的影响而调整自己的词汇选用习惯和语法习惯,转而采用比较流行的方式,以强调自己是群体的一员,或者表明自己的时尚性。

社会化媒体互联网的到来,本身就象征着文化本身的新时代。各种亚文化圈借由社会化媒体的圈子、社区、群落进一步发展,几乎每一个圈子内都有自己的独特用语,而这种用语的累积会成为识别这个圈子人的标识,一步步固化,形成一种特殊的社会方言。

社交媒体使用主体年轻化的特点也是网络语言更新求异的原因之一。2018年1月CNNIC发布的第41次《中国互联网发展状况统计报告》显示,截至2017年12月,我国网民规模以10~39岁群体为主,其中20~29岁所占比例最大,达30.0%。与此同时,统计报告显示,截至2017年12月,网民中具备中等教育程度的群体规模最大,具有初中学历的网民所占比例最大,达37.9%;具有高中-中专-技校学历的网民规模所占比例次之,达25.4%;具有大专学历的占9.2%,比2016年上涨8.1个百分点;大学本科及以上学历的占11.2%;总体来看,具有初中以上学历的网民占83.8%。

CNNIC发布的《2016年中国社交应用用户行为研究报告》显示,从社交用户的年龄结构来看,以40岁以下用户为主,占78%,其中20~29岁年龄段社交用户占32.1%,在整体人群中占比最大。网络社交用户中,具备中等教育程度的群体规模最大,初中学历的用户占比36.4%,

---

① 杨萍. 网络流行语:网民自主话语生产的文化景观[J]. 今传媒, 2010(5): 102-104.

比同学历段占整体网民比例低了 0.9%；高中-中专-技校学历的用户占比 27.4%，大专学历的用户占比 9.7%、大学本科及以上学历用户占比 12.8%，分别高出同学历段占整体网民比 1.2%、0.6%、1.3%，也就是说具备初中以上学历的用户占到了 86.4%，高中及以上学历的占比 49.9%，接近一半。主要增量集中在高中及以上学历的人群。

从以上两组数据来看，网络尤其是社交网络的主体是年轻人，他们大多出生在 1990 年后，在他们青少年时期所生活的社会环境中，网络技术已日趋完善，移动互联网终端已经普及。与此同时，这个年龄段的网民大多接受过高中以上教育，有一定的语言运用基础，他们追求思想独立，本身又具有强烈的反传统意识，充满好奇心，更容易接受新事物，喜欢挑战，愿意尝试以前没有经历过的游戏规则包括语言规则，所以他们在以主体身份深度参与互动的社会化媒体中可以最大限度地摆脱现实语言生活中的种种束缚和羁绊，让自己的想象力和创造力得到自由的发挥，释放出语言创新的蓬勃生命力。

新一代的年轻人正颠覆语言的常规表达，这种颠覆以社会化媒体为主要空间，我们有幸生活在目睹历史上语言变化最快速的时刻，并且我们每一个人也参与其中。

禁用词和慎用词

现实中的语言生活也好，网络中的语言生活也好，其健康状态都应该是文明有序的、高效互动的，这也是健康清朗的社会环境的构成要素之一。学者李宇明认为："语言生活，而非语言，是政府（治理）的职责所在。"在纷繁复杂的社会化媒体网络空间滋长的各类用语，哪些需要淘汰，哪些可以实现圈层的跃升，不能只依靠自然传播的规律或者是网民的自觉，还需要相关部门或机构的积极引导，包括政府以或隐或显的政策进行规范、教育部门在教育过程中的积极作为、各级各类媒体的率先垂范。其中，规定禁用词和慎用词就是积极引导的一种重要方式。

规定禁用词和慎用词只是一种语言使用规范的方式，规范在合适的语境、合适的位置使用合适的表达方式，并非要消灭流行语或流行词汇，更不是改变语言。在大量的社交网络相互触动中，网络语言通过"渗透"和"创造"两个框架实现了对既有语言体系的影响，革新了既有语言体系的规范，既焕发蓬勃活力，也容易杂乱无序，既包含了网民对语言的创新，也滋生了对语言规则的肆意破坏和庸俗化甚至低俗化使用。

尽管人们在社会化媒体中使用的网络语言都来自既有的语言体系，并没有完全另起炉灶自创一套语法规范，但在社交网络的使用过程中却让语言发生了畸变。社会化媒体网络主体的多元化及全民互动性、网络沟通的高效快捷及多媒体性，都促使人们改变复杂规范的日常语言，从词汇到语法，以适应社会化媒体网络交流的需要。同时，作为社会政治经济的重要反映，语言也在社会化媒体时代更多地呈现出社会转型期的文化特点。

处于全球开放的互联网环境，中国网络语言生活既受到国内现实语言生活的影响，也受到全球网络语言生活的辐射，这于显性层面表现在对其他国家语言的借鉴和吸收上，于隐性层面表现在对其他国家的网络文化的吸收上；这也正如同中国的网络语言对全球网络语言发生重大影响，中国的文化生态影响全球的文化生态一样。

Facebook（脸书）、Airbnb（爱彼迎）、微信、Line（中文名"连我"，韩国互联网集团NHN的日本子公司NHN Japan2011年推出的即时通信应用，用户数量超过4亿，是中国辨识度最高的韩国社交应用）、Kakao talk（一款韩国免费聊天软件，基于手机通信录管理用户，中国腾讯为第二大股东）……社会化媒体直接打破了地域疆界，给予全球语言互相影响的更多可能。例如，从2014年开始在网络上出现的"什么鬼"，其原意是"什么意思"，是湖北地方方言，在2014年因《暴走大事件》播出而爆红，使得日常生活中小范围使用的口头语成为网络语境中的全民热词。又如，"萌萌哒"受日本萌系文化影响由"么么哒"演变而来，起始于豆瓣小组，后来红遍网络语言空间，老少咸宜。

网络语言生活和现实语言生活一样，有主流也有支流；不同的是，网络语言生活中支流出现和消失的时间都远远快于现实语言生活，网络支流对网络主流的影响也更容易实现。在现实语言生活中，典雅庄重的语体是主流语言生活的模范，这体现在主流媒体的口头语言和书面语言上；各地方言、乡谈俚语以及在此基础上不断创新的变化，构成了众多的支流。在网络语言生活中，主流也是现实生活中的既有语言主流，支流的构成却更为复杂，除了各地方言，圈子、社群都可能形成特定的支流。2012年出版的《网络语言传播导论》一书指出，"网络上的'圈'或'群'把网民划分为一个个自由的社交组合群体，在这样的群体中，网络语言呈现'多''杂''散''匿'的特征。"[①]网络流行语就诞生于网络语言生活的支流，既表现了语言的活力，也出现了不少乱象。

新华社2016年发布的最新版《新华社新闻信息报道中的禁用词和慎用词（2016年7月修订）》（以下简称《禁用词修订版》），共102条内容，在2015年11月发布的《新华社在新闻报道中的禁用词（第一批）》45条禁用词、规范用语基础上，新增了57条内容，其中包含的禁用网络流行语格外引人注目。

《禁用词修订版》第9条规定，网络用语中对各种词语进行缩略后新造的"PK""TMD"等（新媒体可用"PK"一词），不得在报道中使用。第10条规定，新闻媒体和网站应当禁用以下38个不文明用语：装逼、草泥马、特么的、撕逼、玛拉戈壁、爆菊、JB、呆逼、本屌、齐B短裙、法克鱿、丢你老母、达菲鸡、装13、逼格、蛋疼、傻逼、绿茶婊、你妈的、表砸、屌爆了、买了个婊、已撸、吉跋猫、妈蛋、逗比、我靠、碧莲、碧池、然并卵、日了狗、屁民、吃翔、XX狗、淫家、你妹、浮尸国、滚粗。《禁用词修订版》规定禁用的网络流行语，大多内容低俗，不堪入目，从传播信息的角度看毫无用处，从语言环境的角度看又违背公序良俗，本就不适于出现在正式语体和公共场合中，早该被禁止。

在数字媒体时代，我们比任何时期接收的信息都多，也比任何时期都容易制造出肤浅的内容。尼尔·波兹曼在《娱乐至死》中曾预言，随着媒介传播方式的进步，大众越来越将感官停留在大脑皮层。虽然这本书出版于1985年，尼尔·波兹曼关注的是电视作为传播媒介对语言的改变，但他的预言表达的规律是一样的，当网络作为传播媒介的时候，社会化媒体用户更明显地表现出这一点。有学者以2016年某榜单评选的网

[①] 曹进. 网络语言传播导论[M]. 北京：清华大学出版社，2012：228.

络十大流行语为例，分析出 10 个网络流行语，除"猴赛雷"带有明显黑色幽默外，其余 9 个词均以娱乐为目的或来源于娱乐性事件、段子，并且这些词在微信、微博等社交平台关注度均超千万，在微博的话题热度过亿，这反映了网民对调侃和娱乐的热衷。①

网络流行语是网络语言演变过程中最能呈现网络特点和代表网络群体精神的象征符，从利好的角度来说可以反映社会舆情，也可以成为社会的减压阀，还可以成为民间话语体系与精英话语体系的桥梁与中介；从弊端来看，网络语言的无序发展容易使语言的发展发生极大的偏差，必须加以适度引导。

什么样的网络流行语需要禁止，什么样的网络流行语可以"转正"，从网络语言生活进入现实语言生活的主流，甚至被收编入固定表达的"正规军"，依据的是语言发展的一般规律和传播规律。网络语言生活和现实的语言生活一样，也分圈层，从最私密的家庭语言，到社区、圈子语言，再到公共语言，层层叠叠。简单地说，只有符合语言规律、传播规律的流行语才有可能进入语言生活的主流，实现从"私密语言""圈子语言"到"公共语言"的跃升。

第二节　从字符符号到表情符号

<blockquote>
思考是我无限的国度，言语是我有翅的道具。
——（德国）席勒
</blockquote>

从广义来讲，人类能够传情达意的符号种类非常多，包括：线条、态势语言、图画、音符、旗语、文字等视觉符号；汽笛、军号、铃声等听觉符号；盲文等触觉符号。其中最主要的是语言，语言是人类所拥有的最重要、最复杂的符号。作为人类最广泛使用的交际工具，语言成了符号最典型的代表，语言系统也成了符号系统中最重要的一种。

语言不是一成不变的，会随着人类社会的发展而发展。人们使用语

---

① 刘菡妮. 网络语言的源起、传播与价值分析[J]. 新闻研究导刊, 2017(11): 106.

言的方式主要有两种，人的肢体行为和符号。人的肢体行为是人们使用语言的主要形式，口述声音、手势及表情就是人的肢体行为体现。口语是人类进行语言交流的最主要的方式；而文字是人们使用语言的最大应用项。在社会化媒体时代，人们的交流更多依赖移动设备终端，书写越来越多，说话越来越少，书写承担了许多面对面交流的功能，线上交流表现出同步性和延时性两种时间特质。同步的线上交流要求我们书写快速，唯有这样，交际双方的对话才能实时地进行下去。快捷的读写及交流方式因此出现。

网络不但大大提升了人类信息传播的速度，还极大地丰富了人类表情传意的方式，网络社交中人们使用的表情符号、点赞、表情包等，综合了视觉符号和听觉符号的优势，是不同于传统文字符号的新网络语言，是以非文字符号对人的肢体行为、表情等态势语言的直观体现，是新的交际语境下人们对网络语言的创新和发展。在这个发展进程中，字符符号和表情符号是最先出现的。

字符符号——颜文字

互联网突破了传统语言的表达方式，在依赖键盘输入的情况下，键盘上快速击打形成的汉字、字母、数字、符号都被尽可能地利用，以求又快又生动地传递信息，逐渐形成了独特的网络语言，其中又以大量的非言语的字符符号为早期特征。

公认的字符符号第一次出现是在 1982 年 9 月 19 日，美国卡耐基—梅隆大学的斯科特·法尔曼教授在电子公告板，第一次输入了一串顺时针旋 90 度后看起来像微笑表情的字符"：-)"[1]，就此诞生了人类历史上第一张电脑笑脸，也就此诞生了人类历史上第一个网络字符符号，从此，字符符号在互联网世界极速风行，大家纷纷使用 ASCII 字段来组成字符符号，并以转 90 度角来模拟人的脸部表情。字符符号最初的原型只

---

[1] 资料来源：百度百科 https://baike.baidu.com/item/%E8%A1%A8%E6%83%85%E7%AC%A6%E5%8F%B7/1525154?fr=aladdin.

有一个":-)",后来使用者不断增加,创造出各种不同形式的表情符号。初期的表情符号是使用标点符号、数字和字母,通常用来表现人的感情或情绪面部表情的图示。

随着字符符号在全球范围被广泛传播、接受,英文中也衍生出一个新的词语"Emoticon(字符表情)"来表示这些符号,"Emoticon"由"emotion(情绪)"和 icon(图像,图标)拼缀而成,表示由标点符号组成的用以表达情感的笑面谱和情绪脸谱,它们通常出现在电子邮件或网络聊天中,可以用以营造轻松友好的气氛。"Emoticon"也风靡日本。在日文中,"Emoticon"被称为颜文字,指用文字或各种线条、符号等组成的图画,包括我们日常用手机或电脑聊天时使用的文字表情等,它是 ASCII Art 的一部分。简单而言,ASCII 式的字符符号即"Emoticon"颜文字,一种非图片式的表情符号。这些字符符号能够添加到任意文本中,能够随心所欲地加入手机短信、博客和电子邮件及其他聊天软件。

最传统的字符符号是横看形式的,是抽象图像式的,依托视觉上的像似,往往只用简单的广义标点符号以及字母模拟物态,类似于简笔画,表达的也是简单情感或情绪,如":-(不悦)"";-)使眼色"":-D 开心"":-P 吐舌头"":-C 很悲伤";慢慢发展出可以表达丰富语意和更多不同情境下的情绪状态的表情符号,如"b(￣▽￣)d 竖起大拇指""ヽ(￣▽￣)ﾉ两手一摊""~*.*~害羞又迷人的小女生"等。

后期的字符符号除了加入身体动作和手势外,表达题材也更加多元,包含日常生活中、网络中常见的各种情绪和动作行为,并且有动漫风格、东亚风格、中型图示风格等多种风格。日语假名、韩语文字、泰语文字、汉语文字都可以和广义标点以及字母相组合,出现了更多的表情符号,如有日语假名的"(つ^///^)つ害羞的抱抱"、有韩语文字的"(๐´ㅂ`๐)享受"、有汉语文字的"(=>□<=)受不了"等。

这些由简单文字加上广义标点的组合,是人的表情以及肢体行为的抽象表达,是符号组成的图画式表达,稍稍一看,就能明白其中意思,甚为巧妙。网络人际交流不是面对面进行声音的交流和情绪的传达,仅仅依靠文字,而单纯的文字无法传递情绪和丰富的表情,字符符号正好弥补了空缺。

表情符号——图文字

随着互联网的不断崛起,很多通信程序(尤其是即时通信程序)及论坛开始使用一些更生动的小图案来表示各种心情。1997 年尼古拉斯·罗法兰尼(Nicolas Loufrani)创造出"肖像字符表情",代替纯用标点符号组成的字符符号。QQ 即时对话框当中的黄色圆脸符号表情就是表情符号的典型代表。这些圆脸表情更为巧妙地抽象出人类表情变化的特征并加以直观表达,仿佛让我们进入一个面对面交流的情境,文字替代了有声语言,黄色圆脸补充了态势语言,使得我们能够更好地捕捉交际对象要表达的会话含义而不是字面含义。

表情符号顾名思义,就是可以用来生动地呈现和描摹日常面对面交际中的非言语信息的符号表达方式,能使交际双方如闻其声、如见其人。根据数据库显示,形象像似符号占据了网络语言符号的主体,达到 51.8%,其中表情符号高居第一位,占 34.7%,语音谐音第二位,占 17.1%。[1]英文当中也有一个单词用来指称表情符号——"emoji",这个英文名字源自它的日文名"绘文字"。"e"代表"图","moji"代表"字母、字符",表情符号的本质就是"图形文字"。

"由于现代社会生活的节奏很快,语言接触引起的一个新问题,就是缩略语问题。节奏快,以至于在某些场合要采取符号(非语言的符号)来显示信息。缩略语就是把必要信息压缩(浓缩)到在接触的一瞬间就能立刻了解的程度,把必要信息转化为图形(非语言符号),是适应高速度和其他现代社会条件的需要而产生的。"[2]

我们可以设想,在网络虚拟场景的交际中,如果我们只看到对方发过来一个字"行",则完全无法判断对方同意这个事情是勉为其难还是非常乐意,但是如果有了一个黄色笑脸,"行"的会话含义就非常清晰,可以解读为"很高兴这样做!"如果换作一个黄色的龇牙笑脸,"行"的会话含义就可能是"完全没有问题,哈哈哈,小意思!"当然,如果是换作

---

[1] 赵毅衡. 符号学原理与推演[M]. 南京:南京大学出版社,2011:80.
[2] 陈原. 社会语言学[M]. 上海:学林出版社,1997:325.

一个撇嘴的黄色圆脸,那么"行"的会话含义就可能是"行吧,除此以外,难道我还有别的办法吗?"可是,如果是"行"再加上一个双泪长流哭泣的黄色圆脸,那么"行"的背后该有多少无奈和不甘啊!

在 2013 年,腾讯的一份统计报告显示,中国人最爱用的三个 QQ 表情符号依次是龇牙、偷笑和发呆。发个龇牙的笑表示友好,这比不露牙的微笑表情符号看上去更坦然、热诚,仿佛更充满活力一般,不露牙的微笑表情符号类似现实生活中的一度微笑,含蓄、克制,礼貌中也会透着距离,龇牙的笑类似现实生活中的二度微笑,心底的情绪带动了脸部肌肉群的明显运动,露出 6 到 8 颗牙,是更具积极状态的笑。发个偷笑则暗示心照不宣,一切不可名状而有共同拥有的言语背景都在这偷笑符号中,这是一种非常巧妙的示好。发呆表情则说明不知道该说什么,无从回应对方但又必须有所表示,那就发呆吧,从而将话头抛给对方。

到 2014 年,通用的黄色圆脸表情符号已经有 58 个之多;而更精细表意的其他表情符号还在源源不断地开发出来。苹果 iOS 系统因为表情符号太过单调而遭到用户争议,所以花大力气在 iOS8.3 测试版增加了 300 个新表情图标作为回应,用户可以对圆脸表情任意地选择肤色,可以是黑皮肤的,可以是白皮肤的,连圣诞老人都有多种肤色可以选择。虽然这个测试版最后没有推广,但由此可见,在手机应用中表情符号越来越受到重视。除了人物圆脸,还出现了企鹅、兔子、猫的表情符号体系,它们的形象是人类依照自身的审美意向而创造性地塑造出来的,被赋予与人类相类似的情感模式和表达方式。这种塑造方式便于激发符号接收者的情感接受力和意义认同感。①

2015 年,《牛津词典》评选出年度热词:"喜极而泣"(笑哭)的表情符号。《牛津词典》在官网的解释表明,之所以选择"笑哭"这个表情符号作为年度词汇,是因为这个符号"捕捉到了本年度的时代气质、情绪及关注点",反映了"2015 年表情符号在全世界的极速传播"。这个不属于传统词语的表情被全世界最权威的词典之一《牛津词典》选中,更不

---

① 张淑萍. 网络语言符号的像似性——评《曹进网络语言传播导论》[J]. 甘肃高师学报,2017(22): 2-23.

可思议的是，这个决定并没有惹怒传统语言文字的捍卫者（例如学者、教师、语言纯粹主义者等），招来任何来自他们的激烈批评，从很多角度来说，这件不同寻常的事标志着人际交流甚至人类认知方式已经发生彻底转变。①

2010年统一码联盟②发布的Unicode 6.0中，上百个表情符号通过了标准化处理，表情符号的广泛普及成为现实。统一码（Unicode）是在不同脚本下通行的国际标准编码，它用独一无二的数值定义每个字符，可跨平台、跨程序应用，从而使说不同语言的人也可使用同一套字符体系。由于图形文字是预先构建的，普遍已经标准化，所以中文应用也可以轻松植入这些表情符号。2015年统一码联盟发布的Unicode 8.0中又增加了许多新的表情符号（包括可以修改肤色的笑脸表情）。表情符号确实成了新的书写代码。

网络表情符号的出现，更直观地弥补了非面对面交流无法阅读表情、肢体动作等副语言的缺憾，如果交际双方对网络表情符号对应的情绪、情感理解一致并且使用正确，那么表情符号就成了网络交际双方的副语言。我们在社会化媒体中实时对话或者延时对话，希望表达的实际是"会话含义"，而"会话含义"只有放在具体语言环境下才能被充分理解。表情符号主要的功能就是补充表达"会话含义"，给文字增加生动的图示，从而提高阅读的速度和质量。

现在，几乎所有社会化媒体输入内容时都可以插入表情符号，为我们发送的信息增添生动的视觉色彩和视觉注解。表情符号已成为所有移

---

① 马赛尔·达内斯：《占领世界的表情包：一种风靡全球的新型社交方式》，译者王沫涵，版权方：蓝狮子，杭州蓝狮子文化创意股份有限公司授权知乎（北京智者天下科技有限公司）。电子版。

② 统一码联盟 The Unicode Consortium 是一个致力于开发、维护、发展全球通用软件标准和数据，特别是维护 Unicode 编码标准的非牟利机构。统一码联盟制定了一种可以对全球几乎所有语言文字进行编码的标准，其宗旨为最终以统一码取代现存的字符编码。统一码联盟与万维网联盟（W3C）及国际标准化组织（ISO）保持合作，该组织允许任何愿意支付会费的公司和个人加入，其成员包含了主要的计算机软硬件厂商，例如奥多比系统、苹果公司、惠普、IBM、微软、施乐等。参见百度百科词条"统一码联盟"，https: //baike.baidu.com/item/%E7%BB%9F%E4%B8%80%E7%A0%81%E8%81%94%E7%9B%9F/3694574?fr=aladdin，引用日期2018-4-9。

动通信用户的非正式第二语言,以苹果移动设备为例,在其操作系统 iOS 的所有键盘选项中,就囊括了核心表情符号和次要表情符号。除了最常用的黄色圆脸表情符号,还有人物、动物、美食、活动、地标、物品等丰富多彩的内容。iOS 和 Android 原生支持 5 个大类 845 个表情符号,Facebook 支持了一半的表情符号,包括"笑脸与人物""动物与大自然""美食与饮料""活动""旅游与地标""物品""符号""旗帜"八大类。[①]Twitter 现在支持超过 1100 个表情符号,包括常用的爱心、国旗、中指、笑脸符号等。[②]微信原生支持 719 个表情符号。这些表情符号哪怕只有细微的区别,也巧妙地为文字消息增添了语义上的细微差别。表 4-1 是根据微信 App 整理的核心表情符号及其含义。

表 4-1　微信中常见的表情符号及其含义

表情符号						
含　义	微笑	撇嘴	色	发呆	得意	流泪
表情符号						
含　义	害羞	闭嘴	睡	大哭	尴尬	发怒
表情符号						
含　义	调皮	龇牙	惊讶	难过	酷	冷汗
表情符号						
含　义	抓狂	吐	偷笑	愉快	白眼	傲慢
表情符号						
含　义	饥饿	困	惊恐	流汗	憨笑	悠闲

---

① 数据来源:http://cn.piliapp.com/facebook-symbols/.
② 数据来源:http://cn.piliapp.com/twitter-symbols/.

续表

表情符号						
含 义	奋斗	咒骂	疑问	嘘	晕	疯了
表情符号						
含 义	衰	骷髅	敲打	再见	擦汗	抠鼻
表情符号						
含 义	鼓掌	糗大了	坏笑	左哼哼	右哼哼	哈欠
表情符号						
含 义	鄙视	委屈	快哭了	阴险	亲亲	吓
表情符号						
含 义	可怜					

根据知名的手机输入软件（APP）SwiftKey 统计，表情符号有七成被用来表达正面情感，15%用来表达中性事务，15%则是表达负面情绪。在 SwiftKey 的使用者中，只有 15%是只使用表情符号，大部分的人还是会用文字配上表情符号。世界各地使用表情符号的偏好和习惯，和使用者所在的地域、文化等话语情境相关。夏威夷人最常用棕榈树、日落、夕阳等符号；丹麦、挪威、瑞典等北欧国家则很喜欢圣诞老公公符号；浪漫的法国人爱用心碎符号，是其他语言的 4 倍。[①]这些数据，从一个侧面体现出表情符号具有的三个普遍特征：一是代表性，即符号及其搭配规则可以用来具体代表某物；二是可解释性，即任何熟悉所用表情符号及规则的人都可以成功地理解消息的意思；三是情景化，即一些与情境

---

① 《全世界最常用表情符号：笑到哭夺冠约 2 成人使用》，参考消息网，转引自网易新闻 http://henan.163.com/16/0315/16/BI7A0H6M022701R8.html，2016-03-15。

相关的因素会影响信息理解，包括外部信息以及参考依据。[①]

现在，越来越流行的表情符号几乎完全取代了字符符号，人们更多地依赖视觉语言形成意义空间。有研究者认为表情符号会和字符符号一样很快湮灭，毕竟人们喜新厌旧，新的表情包层出不穷。然而，必须看到的是，表情包永远追求新奇，每个表情包的格式并不固定，格式也不固化；然而表情符号的发展轨迹不同，表情符号经过 10 年的运用，已经从图形、意义、内在数字结构等方面，在一个跨文化、跨平台的网络空间达成一致，可以说，表情符号的运用和意义解读，还有超乎文字的便捷。我们有理由推断，表情符号作为网络语言生活的重要工具，还将有较长的生命力。

网络交际副语言

在《汉语知识词典》中，副语言狭义"指人在交际时除有声语言之外的其他有声现象"，广义"指人在交际时的无声有形现象"。语言学所定义的副语言也包含广义和狭义。狭义的副语言指的是超音段音位学中的韵律特征（如语调、重音等）、突发性特征（如说话时的笑声、哭泣声等）及次要发音（如圆唇化音、鼻化音等）。这些特征可以表明说话人的态度、社会地位及其他意义。广义的副语言不仅包括上述的狭义副语言特征，而且包括一些非声特征，如面部表情、视觉接触、体态、手势、谈话时双方的距离等。当代的副语言研究往往是广义的副语言研究，而狭义的副语言常常被称为副言语特征。[②]

副语言与语言一样，在我们的言语交际中起着同样重要的作用。在我们的言语交际中，既有语言，也伴随着其他非语言行为，也就是说，广义的副语言包括了副语言特征和态势语言。态势语言是指人类以面部表情、身势动作、空间距离和服饰装束为物质材料的信息载体，是人类

[①] 马赛尔·达内斯，《占领世界的表情包：一种风靡全球的新型社交方式》，译者：王沫涵，版权方：蓝狮子，杭州蓝狮子文化创意股份有限公司授权知乎（北京智者天下科技有限公司）。电子版。

[②] 梁茂成. 副语言初论[J]. 徐州师范学院学报，1994(2): 128-130.

无可替代的特殊语言。态势语言反映的一般都是人的思想原本或人的情感初衷，而且具有视而可见的直观性、视而可懂的理喻性，并且还具有创设语境的独特性，当不会用、不必用、不想用、不宜用口头和书面语言的时候，态势语言可以用它创设的独特语境表情达意。①因此，人们在面对面交流的时候，交际情境实际是"有声语言＋副语言"，而在网络交际中则是与之对应的"文字＋网络表情符号"。例如，微信上"天涯"（网名）与朋友"偶然"的聊天：

  天涯：中午或者晚上，一起吃个饭？
  偶然：都可以，随便怎么安排。
  天涯：那好，找个地方中午吃火锅，下午再寻个地方喝茶。
  偶然：好哒！好哒！开心 ing
  天涯：

  "天涯"在第一句问话时发了一个"可爱"表情，为接下来的谈话创设了一个温馨的氛围，让这句没有寒暄开场，也没有称呼的问句显得没有那么突兀，增加了几分柔和、亲切的色彩。"偶然"回复的"都可以，随便怎么安排"，如果没有"憨笑"表情相随，很容易被误解为敷衍、不关心、没啥兴趣，正是这个"憨笑"，摒除了对这句话的其他解读可能，起到了保证信息的口吻一致的功能，也帮助文本体现出语义中的细微差别。

  美国心理学家爱伯特·赫拉别恩的研究证明，在表达情感和态度时，语言只占交际行为的 7%，而声调和表情所传递的信息却多达 93%。②在爱伯特·赫拉别恩的结论中，93%的信息是由 38%的副语言和 55%的态势语言传达的。姑且不论这个精确百分比的科学性，但这个比例足以说明副语言特征和态势语言在传递信息、表达情绪、交流思想过程中所起的重要作用。和有声语言相比，副语言的可控性低，副语言传播往往是无意识的，很多习惯是个人根深蒂固的，因而人们普遍认为副语言具有较强的可信性和真实性。人们使用的语言比副语言真实性差，许多时候，语言信息和无意识表露的副语言是相互矛盾的。有时候，语言甚至是谎

---

① 李峻. 态势语言地位论[J]. 求索，2001(2): 102-105.
② 唐未平. 试论网络非语言交际[J]. 十堰职业技术学院学报，2006(5): 43-45.

言,人的真实意图往往用语言信息掩饰,就如同周国平所说,"语言,是一切误会的根源",然而人的本意在副语言沟通中却很难掩饰。

之所以对副语言的重要性和功能反复提及,是因为在网络交际中,正是表情符号起到了副语言的替代功能,其作用就等同于现实交际中的副语言特征和态势语言。早在2006年国家语委公布的《中国语言生活状况报告》中就有数据显示,网络语言中符号的使用率已经达到了55.07%,已经超过了汉字的使用率。

交谈功能

事实上,随着社会化媒体交际成为日常交际的重要组成,人们对网络交流的依赖越来越强,表情符号所起的作用,不仅仅是装饰性的,也不仅仅是增添友好的语气,也远不止于充当交流的副语言,加强、扩大或者解释文字交流中的含义。在特定的语境下,表情符号就是言语表达本身,运用表情符号可以发挥某种交谈功能。

在前述网友"天涯"和网友"偶然"的一段微信聊天记录中,当两人已经协商好中午一起吃饭,就餐形式是火锅的时候,"偶然"用"好哒!好哒!开心ing😊"表示了赞同及愉快的心情。若在日常交际中出现这样的情况,正式议题已经谈完,无须无话找话继续交谈的时候,一般还要有几句告别语,才能温和礼貌地结束交谈。但在这里,"天涯"只发了一个微笑的表情符号,这就是含蓄的结束语。在这里,表情符号已经单独承担了表达的功能,独立传递了具体的语义。

有心理学家曾归纳出一个公式,社交结束用语一般由以下几部分组成:谈话内容小结、理由、积极影响、持续性和祝愿。例如:嗯,你的意思是我应该做自己想做的事情(谈话内容小结),但是很抱歉,我现在必须把剩下的工作完成(理由),希望我们以后能多聊聊(持续性),祝你有个好心情(祝愿)!但在社会化媒体上聊天交流,我们就显得随意很多,不会在互联网上也按照现实语言生活的方法说"我们的事情谈完了,谢谢你",或者"我们的交谈很愉快,再见,期待下次再聊",而会采用一些灵活多样的方式，发一个很 Q 的表情就是其中一种。上述例子中，"偶然"发了一个微笑的表情符号，只有表情而没有给对方可展开的话题。微笑表情符号在这里的意思就是，"好的，就这么说好了，我还要去忙别的事情，再见！"

当然，表情符号也可以用来问好、寒暄。比如，在和他人交流之前发一个笑脸，类似于"嗨，您好！"，这就比干瘪地问"在？"受人欢迎得多。当我们突然加入一个讨论群或者讨论小组的时候，也会习惯于发一个友好的表情符号，表达的基本意思是"大家好！我来了！"；这个时候，比较有礼貌但是暂时不想展开话题的群内成员也会纷纷发出表情符号，表达的意思是"您好，欢迎您！"。在这里，表情符号与文字共用或者单独使用，形成了一种新的双重模式书写系统。

有研究者通过对 323 条消息样本的详细分析显示，表情符号主要具有以下三种寒暄功能[①]：

第一，用于开场。微笑或类似的表情常用在对话开头用作打招呼、问好，使发送方按其原意呈现积极的表情，给信息增添快乐愉悦的语气或情绪。

第二，用于结尾。类似短信或推文的简短消息一般会比较突兀地结束，所以有时候看起来像发送方在拒绝或驳斥接收方。如果这种情况下，加上一个适当的圆脸表情符号，效果就大不一样。在这里，表情符号的作用就是降低让接收方误以为拒绝的风险，肯定对话双方的友好关系。

第三，避免沉默。在面对面交谈中我们会用一些安全话题填充交流的沉默间隙，例如聊聊天气，顺便表扬一下对方的着装，感叹一下中午饭菜的口味等。但在文字交流中，这种间歇性的沉默则不好用另外的文字来化解，这个时候，一个表情符号就可以消除潜在的尴尬。

有研究显示，对于一个深谙网络交流技巧的人来说，基本上没有任何一条问候语是只有文字而没有表情符号开头的；同样的，也没有任何一条结束语是只有文字而没有跟着表情符号的。表情符号俨然已经在网

---

① 马赛尔·达内斯，《占领世界的表情包：一种风靡全球的新型社交方式》，译者：王沐涵，版权方：蓝狮子，杭州蓝狮子文化创意股份有限公司授权知乎（北京智者天下科技有限公司）。电子版。

络语言生活中取代了传统的问候文字，网络新媒体的编辑们显然已经深谙此道，各大媒体官方微博的编辑们在回复网友评论时对表情符号用得得心应手。《中国青年网民网络行为报告（2016—2017）》显示，聊天时使用表情符号，已是青年网民们必不可少的输入习惯，使用次数最多的表情，总计高达75亿多次。

从1982年第一个网络符号笑脸"：-）"产生到现在，丰富多样的网络表情符号已经从网络语言生活中的"新星"成为"常客"，人们在使用它们的时候已经没有新奇感，也往往不是为了要突出个性、吸人眼球，更多的是一种下意识的习惯，好像唯其如此，表达才是完整的、合适的、符合交际礼仪的。尽管表情符号也复杂多变、形式多样，但从语言学的角度来看，所有表情符号的本质都是一样的，都是交际手段，尽管它们主要出现于社会化媒体的非正式文字信息交流中，但这种交际手段已然成为现代人网络交际的必备能力。

网络表情符号强大的副语言功能和特定情境下的表达功能，对身在社会化媒体中的每一个人提出了要求，我们需要掌握一些网络表情符号的含义，了解在交流互动中的文字、声音、符号的传播规律，能根据一定的对象、一定的主题恰当地使用表情符号营造氛围、补充信息或者委婉表达。

第三节　表情包

整个世界都不可理喻，为什么我的画一定要合乎情理？
——巴勃罗·毕加索

现代传播技术的发展让原本偏向于听觉传播的语言越来越偏重视觉传播。网络语言更是如此，集图像、Logo、表情、音响以及言语、文字、超文本于一身，成为人类传播的超级语言。[①]无论哪种形式的新网络语言都起到很好的人际互动作用，表情符号和表情包就是互联网传播中极具

---

① 曹进. 网络语言传播导论[M]. 北京：清华大学出版社，2012.

代表性的网络语言,尤其是表情包,是社会化媒体兴起后最具有代表性的网络语言之一。

2017年7月18日,教育部、国家语委在北京发布《中国语言生活状况报告(2017)》,"表情包"入选2016年度中国媒体十大新词,这可以说是一个标志,标志着非文字的符号成为显性的网络语言,也成为网络主流话语的重要构成。从表情符号到表情包,网络媒体用历史上最短的时间,完成了现代语言生活的一次革命。

表情包来了

现在社会化媒体中的聊天表情大致可以分为两大类:一类是上文所谈及的两大类表示表情的符号,包括符号组成的图画式表达"颜文字"和社交软件中的各种表情符号"图文字";另一类是文字和图片相结合的图片表情。第二类聊天表情常以当下的流行文化为基底,以明星、语录、社会现象或热点、影视截图为素材,配上简短幽默的文字,制成或静态或动态图片,用以在交流沟通过程中表达特定的情感。因为这类图片表情常常成对出现或成组出现,因此也被称作"表情包"。

表情包在社交软件活跃之后,迅速形成一种流行文化。在过去的几年里,表情包迅速地占领了各大网络社交平台,因其新鲜、有趣的创意和搞笑、幽默的画风,成为年轻人在社交软件上聊天时最常见的网络言语行为。

随着智能手机的全面普及和社交应用软件的大量使用,表情包已经高频率地出现在人们的网络聊天对话当中,数量庞大、品类繁多,甚至形成了一种新的表达形式。如今,包情包已经不是年轻人的专利,上至老头儿老太太,下至几岁小孩儿,全民都在使用表情包。不同年龄段、不同文化圈层的人在创造和使用表情包时有明显的偏好,不同风格的表情包亦能体现不同年龄段、不同文化圈层的人不同的审美旨趣和文化品位。2017年,搜狗输入法与共青团中央共同发布的《中国青年网民网络行为报告(2016—2017)》显示,女性每人平均每天使用表情包2.84次,男性每人平均每天使用表情0.74次。在过去的2017年，哭笑不得的表情使用次数最多，成为最受欢迎表情。

当手机短信都支持表情包输入和接收的今天，我们是应该做一个严肃的讨论了：表情包为什么受欢迎？

第一，意义丰富，表达快捷。"表情包"可以利用图片来表示感情，只需一个点击动作，一个表情包就能够提供丰富的意义解读，而不用说很多话、打很多字，简约、方便。部分表情包还具有替代文字的功能，比起文字的叙述来更简洁明了方便快捷；尤其是动图，某种程度上，动图传递的信息远远超过了文字和静态图片。

内心最深处的情感和愿望可以用单独一个表情包来描述，自然受到人们的喜欢。各类对社会化媒体和互联网用户的调研报告显示，社会化媒体用户的学历结构越来越好，高中以上比例的用户占了绝大多数，他们有一定的文化水平和较高的素养，他们的智慧与才情、机智与俏皮，都以表情包为试验田。人们基于对生活的理解所创造的幽默风趣的各类表情包是对平庸枯燥刻板生活的温和反抗，既在交流互动中展现了个人独特的个性，还能在无声中引起他人的共鸣，让不见面的网络社交互动也生动有趣。

人们在使用社会化媒体时，往往是在移动终端，有限的社交媒体空间加上有限的手机屏幕空间，自然影响到我们对中文汉字的使用，人们尽可能短、省地使用汉字。即使是使用文字，因为每个人的表达能力不同，还往往有词不达意的时候，出现"说者"和"听者"对于传递的讯息理解不一致的情况，表情包则避开了文字这"误会的根源"，一张简单的图片或者一个简单的动图就能直接地传递情感、态度、情绪和意义。

第二，视听结合，更有张力。表情包之所以能够大范围地传播并成为流行时尚，不仅仅是因为其弥补了文字交流枯燥和情绪态度表达不准确的弱点，有效地提高了沟通效率，更因为表情包可以实现醒目、新奇、谐谑等表达效果，与年轻人张扬个性和搞怪的心理相符，也和人们碎片化的阅读习惯及大众的自嘲文化相关。现代年轻人的网上交流多用表情包来代替语言，这让他们觉得方便，而且很时尚。

在网络应用场景下，表情包是日常语言生活的艺术化表达，富有创意的表情包，不仅可以增加交流的乐趣，还能收到意想不到的表达效果。在我们当下所处的读图时代，比起中规中矩的方块汉字，各种图片式、动态式的表情包显得更有张力，其夸张的形式能一下子吸引眼球，在这个表达过度的时代是彰显个性、引人注目的好方法。表情包是个时尚的大舞台，吸引着年轻人去创造、设计、传播、推广和使用，可以这样说，表情包的出现及兴盛和现代人的生存状态、思维状态息息相关。

第三，话在图内，意在图外。简单地说，表情包表意模糊，多义项；表意虽不精准，但内涵丰富。每个表情包都有文字、画面、动图直接呈现出来的内容表达，还有蕴含在表情包风格、类型、画风下的文化意味和情感心态的传递。如今，表情包的品种极其繁多，从古今中外的人物，到各种各样的动物，到形形色色的卡通，再到层出不穷的视频配图，或呆萌可爱，或幽默搞笑，或冷峻自嘲，或深沉反思，每个种类背后都是一种社会文化、社会心态的反映，或者几种社会文化、社会心态的叠加，有着非常丰富的意义层次。

文字本身的缺憾使我们在网络上不得不求助于更丰富的手段来弥补不足，正如陈原在他的《社会语言学》中所说："现代社会生活的某种特殊情境，不能使用或不满足于使用语言（有声语言或书写语言）作为交际工具，常常求助于能直接打动（刺激）人的感觉器官的各种各样的符号，以代替语言，以便更直接，更有效，并能更迅速地做出反应。"[①]就连用表情包说个"谢谢"，也可以选择不同的版本：萌系可爱的各种卡通动物、卡通人物加一串"小心心"和飞吻，表示心情愉悦而且示好；鞠躬弯腰的动图上配着"谢谢老板"的文字，传达着恭敬，或者是熟人间的调侃，如此等等。如果说字符符号、表情符号是网络语言生活中的副语言，那么表情包可以说是语言本身了。

谁在表情包

中国社会化媒体的快速发展也带来表情包的快速发展。表情包逐渐

---

① 陈原. 社会语言学[M]. 上海：学林出版社，1997：154.

形成一套通用、流行的网络话语表达体系，"表情包文化"也逐渐进入主流文化视野，成为一种无法忽视的网络文化现象。

人们在社会化媒体中使用表情包最初都是免费的，但在取得一定的用户规模后，如此强大的需求也促使社会化媒体应用酝酿对用户的收费问题。2013年8月，当微信升级到5.0版的时候，就推出了收费表情包服务，这也是配合新版微信的主打功能之一"移动支付"。微信的表情商店里推出了五款收费表情包，每一款的价格为6元。尽管大多数用户仍然表示了抗拒，但从这样的服务产生能看出表情包的使用需求很旺盛。陌陌2016年第一季度推出的付费表情，营收就高达70万美元。在日本，与微信类似的即时通信应用Line，已经在收费表情方面取得了一定的收益。据称，Line一个季度可收入5800万美元，其中贴图表情收入占30%。它还为企业提供付费的表情定制服务，只要肯花钱，就能创建自己的专属表情。①

能够进入表情包的素材越来越丰富。第一大类是人物，包括明星、普通人、影视剧角色。明星的范围也很广，从影视明星、歌坛明星到体育明星，中外皆可。微信的表情库曾推出的收费表情包就有明星表情包，一套收费6元，其中广受欢迎的"邓超"表情包，据称一个月卖出数十万套，收入200万以上。微信后来很快就改变了做法，除保留部分明星的收费表情包外，其他表情一律免费下载，转而鼓励用户给自己喜欢的表情包设计者打赏。

韩国小男孩宋民国因参加KBS 2TV真人亲子秀节目《超人回来了》而被大众熟知，其可爱、呆萌而细腻的表情也迅速成为表情包素材。2014年宋民国表情包在Kakao Talk（韩国的一款即时聊天型社交软件）正式上线，表情包所有收入全额捐赠给绿色雨伞儿童财团，帮助生活环境恶劣的弱势儿童度过寒冷冬季。②表情包的传播进一步提升了宋民国的知名度，很多中国网友也因为表情包而去搜索这个可爱小男孩。有知乎用户表示："对民国的喜爱是那种做了不开心的梦或者起床气还没消的时候，

---

① 胡晓萍，巩育华. 微信5.0部分表情符号成了收费项目[N]. 人民日报，2013-8-23.
② 陈芮. 宋一国三胞胎表情包面市，所获金额全部捐赠[EB]KpopStarz中文网，2014-11-25.

打开手机看到手机壁纸就忍不住翘起嘴角的;是看到知乎上有人给了一个不敢苟同的回答但是配了张民国表情包也能随手给个赞的;是和男朋友吵架对方甩了一堆小可爱的动图顿时就气不来的。"①这段描述正是社交媒体用户对表情包功能的最生动的阐释。

普通人的动作表情也经常拿来做表情包,有使用者本人自己生产的,也有文化公司、传媒公司包装的,只要是有意思的、有趣的画面、动图都可以拿来制成表情包。用户自己制作的表情包往往在小范围的网络社交圈使用,经过传媒公司、网络公司推广的包情包流行范围更广。

影视剧角色也是表情包的常客,从现代剧到古装剧的主角、配角皆有。这类表情包往往自带经典台词,有的也经过二次配音或者另外配词。在古装电视连续剧《甄嬛传》火了以后,由女演员蒋欣扮演的华妃以其嚣张跋扈、心胸狭隘、心狠手辣的形象性格而深入人心,其表情极具辨识度,在剧中也金句频出,因而被制成各种版本的表情包。尤其是她翻着白眼,一脸嫌弃地说"贱人就是矫情"的表情包甚为流行。

当然,能够成为流行表情包的人物至少要具备两点:第一,外貌特征明显,辨识度高;第二,表情要极其丰富。丰富不等于夸张,但可以提供更多场景下的情绪表达。因为表情丰富,所以每一个表情包都代表很细致的具体情绪,使得我们想要表达某种情绪的时候,可以很容易找到非常精确的表情,这就是使用表情包的最初的、也是最大的意义所在——充分表达使用者的情绪。是否有高辨识度和表情是否丰富,这两点决定了表情包是否被大众接纳,也共同决定了表情包在市面上的生命周期的长短。

表情包的第二大类是动物,包括现实生活中各种可爱的动物,尤其是和人类相处融洽的猫、狗等小动物;也包括各种卡通动漫里的动物造型,如熊本熊、阿狸、悠嘻猴、兔斯基、绿豆蛙等,这类表情包的代表是兔斯基。

兔斯基是一只臂软、脖粗、眼眯、有些贱兮兮的兔子,时常出现在MSN 和 QQ 里。在微信的自定义表情组里也有兔斯基表情包,一套 16 个,很符合微信常用人群的网络习惯和心态,是很多微信用户使用频率

---

① 参见知乎: https://www.zhihu.com/question/47762575?sort=created.

较高的表情包。它用脑袋砸墙，它捂嘴偷着乐，它四肢波浪般扭动，它头顶星光闪亮……作为表情传达者的兔斯基没有表情，所有情绪靠肢体动作来表现。①

兔斯基是中国漫画家王卯卯创作的一套动画表情，是许多中国动态图的灵感来源。王卯卯创作兔斯基原型的时候，还是一名在读的大学生，和很多年轻人一样，有生活的迷茫和压力，有内心的澎湃和激情，在生活当中情绪激动的时候总想用夸张的动作去表示内心的想法，可是现实的交际规则又使得他们不好意思这么做。于是王卯卯就把这些内心的想法投射到这只兔子上，也让很多年轻人在它身上找到了自己的影子。所以 2007 年，迟迟未能在中国上市的摩托罗拉新品 Q8 在寻找一位偶像级人物作为代言人的时候，出人意料地选择了"兔斯基"。摩托罗拉给出的理由是："新潮、多才多艺并极富幽默感的兔斯基，体现了通信达人热衷于表达自我的本性。"这只有着白色长耳朵、没有鼻子和嘴巴、只有眼睛的兔子成为表情包之后，除了游戏的心态和表面的恶搞，又增加了故事性，承载了更深层次的内涵和社会思想。它有时乐观，有时消沉，喜欢自娱自乐，富于想象力，会多种动作，热情单纯，随和又随意。除了中国的年轻人，越来越多的现代人在兔斯基身上看见了自己，它自嘲的态度、嗫瑟的样子也深受很多其他亚洲国家、北美和拉美的社交媒体用户喜爱。

表情包的第三大类是各种搞笑动图。《纽约时报》甚至预言动态图会成为传递信息的"第三种语言"。由于移动通信技术的进步和大量通信程序的开发，动图"已经成为一种主流的数字化表达，它通过非文字甚至非图片的方式传递着人类复杂的情绪和想法"②，《纽约时报》评论道。

社会文化风向标

明星、社会知名人士、影视剧角色大量成为表情包的主角，表情包

---

① 引自搜狗百科 https://baike.sogou.com/v613584.htm?fromTitle=%E7%8E%8B%E5%8D%AF%E5%8D%AF，2018-4-9.
② 动图成为流行文化 社交媒体的"第三种语言"[Z]. http://edu.163.com/15/0902/11/B2GLL5A400294MBE.html，2015-9-2.

也因此成了观察当代中国名人文化、社会文化和影视文化的窗口。

曾经有一套很流行的表情包,主角是电视剧《人民的名义》中的角色达康书记。在剧中,由演员吴刚饰演的达康书记"内有妻子坑、外有下属瞒、上有前任留的债、左右还有同僚踩",角色形象丰满,吴刚的演技精湛,受到观众的追捧,吴刚也成为这部反腐大剧的流量担当。当下老百姓对反腐题材的关注和对清廉干部形象的认可进一步推动了"达康书记"的热度。一时间,专业人员和非专业人员纷纷为"达康书记"甚至为吴刚制作表情包。"别低头,GDP会掉""请开始你的表演"等相关表情包风靡网络,盛极一时。

社会化媒体给予每个用户参与互动和生产内容的可能,表情包新奇、有趣,表达省时省力、内涵丰富,表现力强,因此成为大众喜闻乐见的表达方式。与创造网络新词新语需要一定的文化水平不同,制作表情包的技术含量低、入门快,对文化水平的要求相对不高。大众参与表情包制作和传播的热情更高、范围更广、更新更快,表情包成了社会心态和社会舆论的另一个风向标。

除了娱乐明星,社会知名人士的图片也常被做成表情包,从中能窥见社会心态的明显变化。"在涉及时事的表达中,表情包是一种公共修辞策略,其实就是对政治分寸、传播潜力、语义结构、话语安全与修辞智慧的不断拿捏和试探。正因其解释的模糊性,各种解释之间不再像书面文字时代是一种被压制与服从官方话语解释的关系,话语霸权被极大地稀释了,这些图像叙事体现出一种独特的草根立场。"[1]

近几年很受欢迎的系列表情包的主角是外交部发言人:外交部新闻司副司长兼外交部发言人华春莹,短发精干、微笑甜美;外交部礼宾司司长秦刚,气质亲和;洪磊,妙语连珠;陆慷,不卑不亢;王毅,外交部部长、党委副书记,不怒而威的表情特别受欢迎。这些表情包正是网友爱国情怀的表达以及道路自信、理论自信、制度自信、文化自信的反映。主流新媒体也利用这些表情包来吸引用户的关注,帮助用户了解中国外交政策和立场。"央视新闻"还曾专门制作了一套王毅外长的"表情

---

[1] 郑满宁. 网络表情包流行与话语空间转向[J]. 编辑之友,2016(8): 42-46.

包",推出的新闻标题为"王毅外长的'表情包'正在袭来"。①《中国青年报》的《中青报·中青在线》在十一届全国人大一次会议新闻中心记者会结束后第一时间也推出王毅的表情包,推文标题为《刚刚!外交部记者会王毅部长金句频出,快来收表情包!》,通过表情包对记者会的内容做了回顾和梳理,读来生动有趣。更多的媒体也在"两微一端"运用外交部的表情包进行内容表达或者新闻阐释,进一步带动了网络社会对我国外交事务的关注。和文字表达能力、口语表达能力、现代办公设备操作能力一样,会用表情包、能做表情包,成了新媒体从业人员必备的基本技能之一。

"绿色"表情包

随着社会化媒体的"泛娱乐化"发展,除了专业公司和媒体制作表情包以外,大众也尽情参与到表情包制作中,网络涂鸦表情包成为流行的网络景观。和现实世界的涂鸦不同的是,网络涂鸦用修图软件代替了喷漆罐。通过涂鸦,原有表情包被解构、被重新编码,形成颠覆传统审美的新图像。和一般表情包制作意图不同的是,网络涂鸦与"网络恶搞文化"一脉相承,意图用滑稽的、莫名其妙的无厘头表达特定的意义。看上去涂鸦表情包各式各样、内容丰富,其实质都是追求刺激的视觉效果,隐晦表达自己的非主流的主张,回避权利规训的风险。正如鲍德里亚所说:"效果战胜了原因,即刻性战胜了深度的世界,外表和纯粹客观化战胜了欲望的深度。"

例如"杜甫很忙"系列涂鸦,将古典文化中爱国诗人杜甫的形象解构为离经叛道的古惑仔形象。通过涂鸦,网民实现了对经典的解构,传达出随心所欲的颓废、玩世不恭;也通过出奇搞怪的涂鸦,吸引社交网络中的注意力,获取他人的关注、点赞、模仿和转发,从而收获满足感。

---

① 王毅外长的"表情包"正在袭来[Z]. https://mp.weixin.qq.com/s?src=3&timestamp=1523239990&ver=1&signature=vpRcnDWL4y-O1NScjqfxBhgwSnJGMIjv1sdNvkDUCNaoOdB7g6OOf85XjGIK8Y*RjX3CUntPj9nLgeAaUzBCgYXSVDRb4ShwhUlBT4yw4abzDUQaULIhpD23GZVSQEMrHbV1KMPmGqUtPK2dTXvIQ.

但需要注意的是，审丑狂欢的背后，涂鸦表情包演变成了"娱乐的大麻"，麻痹了大众的神经，青年网民会因过度依赖丑陋的视图表情，而丧失了主体意识、深度的思考和独立判断能力，在自我麻醉的狂欢中失去"自我"，变成"异化"的群体。①

现实世界鸿沟壁垒的人际关系通过网络语言的交流而改善，但也可能，在繁荣的表情包交流背后是虚假的真实感，情感的传递在缺乏真实细致表达的交流中日益虚弱化。社会化媒体的开放、互动、实时，都给人一种假象：这就是生活本身，而且它如此自由。网民们沉浸在社会化媒体平台搭建的各种社交网络中，以半隐匿的身份使用这种自由、刺激、任性的网络语言，放松甚至放纵，创作、涂鸦，生产并传播着大量的表情包。有的人热衷于用表情包恶搞别人进行娱乐，结果不仅对他人的心理造成伤害，还侵犯了他人的肖像权，甚至对他人造成人身攻击。

2015 年，满橙公司制作和发布《非诚勿扰 3》动画及动态表情，并提供了"非 3QQ 表情安装包下载"，因男主角的动画形象特点与演员葛优相同，故葛优将该公司告上法庭并最终胜诉。

2016 年，演员葛优将"艺龙旅行网"起诉至法院，因艺龙在微博中使用了"葛优躺"的表情包，侵犯了其肖像权。后来艺龙网在微博上刊发了道歉声明。

2017 年 8 月 18 日，网上出现一组截取纪录片《二十二》"慰安妇"老人头像为基础制作的动图表情，配以"无语凝噎""我觉得我很委屈"等文字。《二十二》是讲述 22 位在日本侵华战争中慰安妇幸存者的长篇纪录片，上映后已取得过亿人民币票房，社会评价良好。制作"慰安妇"表情包这种用民族伤痛来娱乐的行为引发社会公众强烈愤慨。上海市公安局在例行网络巡查中发现"慰安妇"老人表情图像后迅速开展调查工作。8 月 27 日，上海公安局官方微博@警民直通车—上海发布消息称，警方调查认为：相关企业为追求商业效应和经济利益，不顾道德底线"蹭热点"，罔顾民族情感"博眼球"，非法制作、传播带有戏谑色彩的"慰安妇"老人表情图像，已经对"慰安妇"老人的苦难历史形象和社会评

---

① 蒋建国，李颖. 网络涂鸦表情包：审丑狂欢抑或娱乐的大麻[J]. 探索与争鸣，2017(1)：131-136.

价造成不良影响，因此，对涉事企业及人员应当依法查处。据上海警方通报，制作"表情包"、戏谑"慰安妇"的涉事公司被处以警告、罚款人民币1.5万元，并处停止联网、停机整顿两个月的行政处罚。

以上这些案件是由于当事人或者网友的举报引起了警方的关注，可还有太多的表情包游走在违法犯罪边缘。由于网络表情包是图片格式，只能按色块搜索，无法像监管文字一样对敏感词、敏感字进行关键词搜索然后进行有效的批量处理，这造成网络表情包盛极一时的传播现状，也暗含着很多隐患：一是网络表情包的涉黄问题及其他有违公德习俗的问题。有的表情包的图画或文字上出现色情、暴力内容或触碰道德和法律底线的内容，对于这一类表情包必须坚决抵制。二是肖像权侵权问题。

不管是明星还是普通人，都拥有自己的肖像权。按照法律规定："公民享有肖像权，未经本人同意，不得以营利为目的使用公民的肖像。"当明星的图像被专业公司做成表情包营利时，当普通人的图像在不知情的情况下被随意转发时，当社会公众人物的图像被故意丑化、恶搞时，我们需要从制度、规则和法律条约的角度来思考，如何界定表情包版权问题，如何界定表情包版权侵犯肖像权的问题，如何界定冲击社会公认的道德和秩序的问题。

作为新的网络表达形式，表情包的创作和使用需要遵循我国法律的禁止性规定。根据表情包中原创性内容的占比不同，还需要对表情包侵犯版权问题进行不同的界定，同时制作者和传播者也应视情节严重程度给予不同程度的处罚。目前，还未有专门关于表情包侵权问题的法律条约和社会具体规范，现有法律条款对规范表情包的创作和使用基本上够用，只是散见于不同部门的法律法规中。

随着社会化媒体应运而生的表情包，是网络语言生活中的新事物，是一种新型的语言符号，如果建立在平等、友好的交往基础上，那就是积极的交际符号，但是各大社交平台或社交软件上使用的中文表情包需要进一步规范。我们一直走在对网络语言探索的路上，需要秉持"绿色环保"的语言生态理念，这样方能给网络语言生活以碧海蓝天。

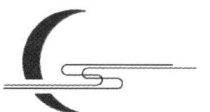

财富的用处是消费,而消费的目的是为了光荣或善举。
———(英国)培根《论消费》

第五章
社会化媒体下的消费生活

有网友在微信朋友圈发出感慨:"时尚女性的消费习惯:走自己的路,穿模特的衣,吃闺蜜喜欢的东西。自觉分享,主动传播,闻风而动。年轻女性,无不是三三两两,一起洗脚按摩,一起喝酒唱歌,一起相亲拍拖。"[1]这段话虽是戏言,却生动地反映了社会化媒体时代我们被改变的消费生活。

社会化媒体网络正发展为"连接一切"的生态平台,社会化媒体应用的功能日益完善、丰富,从即时沟通、新闻推送、视频直播、支付交易、游戏到公共服务等,都可以在社交应用上实现。覆盖多领域的平台化发展趋势明显,用户生产内容和平台功能逐渐融合,用户黏性不断增强。同时,社交网络加速了互联网商业模式多元发展,基于社交的营销服务和移动广告成为最活跃的领域,与社交圈、位置服务等功能相结合,网络营销更加精准化、个性化,成为电子商务新的流量入口。[2]

在社会化媒体网络下,人与人的直接关系被激发和强化,这种关系,可以带动产生人与物的关系。同样,很多垂直化社区或社会化媒体产品以"物"为中介、以"内容"为中介或以其他对象为桥梁,反过来搭建起了人与人的关系,比如大众点评网,比如豆瓣,比如知乎,比如抖音。

社会化媒体发展到今天,无论是信息传输的速度、在线的人数,还是个人数字移动通信设备的保有量,都足以让我们的日常生活无时无刻

---

[1] 引自本书作者好友"果叔"的朋友圈。
[2] CNNIC《第41次中国互联网络发展状况统计报告》,第36页。

不处于"社会传播"的覆盖范围,社会化媒体传播已经达到一个社会需要的理想水平。社会化媒体的核心关系是人与人的关系,在这个基础上建立的具有相同兴趣和品位的圈子、社群,让人们找到基于分享、互助带来的信任,口碑效应重现魔力。社会化媒体集视觉、听觉手段于一体的表现形式,即时、便捷、互动的传播特点,更加有利于消费内容的推广和口碑、品牌的建立。

第一节　主动的商家,互助的用户

> 占领市场必先占领消费者的心灵。
> ——(美国)李奥·贝纳

在重庆一家广告公司工作的霍小姐准备周五下班的时候约上大学时代的两个闺蜜聚餐,川菜是她的第一选择,因为都是女孩子,想说些体己话,打算除了按照商圈、距离、类别、价格来选择美食之外,还新增了 8 个美食标签:休闲小憩、闺蜜约会、约会圣地、带娃吃饭、朋友聚餐、工作餐、下午茶、夜宵。于是,霍小姐从"闺蜜约会"点击进入,经过智能排序,一家距离较近的名为"××酒馆"的餐馆吸引了她的注意。这家餐馆有网友点评138条,评价统计如下:服务热情48条,菜品不错29条,味道赞28条,肉类好13条,环境私密10条,夜景赞8条,文艺清新 6 条。看来还不错,霍小姐决定深入了解一下其他网友的评价(以下内容依据为2018年4月10日大众点评网)。

网友 daniel168:观音桥附近玩耍,就来他家种草,现将此次用餐体验总结如下:[环境]四星半!他家在×馆旁边×栋,楼对面是××银行。他家窗外的风景不错,可以看到五光十色的街区。共有两层,虽然不大,但是整个设计很温馨。[口味]四星半!其实看着菜不多,本来还担心两个人吃不饱,吃下来才发现,他家不仅味道很好,而且两人餐的分量也挺足。那个小炒肉香辣可口，很入味。烧椒鲫鱼很香，鱼肉细嫩。连他家的那个黄瓜，都很用心，加了花椒，爽脆入味。[服务]五星！老板娘很漂亮，老板也很帅。服务热情周到。秒杀的两人餐性价比很高，推荐！（推荐：烧椒鲫鱼）

  网友L姜姜：位置在××街的×号楼也就是××馆的楼上啦，挺好找的，店里上下两层，其实并不小，但不知道是不是清明节的缘故人气真的炒鸡旺！！满座了，厉害了！它家厨房是单独在隔壁的啦，所以不会有油烟的困扰，服务挺棒的，店里帅哥美女都很热情，上菜速度不错，忙中有序。[烧椒鲫鱼]它家辣椒真的很霸道，贼辣O.O，很适合下酒啦，味道不错，鱼肉尝不出腥味，我这种平时不吃鱼的人也能接受。[湘西小炒肉]比较家常的一道菜，大葱和辣椒混着炒的肉，肉肉干香整体挺下饭的。[活捉凤尾]凉菜的料打得也是很棒棒了，朋友一直不停地吃吃吃也是足以说明合口了，不过稍微干了一点，不是太好拌匀。[醋泡小藕带] 第一次尝试咦，嚼着有点像大葱，不过没有那种辛辣的葱味儿，本身的味道淡淡的，然后做成了酸口的小泡菜的感觉。两个人五个菜没吃完，分量是足的，川味儿小酒馆，值得一试。（推荐：小炒肉、烧椒鲫鱼）

  网友monic610：（节选）店铺有两层楼，环境比较小清新，适合朋友聚会小酌几杯，然后聊聊天，私密性老板也注意到，会用到唯美的纱幔来隔断，一下子就突出了细节的把控。……跳跳骨：这个菜脆骨感觉肥肉较多了一点，但非常脆爽，但我更爱签签牛肉。泡脚爽脆：黄喉是很小条的切法，与烫火锅不一样，可能是对火锅的黄喉的印象，所以有点失落感，味道个人感觉一般……

  网友tendernessN：（节选）孜然排骨很入味超香，那个龙利鱼汤好喝，就是稍微有点咸了，酒好喝！想买几瓶回去，外地的同学都说能不能快递啊2333，老板娘简直温柔又可爱，还会问菜品合不合口味……

  ……

这家餐馆的评价很快打动了霍小姐，褒贬都有，所以看上去很值得信赖的样子。环境、格调甚至老板的风格，都是霍小姐想要的，她甚至从评价中已经拼凑出了晚餐的必点菜品和陷阱菜品。

用了这么多的笔墨来引用网友的评价，是想证实：用户有足够的智慧生产内容；以内容为中介，以对象为桥梁，可以搭建人与人的关系，在这里是以"评价"为中介，以"××酒馆"为桥梁搭建起了客户和客户之间的关系。社会化媒体的传播方式改变了我们消费时的选择策略。

从 2005 年开始，"大众点评网"开始在食客圈中声名鹊起。食客们在网站上对美食和餐馆的褒贬专业且尖锐，被点赞的餐厅因此生意兴隆，而得到不利评价的商家则损失惨重，因而要求网站撤销用户点评，或者取消其作为点评对象，有些商家甚至把"大众点评网"告上了法庭。"大众点评网"创始人兼 CEO 张涛面对诉讼时说："我们出发点很简单，我们相信大众的智慧可以创造神话。大众点评网就是来自众人智慧的点评。"[①]最终，大众点评网赢得了这场官司。这是互联网发展史上的一个小事件，却是促使当代中国人消费行为、消费心理、消费习惯改变的大事件。

社会化媒体传播颠覆了传统的单向传播沟通方式，每一个消费者作为用户都参与了社会化媒体的多向传播，过去的、现在的、潜在的消费者，都参与着对商品以及消费行为的评价和分享。在极细的社会分工下，每个人的消费知识都是有限的，而专家咨询的时间成本和人力成本都会很高，这个时候，我们往往依赖广告——铺天盖地、无时无刻不在的广告，有人呼吸的地方，就有广告——因为我们别无选择。广告成了我们现代消费生活的引领者。而今天，这种情况有所改变，我们有了新的选择——我们自己。作为消费者的我们，在社会化媒体时代，终于开始彼此依靠。社会化媒体，正在颠覆我们的消费生活。

---

① 大众点评网张涛：用大众的智慧缔造神话[Z]. http://www.sfw.cn/xinwen/116923.html.

觉醒的消费者

前脸谱网工程师杰夫·哈默巴赫（Jeff Hammerbacher）曾经发出著名的抱怨："我们这一代中最聪明的人竟然都在思考如何吸引人们点击广告。"①这是一句无奈的抱怨，在互动传播盛行以前，消费者也只能依赖广告、信任广告。

在消费时代的中国，大型卖场在规模上以及产品的数量上让消费者难以把握，即使是在小型零售市场上，商品也是琳琅满目、令人眼花缭乱。我们无法迅捷地找到个人所需，就如同商家无法快捷地找到我们的需求来满足。消费需要与消费信息的不对称，消费需要与消费供给的不对称，让消费者很难去把握消费市场的苗头与动向。在海量的商品里，我们别无他法，只好依赖广告，信赖"消费顾问"。但社会化媒体的盛行带来了这种情况的转变。人们意识到，主动地参与评论、分享、转发是有互助价值的，在社会化媒体中，如果做到"我为人人"，就能实现"人人为我"，其路径之一就是网络口碑。网络口碑是一种以消费者为主体的沟通活动；该沟通活动需要借助电脑媒介和互联网平台；沟通的文本是消费者的消费体验。②

这种情况出现在一切社会化电子商务的消费点评上，如大众点评、淘宝、京东、天猫、携程、美团，等等。当人们发现线上的商品比线下更加海量而无从选择的时候，当人们发现线上也有广告也有竞争排名的时候，主动寻求用户自主生产的内容就变成一种更可靠的参考。从他人的内容中获得的实际帮助又激发了人们参与内容生产的热情和责任。

有实证研究表明，网络评论对购买决策过程有很大影响：一是网络评论对购买动机引发和强化有重要作用；二是网络评论是信息搜集极具参考价值的重要来源；三是网络评论构成评价标准持续影响产品的评价选择；四是网络评论在购买行为过程中发挥重要的影响作用；五是网络

---

① 凯文·凯利. 必然[M]. 周峰，董理，金阳，译. 北京：电子工业出版社，2016: 322.
② 陈素白，章怡成，高诗劼.锚定效应在网络口碑领域中的考察——以豆瓣电影在线评分为例[J]. 国际新闻界，2016(3): 34-48.

评论持续影响购后行为并促进再消费。①

在上述例子中，在线评论有 138 条，作为餐馆的重要信息，可信度较高，很有参考价值。但由于在线评论数量太多，霍小姐也在通过自己的标准筛选信息，她比较关注的是对环境的评价和服务的评价，同时，如果一条评价有正面评价也有负面评价，会让她觉得可信度更高，对这条评价的正面内容和负面内容的认可度都会提高。"在北京、上海、广州等城市，我们已经基本上接管了都市白领们的味觉神经。"这是张涛十几年前说的话，而事实上，大众点评网走得比"美食发现之旅"更远。"尊重大众，有大众才有我们"，这是张涛的口头禅。Web2.0 精髓就是用户体验。②

这种情况也不仅仅发生在社会化电子商务和消费点评中，还出现在类似豆瓣、知乎、果壳等以用户创造内容（UGC）为主的平台。Kantar Media CIC 提炼的 2017 版中国社会化媒体格局发展趋势最重要的一条就是功能与内容的融合。用户创造内容、平台功能、社会化商业的融合模式（户创造内容+平台功能支撑+意见领袖影响），这三种运营方式的界限会越来越模糊。下面以"豆瓣"为例来分析，之所以选择"豆瓣"，是它文艺小清新的风格正好与充满市井烟火气息的大众点评网形成鲜明对比。

形散神聚与形散神似

在豆瓣，用户和用户之间有许多互动的可能，评论只是其中主要的一种方式。用户在豆瓣是内容关系的主宰者，每一个个体在内容之间都起着穿针引线的作用，内容与内容的关系变得多样化，人与内容的关系变得更加灵活、自由。在用户引导上，豆瓣强调用户参与原则，用户参与得越多，收获也就越多。网站会推荐"臭味相投"的圈子，"豆瓣小组"带来丰富的群体互动，豆瓣同城提供线下聚会消息，这些内容生产和互

---

① 谢艳. 网络评论对消费者购买行为的影响研究[J]. 河北企业，2015(1): 48-49.
② 大众点评网张涛：用大众的智慧缔造神话[Z]. http://www.sfw.cn/xinwen/116923.html.

动影响了无数人对书籍、电影、音乐的消费。除了文字锚①形式的网络口碑外，豆瓣评分逐渐深入人心，这是数字锚②形式的网络口碑，尤其以电影评分影响最大。在近几年中国电影业蓬勃发展的大背景下，以豆瓣为代表的电影社区，通过用户自发描述和评论电影的模式渐渐兴起，成为电影、电视剧、综艺的重要参考平台，起着口碑宣传的作用，豆瓣更是成为影视第一风向标。

《三块广告牌》是由美国福斯探照灯公司、英国 Film 4 公司联合出品的犯罪剧情片，2017 年 11 月 10 日在美国上映，在中国并未大力宣传，也没有线上线下的推广活动，院线排片率也不算高，但很多网友还是慕"名"前去影院观看。这个"名"，很大一部分就来自于豆瓣网上对它高达 8.7 的评分。

本书作者于电影上映三天内，通过面谈和在线访谈的形式，了解了 87 位走进影院观看《三个广告牌》的观众，有超过 73.6%的观众是因为看到评论或朋友的推荐而产生观影兴趣的，而这些评论和推荐超过一半和豆瓣有关。截至 2018 年 4 月 10 日，"豆瓣电影"上《三个广告牌》的影评数量超过 2813 条，总共有 241 935 人参与了评价；有些条目被赞有用超过 4000 次，被回应超过 400 次；有些话题浏览人数超过 168 286 人次。

这种情况更明显地出现在电影《夏洛特烦恼》上。虽然这部电影在豆瓣上只有 7.4 的评分，但这是 392 124 人参与评分的结果，而且豆瓣给出的统计是："好于 69%喜剧片，好于 64%爱情片"。在豆瓣上，共有用户给出短评 125 838 条、影评 3561 条，有的影评被赞有用 9499 次，收到回应 3242 条。③在社会化媒体中看似非常零散的消费者，会基于一个主题、一个关键词迅速聚合在一起，从而产生强大的影响力。

2016 年 1 月，《消费者报道》对 195 名消费者进行了电影评分态度的问卷调查，结果显示：83.08%的消费者会在观影前参考电影评分，所有被访者中，仅有 4.32%的人完全不受电影评分的影响，电影评分直接影

---

① 文字锚指消费者在网络上发布的文字评论。
② 数字锚指消费者在网络平台上对某种特定的产品、服务、体验的分值评判。
③ 参见豆瓣网，https://movie.douban.com/subject/25964071/，引用日期 2016-4-11。

响消费者对于电影的好感认知以及是否掏钱买票观影。①所以，在用户生产有用信息与充分交流的基础上，2012年，豆瓣推出数字阅读服务"豆瓣阅读"；2012年5月，豆瓣电影开启在线购票和选座功能；2013年豆瓣"东西"推出，基于豆瓣用户的推荐，帮助其他用户发现感兴趣的商品并引导至相关的卖家；2017年3月，豆瓣上线了内容需付费的产品"豆瓣时间"。

在传统时代，消费往往是个人化的，即使很多人在一个电影院共同观影或者是很多人在一起吃"坝坝宴席"、看露天电影，也很难做到充分的、深入的交流。而社会化媒体网络为消费者提供了一个开放的社会化环境，这种社会环境虽然不一定出现在某个具体的消费活动或消费行为的当时，但是却会对消费行为、消费心理、消费方式以及消费效果产生重要的影响。在社会化媒体网络上，原本个人化的消费变得越来越社会化，看似零散的消费者，在社交网络中通过分享、点评、阅读、回应、转发，发生着千丝万缕的联系，甚至可能因为一篇文章、一个话题，而汇集了上百万人，"10万+"阅读量甚至成了对新媒体文章评价的指标之一。

的确，随着互联网的泛社交化，"社交"成为人们网络生活的主要表征，也成为消费者互助的最便捷渠道。影响我们购买行为的，不仅仅是在线评论，而是社会化媒介中我们一切可以看到的和"物""事件""体验"相关的内容，包括而不局限于：微博的推荐购买、微信群的消息、QQ群的分享、朋友圈的图文、好友消息中的链接、公众号的推送，知乎大V的文章、豆瓣小组的讨论，等等。

人们在社会化媒体的每一条互动内容，都可能促成一个消费行为的生成。也正因为如此，淘宝、天猫、京东、唯品会、美团、榛果、爱彼迎、携程等，都适时地推出了分享功能，只要进行简单的一步、两步操作，手指轻轻点一点，就能把消费品链接甚至是消费行为分享给微信好友、QQ好友、支付宝好友，分享到朋友圈、QQ空间、电子邮件以及更多的社群。

---

① 《96%人群受电影评分影响 猫眼豆瓣各有优势》，参见腾讯网：http://tech.qq.com/a/20160302/010458.htm。

社会化媒体时代充满个性化需求的消费者，也在新的消费环境下形成新的行为模式。

传统意义上，消费者行为狭义上指消费者的购买行为以及对消费资料的实际消费；广义上指消费者为索取、使用、处置消费物品所采取的各种行动以及决定这些行动的决策过程。有研究者总结了社会化媒体时代新型消费者行为的分析模式，包括关注、兴趣、搜索、购买及分享 5 个部分。

和传统互联网时代相比，消费者购物前的"搜索"行为变得更为常态化。尤其当对产品的兴趣没有足够到冲破非理性购买束缚的时候，消费者一般都会通过其他渠道采集信息，帮助自己下决心购买，或者不买。这个渠道可能是测评，可能是排行榜，可能是产品评论，尤其是差评，差评留言比好评更吸引人更容易让人相信其真实性。购买后的"分享"行为明显增多，"购买"并不是消费过程的终结。信息分享既是消费的重要环节，也是促成消费者再次购买或者促使其他消费者购买的重要因素。

社会化媒体已经显著改变了消费者的行为模式，和传统互联网时代相比，在社会化媒体时代，基于移动互联网和社会化媒体平台，消费者行为呈现出新的特点：

（1）跨时空性。基于社会化媒体的信息传递，城市之间、地域之间，甚至国家之间属地居民的消费认知差被逐步消除，关于时尚、关于流行的标准越来越一致。新潮的、现代的消费方式会迅速被传播和模仿，消费生活的认知差距逐步被抹平。

（2）购物行为碎片化。只要智能移动通信终端在手，无论何时何地都可以进行购物行为。消费者的碎片时间得到充分利用，消费行为可以不用连续进行，关注、搜索、比价、咨询、下单、付款、收货、体验，这一串行为可以拆分成有时间间隔的若干段行为。

（3）主动性。消费者获取信息、比价议价的主动行为增加。当消费者有需求时，会主动上网搜索想要的答案，可能是产品信息、可能是品牌故事、可能是多方评价，也可能是比价渠道。商家和消费者的互动也明显增加，从一个侧面反映出在两者关系中，消费者的主动性有所增强。

（4）伴随性。消费行为、支付行为和社交行为相伴相生，交织在一起。社会化商业的融合模式使消费行为越来越频繁地出现在社会化媒体的使用过程中，也越来越依赖于移动终端。线上支付越来越便捷，互联网消费金融的安全性能提高，移动终端的指纹识别、人脸识别技术逐渐完善，二维码加上密码、指纹或者人脸识别，就能轻松实现支付。

在2016年后，从中国的一线城市到四线、五线城市，大街小巷的大小商家，甚至是路边卖烤红薯和卖糖葫芦的小摊，都贴着两个二维码：一个微信支付，一个支付宝支付。根据CNNIC2018年1月发布的《第41次中国互联网络发展状况统计报告》，截至2017年12月，我国使用网上支付的用户规模达到5.31亿，较2016年底增加5661万人，增长率为11.9%，使用率达68.8%。其中，手机支付用户增长迅速，达到5.27亿，较2016年底增加5783万人，年增长率为12.3%，使用比例达70.0%。

（5）互动性。消费者更热衷于信息的分享，他们往往会在社会化媒体网络中与其他成员分享消费经验，实时地传达出自己的消费体验和对产品、服务的评价，从而得到认同感；社会化商业的融合模式也反过来促进了用户生产内容的增长，使消费者之间建立起一个具有类似消费特点的关系圈。移动智能终端的便携性及其拍照、录像功能的优化，以及社会化媒体应用的广泛，使得消费者更方便通过图文、影音等分享自己的消费体验。

社会化媒体的互动越活跃，消费者的互动就越活跃。社会化媒体中消费者互动最常见的是"秀美食"和"秀自拍"。据微博官方统计，有67%的消费者在享受美食前会先拍照发微博分享。在新浪微博的垂直领域中，美食因其高频、低门槛被用户广泛关注，最新数据显示，2016年美食微博的月度阅读量超过了100亿，跻身微博阅读量排名前10的垂直领域。随着微博产品的升级，美食内容分享不再局限于文字与图片，而是包含头条文章、短视频、直播等。据新浪微博数据中心统计，微博美食内容生产优质账号有35 068个，覆盖粉丝用户达24亿。①

---

① 微博公布年度美食自媒体榜单 扶持政策再升级[EB]. 新浪网，http: //tech.sina.com.cn/2016-10-27/doc-ifxxfuff6948615.shtml?cre=zlpc&mod=f&loc=4&r=9&doct=0&rfunc=100，2016-10-27.

（6）角色多变性。社会化媒体给予每个用户参与内容生产的机会，每个用户都是信息的接收者也是传播者，每个用户都有"自成媒体"的可能，每个用户也都有从消费者变电商的可能。新浪的美食微博不仅吸引了众多爱好美食的网友参与，还培养了越来越多的美食网红。自媒体在微博上的收入大幅增长，2016年已经在微博获得117亿收入，这些收入包括电商、广告、打赏、付费阅读等。这导致越来越多的内容生产自媒体向电商转型，实现商业变现。而新浪微博美食也表示，将利用完善的运营工具，如微博橱窗、微博众筹、鲜城APP、商业活动等，为自媒体人提供完整的内容变现及电商解决方案。

即使不做"网红"，普通人也很容易借助社会化媒体实现从消费者到"电商"的转变。一个最简单的开店方式就是"微店"，朋友圈就是最直接的潜在客户群。我们已经逐渐接受和适应了这样一种方式：社会化媒体不仅可以分享文字、图片、情感，而且可以"分享"实物，以免费或付费的方式。所以，我们会经常在微信朋友圈里看到这样的消息：

（1）CCTV-7，走进川老汇郫县豆瓣的生产基地。各位圈友，做川菜，购买豆瓣请认准，×××，好吃干净放心，请扫码。

（2）表妹在澳洲出差，下个月回来，人肉代购、保证正品。需要请加群，群号是*****。

（3）爹妈辛苦种的红薯，绿色无公害，少量出售，欲购从速，仅售三天。

（4）二手婴儿车，九成新，半价出售。有意者私聊。

（5）九宫格图均为本人手工包美图，闲来兴趣而已，愿待有缘人。

以上信息的发出者，无一例是商家或者专职、全职经营者，他们的售卖行为只是临时性的。有更多的人因为"移动互联网+社会化媒体"所提供条件而尝试着消费关系中的多种角色。上面的例子，只是极为普通的，每个人的手机里都会出现，并没有什么特别，但就相关报告的数据结果来说，这些又可以作为典型的数据标本来说明问题，因为，这些普通的内容正是代表着太多的不普通。

在路上

在走进了社会化媒体时代的今天，人与人的关系因为传播显得更为灵活，也因为互动变得更为牢固。一方面人们开始更深度地依赖现代数字传播技术和社会化媒体网络，另一方面，我们依赖的这个社会化媒体网络也愈加依赖每一个用户。但是，和商家、广告主相比，作为消费者的社会化媒体用户的参与度仍然是远远不够的。

CNNIC《2016年中国社交应用用户行为研究报告》显示，网络社交用户与网络购物用户的重合度为43.6%，其中一半网络社交用户是重度网络购物用户[1]，另外一半是轻度网络购物用户[2]。从报告的数据来看，当前网民分享购物信息的比例较低，导致通过购物分享、传递购物信息的力度不大。在有过网上购物经历的网络社交用户人群中，3%的网络社交用户常常分享购物信息，25%的人偶尔分享购物信息，高达72%的网络购物网民从不分享购物信息。

比较可喜的是，人们对社交网络中用户生产内容的信任度在提高。网络社交用户中，39.4%的人表示会购买别人推荐的产品，较2015年提升7.1个百分点。经过网络社交购物市场的不断实践和市场教育，网络社交用户逐步接受在社交应用上分享购物信息，并对这些信息产生信任。就像豆瓣的电影评分一样，已经成为很多人在选择影片之前下意识要搜索的内容。豆瓣2017年度电影榜单，基于2017年万千豆瓣用户的电影标记数据产生，排名依据评分、人数和时间综合考虑（统计截至2017年12月25日），而到2018年3月25日，就有超过5 672 100[3]人访问。社会化媒体时代用户生产评论并带动二次传播，对人们消费行为的影响愈来愈深远，也必将有越来越多的消费者在市场的培育下参与到互动中来，尤其是当互联网原生代"90后""00后"以及移动互联网原生代"10后"作为社会消费主体的时候。

---

[1] 重度网络购物用户：CNNIC的划分标准是过去半年内经常在网上买东西的用户。
[2] 轻度网络购物用户：CNNIC的划分标准是过去半年内偶尔在网上买东西的用户。
[3] 参见豆瓣网，https://movie.douban.com/annual/2017?source=navigation。

2018年4月,企鹅智酷结合QuestMobile的大数据监测发布的《快手&抖音用户研究报告》显示：在用户下载渠道上,短视频社交传播带来的转化效果非常显著,社交传播的"刷屏"影响力和熟人推荐的口碑效应往往可以带来新用户；用户并不排斥内容有创意的广告,女性用户对于教程类内容更加情有独钟,而教程类内容很可能为原生广告所青睐。①

在当代中国,市场的竞争丝毫没有因为社会化媒体的出现而有所减弱,事实上恰恰相反,随着消费者越来越成熟,社会化媒体的高度发达给市场营销、市场推广、产品设计等带来的挑战越来越大。有研究者探讨网络评论对消费者购买行为的影响,从实证的角度得出了研究结果：多数消费者会浏览网络评论,虽非经常性浏览,但其浏览程度呈现递增的趋势,网络评论正逐步成为消费者对商品、企业的重要评价手段,这一点早就引起了商家和企业的高度注意。②随着各大社交媒体网站的流量以指数级态势增长,网络红人、商业企业和政府机构都开始将社交媒体作为交流工具,而商业企业参与到社交媒体的动机往往是出于广告和营销的需要。③

从群雄逐鹿到百舸争流

CNNIC2018年1月发布的《第41次中国互联网络发展状况统计报告》显示,截至2017年12月,我国网民规模达到7.72亿,全年共计新增网民4074万人,互联网普及率为55.8%,较2016年底提升2.6个百分点。手机网民规模达7.53亿,较2016年底增加5734万人,网民中使用手机上网人群的占比由2016年的95.1%提升至97.5%,使用率再创新高。

人们的消费生活已经成为线上、线下相融合,传统的商业模式主动

---

① 范向东.抖音快手用户研究报告：靠"模仿"记录生活？[EB/OR]. https://www.huxiu.com/article/239302.html?f=,2018-4-10.
② 余奕霏,王鑫鑫,冯成,吴骁.网络评论对消费者购买行为的影响[J].企业导报,2009(12): 232-234.
③ 徐钦.奢侈品品牌的社交媒体评价对客户价值影响——以产品价值、关系价值和品牌价值为视角[J].商业经济研究,2018(5): 71-74.

或被动地被颠覆，以移动互联网为主要运营模式的新时代来临。在《网络利益》一书中，约翰·哈格尔三世和阿瑟·阿姆斯特朗认为，在虚拟社会中增加利润的起点是"吸引更多的成员加入虚拟社会"，也就是为更多的用户提供好的平台。①换句话说，在虚拟社会中要营利，就要先聚集用户生产的内容，以此来形成好的社区和平台，再经营好平台开发营利模式，从而获得利润。

在这个时代大潮下，有的商家发现了蓝海，有的商家感叹消费者越来越难以捉摸，谁能找到客户，了解客户需求，从而满足客户需要，谁就取得了竞争的胜利。各类企业已经逐渐将销售活动的重心放在线上，推销产品就上淘宝、京东和唯品会，推销服务就选猪八戒、携程、58同城或本地化网站，推销餐饮就选美团。

传统商业模式处于一个卖方主导的时代，广告主掌握着大量的信息，占有主动地位，消费者是被引领的、教育的。由于信息的严重不对称性，广告主利用强大的媒体力量，广泛地散布产品信息，消费者缺乏方便快捷的反馈渠道，只能被动地接受。②所以，传统商业模式下人们可以轻易地被广告击中，而社会化媒体下的新商业模式，是人们主动去寻找消费信息、发布信息。

社会化媒体时代，也是一个去媒体的时代，消费者成为时代的中心，消费者的个性化需求被前所未有的重视。人们可以在第一时间得到来自世界各地消费者的信息和反馈，可以互相沟通互通有无，从而影响消费决策，人们可以根据自己的兴趣爱好主动地运用媒体构建个性化的信息平台，寻找气味相投的圈子和获取想要的信息。所以，谁掌握了更多消费者的数据，谁了解了更多消费者的需求，谁第一时间能和消费者互动，谁就赢得了先机。

随着社会化媒体的发展，商家、企业都纷纷推出了自己的"两微一端"，通过与消费者的互动来了解客户需求，推送产品、理念和服务；消

---

① [美]约翰·哈格尔三世，阿瑟·阿姆斯特朗. 网络利益——通过虚拟社会扩大市场[M]. 北京：新华出版社，1998：55-60.
② 刘德寰，陈斯洛. 广告传播新法则：从AIDMA、AISAS到ISMAS[J]. 广告大观，2013(4)：96-98.

费者既是信息的发布者、传播者，也是企业、商家的监督者。从博客到微博，从微信朋友圈到直播，再到社交短视频，社会化媒体用户在源源不断地产生内容的同时，也在一步步地融入网络市场竞争，从而直接或者间接地影响人们的消费方式。人们在社交应用上的视频消费习惯已经养成，社交应用成视频内容分享的重要平台。

根据 CNNIC 发布的《2016 年中国社交应用用户行为研究报告》（以下简称《研究报告》）显示，在用户端，截至 2016 年 12 月，84.0%的用户通过社交应用收看网络视频节目，59.4%的用户在社交应用上分享或转发过网络视频节目，较 2015 年提升 20.8 个百分点。社交应用利用用户关系链，在带动视频内容传播的同时，视频内容对社交应用也有反哺作用，提升了社交平台的内容丰富度、互动频率和用户黏性。视频社交的强大效应也成为消费者传递信息的新途径和商家、企业进行网络营销的新领域，成为品牌快速成长的肥沃土壤。

社会化媒体时代，短视频软件越来越丰富，抖音、快手、美拍、西瓜视频等众多平台让人眼花缭乱，这些社交应用的内容涉及面很广，自拍、歌舞、小品、厨艺和歌剧应有尽有，内容更多贴近用户，有温度，有生命力。视频平台上的内容，一般都很新颖、有创意，能勾起人们的好奇心，符合用户猎奇的心理，在从众心理、跟风心理的驱使下，很容易成为大家争相模仿的对象，因此，能一呼百应。

2018 年 1 月，"××茶"通过一名"90 后"女生秋×在抖音上拍了一段短视频：

女生对着一杯奶茶问："奶茶你说我除了长得美，还有啥优点没？"

瓶盖掀开，答案浮现："一无所有"。

这个类似"占卜"游戏的奶茶迅速勾起了人们的猎奇心理，视频在抖音上极速传播，获得了 44.8 万播放量。很多人都在询问哪里可以买到这种茶，而这时候，"××茶"连一家实体店都没有。

第三天"××茶"再次在抖音上发布了一条相似的短视频，获得 883 万的播放量、点赞 24 万、评论 5000 多条。

"××茶"迅速开出实体店并接受200多家店申请加盟。

这杯号称能为人解忧的茶,仅仅在抖音上发布一个小视频,就以迅雷不及掩耳之势风靡了起来。①这款奶茶的爆红,其实与答案准不准没有关系,只要消费者敢问,奶茶都会给出答案:它新鲜——标签打出一杯可占卜之茶;好奇——让每个人对自己的问题答案充满悬念;从众跟风——他们都在看!这样的互动娱乐性强,再加上短视频社交用户以年轻人为主,与奶茶客户目标一致,而且传播面广、传播速度快,所以迅速火爆!是抖音上百万的用户,自觉或者不自觉地成为"××茶"的推销员。

现在,抖音已经可以在直播界面链接电商购物地址,众多的用户和商家都意识到,短视频会是一个新机遇。在社交媒体的冲击下,消费信息的获得不再是一个主动搜索的过程,而是关系匹配——兴趣耦合——应需而来的过程,用户与品牌建立连接和交互沟通取代了原先的主动搜索。在当今全民社交的市场浪潮中,"社交媒体整合服务"应运而生。②讯飞语记、海底捞、Coco奶茶、小猪佩奇手表糖等新生品牌通过抖音扩大知名度甚至成为爆款,支付宝、小米、联想等大品牌也入住抖音。人们刻意回避了电视广告,却在社交短视频上被巧妙说服。所不同的是,在这个过程中,说服者往往也是用户。

社会化消费群体与商家、企业之间的关系从被动型变为主动型,从单向沟通模式变为双向信息交流模式,消费者能第一时间参与到商业营销中来。消费者的需求、欲望能真切地从社会化媒体中捕捉到,从而成为整个营销过程的起点;社会化媒体天然地提供了解决便利(Convenience)和沟通(Communication)问题的网络框架和通路,不论企业的规模大小,只要找到了社会化媒体的信息传播规律和技巧,谁都可以在其中找到市场的一席之地。即使是世界著名的奢侈品,也基于对中国市场的极度重视,及时地降下身段,融入社会化媒体商业营销中来。

有学者研究了奢侈品牌的社交媒体营销对购买意愿和顾客价值的影响,揭示出社交媒体营销模式能够显著提高奢侈品牌的利润水平。随着

---

① AI、3D打印,凭借抖音走红的"解忧答案茶"的真相揭秘[N]. 中国日报, 2018-4-4.
② 李博明. 社交媒体整合服务的力量[J]. 互联网经济, 2017(6): 100-101.

互联网技术的进步，短视频和直播网站受到了大量奢侈品企业的关注。根据数据显示，奢侈品企业在"秒拍"设立官方账号的比例达到了58%，奢侈品品牌一般会每月平均上传2.75个视频，考虑到线上支付行为一般都通过移动终端进行，所以大量的奢侈品牌都通过移动端来实施营销方案。[①]顾客会通过社会化媒体来找寻关于奢侈品的信息，会受到社会化媒体上意见领袖关于奢侈品评价的影响；奢侈品牌通过视频分享、图片分享、品牌故事、动态更新等多个途径实现与消费者的信息互动，进行话题的探讨，从而有效提升产品价值。

市场不再是群雄逐鹿抢占统治地位式的竞争，而是百舸争流谁都有机会。社会化媒体环境不仅颠覆了传统的市场营销策略4P理论[②]，也深入地改写了传统网络环境下的4C营销理论[③]。社会化媒体的所有应用都是营销渠道，不管是以在线问答、在线百科为代表的基础功能网络类，还是以微博、微信为代表的核心网络类，或者是在线旅游、商务社交、短视频社交等新兴网络类，更不用说电子商务等增值衍生网络类。

社会化媒体给人们的消费生活带来三个明显的变化：一是消费者之间、消费者与商家、企业之间的交互更多；二是个性化需求实现更多；三是共享经济、分享经济的便利更多。

---

① 徐钦. 奢侈品品牌的社交媒体评价对客户价值影响——以产品价值、关系价值和品牌价值为视角[J]. 商业经济研究，2018(5)：71-74.
② 4p理论是一种营销理论，由杰瑞·迈卡锡（Jerry McCarthy）教授在其《营销学》（出版于1960年左右）中最早提出，即：Product、Price、Place、Promotion，取其开头字母，意思为产品、价格、渠道、促销。这种理论的出发点是企业的利润，而没有将顾客的需求放到与企业的利润同等重要的地位上来。
③ 4C营销理论，由美国营销专家劳特朋教授（R. F. Lauterborn）在1990年提出，与传统营销的4P理论相对应，它以消费者需求为导向，重新设定了市场营销组合的四个基本要素：即消费者（Customer）、成本（Cost）、便利（Convenience）和沟通（Communication），强调企业首先应该把追求顾客满意放在第一位，其次是努力降低顾客的购买成本，然后要充分注意到顾客购买过程中的便利性，而不是从企业的角度来决定销售渠道策略，最后还应以消费者为中心实施有效的营销沟通。

共享和分享

共享经济和分享经济在现实层面的交织带来学理上的争议,部分学者认为共享经济的使用者和拥有者不具有同一性,共享带来便利、高效、优惠等,体现了新的经济学层面的价值;而分享经济的拥有者和使用者具有同一性,所以分享的不仅是有形的实物和无形的知识财富,还注重人与人的交流,是具有哲学和社会学意义上的新型社会形态。

分享是一种非互惠性的亲社会行为,传统的分享行为一般建立在基于血缘、业缘、学缘等强关系的基础之上。分享经济是传统意义上的分享理念在大数据、云计算和点对点的网络社会背景下的新表现形式。[①]当代中国出现的分享经济是传统意义上的分享理念在社会化媒体发展到理想规模后的新的表现形式。美国两位社会学教授马科斯·费尔逊(Marcus Felson)和琼·斯潘思(Joel Spaeth)于1978年在学术论文《群落结构和协同消费》中以共生合作的人类生态学理论为基础,首次将这种人与人之间的互助分享和共同消费行为定义为协作消费,把消费的意义从经济生活扩展到日常生活领域,指出消费不仅是个人偏好的表现,也是人与人之间相互支持维持日常生活的行为方式。[②]共享经济鼻祖、Zipcar公司创始人罗宾·蔡斯(Robin Chase)提出了共享经济的公式:产能过剩+共享平台+人人参与。2003年《经济学人》杂志首次详细描述了"共享经济","共享经济"由此成为人们熟知的新的生活方式。在当代中国,社会化媒体以及社会化媒体与商业平台的结合成就了共享经济、分享经济的平台基础,也进一步改变了人们的消费方式。

分享也好,共享也好,都是消费者在没有所有权的情况下获得物品或服务的使用权,其本质不是消费内容而是消费方式的进步。共享和分享理念下的消费,不以占有为目的,在一定程度上能降低由于过度消费而带来的资源浪费,也能从一定程度上缓解资源分配的不公。现代社会

---

① 博茨曼·雷切尔、罗杰斯·路. 共享经济时代:互联网思维下的协同消费商业模式[M]. 唐朝文, 译. 上海:上海交通大学出版社, 2015.
② FELSON, M. AND J. L. SPAETH.Community Structure and Collaborative Consumption [J]. American Behavioral Sci-entist, 1978, 21(4): 614-624.

的消费过剩问题带来资源浪费、环境污染恶化等一系列问题，已经引起了人们的注意，但是现实生活当中的消费者个体仍然浑然不觉，往往购买了很多的商品，却完全不具备长期使用的价值，有的甚至没有实现过使用价值，只满足了挑选和购买愉悦的需求。社会化媒体的兴起为社会结构转型注入了新的动能，会逐步带来社会结构的发展、变化以及与之适应的新的资源配置方式产生。

分享经济强调使用权消费，使消费伦理重回使用价值本性，通过对闲置资源的优化配置和重复使用达到资源配置均等化并提高资源使用效率的目的，是对消费主义所带来的伦理困境的反思。分享经济不仅意味着消费行为的改变，也代表了互联网时代一种新兴的分享的消费文化实践，建构了一种新的"去物质化"的消费认同，体现了分享的生活方式和价值理念。[①]近几年非常热门的"民宿"就是在新的社会结构下的房产资源配置方式。

"共享"和"分享"不仅能够进一步发挥商品的使用价值，基于社会化媒体上的分享，还能在拥有者和使用者的交流过程中，产生超出交易本身的社交价值。而由共享经济、分享经济带来的价值理念，引导人们的消费行为从独享的占优势消费转变为分享的体验式消费，从而逐步形成分享、低碳、绿色和可持续的生活方式。

CNNIC2018 年 1 月发布的《第 41 次中国互联网络发展状况统计报告》显示，截至 2017 年 12 月，共享单车国内用户规模已达 2.21 亿，占网民总体的 28.6%，用户规模半年增加 1.15 亿，增长率高达 108.1%。共享单车成为 2017 年下半年用户规模增长最为显著的互联网应用，在国内已经完成对各主要城市的覆盖。从"共享出行"到"共享单车"到"共享汽车"再到"共享充电宝""共享雨伞"，我们可以共享的越来越多、也越来越成规模；从分享民宿到分享车库到分享图书，我们可分享的也越来越多、平台越来越完善。社会化媒体网络促成我们的"共享""分享"广泛而深入地扩散到生活方式以及商业模式中，也促使当代中国人对消

---

① 张少哲、周长城、曹亚娟. 分享经济与消费行为变迁：网络社会背景下的体验式消费逻辑[J]. 广东社会科学，2018(2): 184-192.

费生活方式和消费文化进行新的思考。

社会化媒体下的网络消费环境

的确，网络消费已经很方便，只要鼠标轻轻一点，人们就能预订大洋彼岸的商品或者五条街外心仪餐馆的可口午餐，从汽车房产到家用电器到冷冻生鲜，应有尽有。社会化媒体让这种便捷性又提高了一个数量级。社会化媒体网络提供了众多的通道，渠道多元化，并且数量较之互联网时代的电商平台数量呈几何级增长，商品、服务的售卖和购买变得更加简单。人们甚至不用进入电商平台，在任何一个社会化媒体应用上都可以随时接入消费通道。任何一个使用社会化媒体的用户都可以基于人和人的关系随时参与到商品或服务的营销过程中去，可能是主动式的，也可能是被动式的；可能是商品的生产或者服务的提供，也可能是有意或者无意的广告、推广或宣传；可能是长久的销售行为，也可能是临时性行为，甚至是一次性的行为。但一个不容忽视的事实是，社会化媒体环境下的制假卖假比在一般互联网环境下更难监管。

在社会化媒体中进行商品、服务的售卖，门槛低、成长快，甚至无须在工商行政管理部门登记和备案就可以实施；宣传低成本甚至零成本，并且社会化媒体环境中影响力大的个人用户的一篇推文、一个动态更新所产生的影响力不亚于一个电视广告或者平面媒体广告。社会化媒体中的个人经营模式主要是建立在熟人关系、半熟人关系之上，通过社交好友转发进行推广经营，易取得信任。销售信息通过人与人间的关系互相推广可实现信息的几何级增长传播，一旦发生违法犯罪行为，则受害群体人数众多。[1]社会化媒体的群落、圈层不同于一般互联网网络信息所具有的全民可视性，因其相对不公开，而具有相对隐蔽性。以上这些，都无疑加大了对产品质量、广告宣传监管的难度，社会化媒体用户参与商品生产、推广的临时性行为，也让售后服务的监管变得困难。

---

[1]《微商注意了！男子在朋友圈卖假货，结果……》引自搜狐新闻，http://www.sohu.com/a/165370435_693751，2017-8-17。

明星大V隐性广告难以识别，各类微信公众号推文、豆瓣分享、果壳文章甚至知乎文章都有软件广告，众多抖音快手以及直播视频，都有巧妙的隐晦的广告……

朋友圈海外代购盛行，却是制假售假最泛滥之地：LV的手袋28元，香奈儿的大衣155元，天梭等名表128元，迪奥的香水5元……各类假冒世界知名奢侈品的销售信息满天飞；即使是海外正品代购，也涉嫌走私普通货物、物品和偷逃关税；

微信、陌陌、豆瓣、QQ等，热销商品的虚假销售信息隐晦难辨；所谓"A货"，在各类社会化媒体圈层公然售卖，甚至基于熟人关系和半熟人关系，让人们觉得安全和放心，因而知假卖假和知假买假；

看到的是飘飘的真丝，拿到的是雪纺；看到的是高腰阔腿裤，拿到的是低腰直筒裤；看到的是高颜值的精致图案，拿到的是线头百出的拙劣做工……售卖商品和推广商品不一致，各种买家秀和卖家秀天壤之别；

自制口红、自制唇膏、自制面膜……各类DIY产品、自创产品、家庭作坊产品没有经过正规渠道检验，三无产品横行，产品质量、产品安全和卫生状况堪忧；

畅销书、儿童读物、流行音乐、热门电影、文化创意产品、杂志、多媒体产品、软件、视听节目、手工艺品和服装设计……随意翻录、复刻后销售，孔夫子旧书网、当当、淘宝、闲鱼、京东等，都有侵犯知识产权、专利权的各类盗版文化产品的踪迹。

社会化媒体网络并不是法外之地。我们正处于社会化媒体自身和与之相适应的法律法规的完善期，一方面制度的笼子在扎紧，法律法规在健全，另一方面也需要每一个人知法懂法守法。如，在社会化媒体中销售食品，就必须要"持证上岗"。

国家食药监总局发布的《网络食品经营监督管理办法（征求意见稿）》里有明确规定：网上销售食品应取得食品经营许可或备案凭证，网络食品交易第三方平台如不能提供经营者具体信息也要担责；而且，办法要求，网络食品经营者应当依法取得食品经营许可或者备案凭证，不得委托他人从事网络食品经营；未取得许可或者备案凭证的，不得从事网络食品经营活动。

不只是食品，在社会化媒体的群落、圈子里售卖商品还牵涉到多种法律关系，有可能涉嫌不同的罪名。如，销售假药（海外代购未经批准进口，按假药处理）达成一定的数量或金额，涉嫌构成销售假药罪；如果朋友圈里欺骗销售的是普通生活日用品，如奶粉、手表等，可能涉嫌诈骗罪。

同时，在网络消费环境还不够尽善尽美的今天，人们也要提高两个基本意识：

第一，风险防范意识。对社会化媒体环境中的商品销售与推广信息要持谨慎态度，若有网上购物需求，尽量到正规网络购物平台或者选择向人际关系中信任度高的朋友购买。社会化媒体网络中售卖商品，其价格也是建立在成本基础之上的，也符合一般商品的定价规律，不要贪图便宜轻信社交网络中的销售信息，特别是对于以远低于市场价格销售的商品更应提高警惕。

第二，尊重知识产权、著作权和尊重品牌文化的自律意识。不能因为方便、因为便宜而知假买假，去购买仿品、"A货"，正所谓"有需求，才会有市场"，我们要从源头上遏制假冒商品的需求。尤其是文化产品和其他商品的属性不同，是文化与其载体的结合体，在载体上凝结着大量的脑力劳动，盗版使创作者的根本利益受到损害，也伤害了创作者的积极性。

有研究发现，售前的网络评论对消费者的购买决策影响最大，其次是售后的网络评论，售中的网络评论对消费者购买决策的影响最小，消费者对产品的了解越深入和越全面，对他们的购买决策影响就越大。而售前的评论中，负面网络评论对消费者的购买决策影响最大。负面的网络评论对消费者的购买决策存在较重要的负向影响，即消费者更加看重负面的网络评论,存在负面的网络评论即会降低消费者对产品的认可度。[①]市场是自由的，竞争是充分的，生产企业和商家都无比重视消费者评论，但培养成熟的社会化媒体消费文化和消费心态，还需要时间。

---

① 余奕霏、王鑫鑫、冯成、吴骁. 网络评论对消费者购买行为的影响[J]. 企业导报，2009(12): 232-234.

好评、差评、社会化媒体和电商的融合已经是做到了网联万物，我们的购物消费变得快捷方便，但线上消费也存在风险，怕货不对路，怕言过其实，怕"李鬼代替李逵"，怕尺码不准，怕快递损伤等。消费者总是希望避免在售后来解决一系列的问题矛盾，希望售前了解更多的信息，这时候，"好评""差评"就成了消费者决策时的重要参考，尤其是消费差评对于消费者购买行为的影响更大。对于很多集市店平台来说，鱼龙混杂，差评机制可以帮助消费者快速甄别商品。网络口碑这一基于互联网平台产生并在社会化媒体中加速传播的受众反馈逐渐也成为商家重点关心的信息。

媒体曝光的一系列由"差评"引发的案件备受人们关注：就因给了个差评，珠海段某被从深圳奔赴而来的深圳某电讯公司老板等四人砍伤。这已经不是媒体第一次爆出卖家因"差评"报复买家的新闻了。据人民日报消息，此前，重庆市民陶女士因产品质量问题给出差评，被卖家将其手机设定"呼死你"，两小时内接到上百个电话；武汉市民曹先生因未按时领到门票，给卖家差评，几天后收到卖家寄来的挽联；南京市民董女士因"差评"招致卖家上门拳打脚踢……从"呼死你""拳打脚踢"到"恐吓""刀砍"，因"差评"引发的商家报复不断升级。①

就法律规定来说，每个消费者都有根据购物消费体验给予"好评"或"差评"的权利。依据《消费者权益保护法》，消费者有权检举、控告侵害消费者权益的行为；经营者不得对消费者进行辱骂、诽谤。上述案例中商家持械殴打、威胁恐吓的极端行为已经触犯《中华人民共和国刑法》，需承担相应的法律责任。法律专业人士分析，买家做出的相应评级和评论会具有一定的主观性，但只要这种评级和评论不是基于主观恶意的目的，则不能认定为侵权行为。②

本来应该是消费者之家、消费者和商家之间信息沟通桥梁的"好评"

---

① 林丽鹏. 写"差评"不该"好怕怕"[N]. 人民日报, http://opinion.people.com.cn/n1/2016/0805/c1003-28612425.html, 2016-8-5.

② 岑华春, 刘婷. 淘宝差评的侵权责任界定[EB/OR]. 参见 https://www.chinacourt.org/article/detail/2016/02/id/1806080.shtml.

"差评"，却在现实中加重了双方矛盾，削弱了彼此的信任。

一方面，从商家的角度来说，缺乏理性和自律。希望获得好评，卖家或营销公司就砸钱"刷单"，网络上出现了大量的"水军"，连一向标榜用户评论理性、客观的豆瓣也多次被诟病"平台成了水军阵地"；对于"差评"，卖家或营销方不惜恶意报复，侵犯买家权益，破坏网络交易秩序。这严重地影响了人们的消费生活，更持久地伤害了网络消费环境的公允和和谐。

另一方面，从消费者的角度来说，部分消费者也缺乏消费理性心态和包容胸怀，稍不如意就给差评，拒绝沟通，甚至还有一种"网络差评师"的职业悄然兴起，他们通过向网店卖家要挟的方式索取钱财。2013年5月23日，杭州市上城区检察院就以敲诈勒索罪对杨某、吴某、周某等12名淘宝网店"恶意差评师"提起过公诉。①

目前，电子商务与社会化媒体的结合越来越多，这些媒体平台理应承担维护网络交易秩序的责任。只有买房、卖方、第三方平台共同努力，在法律的范围内理性消费、合理消费，多些耐心和包容，商家才能少收差评、良性发展，消费者才能舒心放心、享受贴心服务。

社会化媒体已经深入地、永久地改变了人与人的消费生活方式，却无法满足人们的所有需求；消费者基于社会化媒体的合理诉求和消费体验都会被传播、整理、再传播，具有创造力的生产者会倾听这些需求，改善产品与服务，给消费者带来更好的体验。

---

① 《不给钱就差评 首例淘宝"恶意差评师"案将开庭》，参见腾讯·大浙网 http://zj.qq.com/a/20130525/006429.htm?qq=0&ADUIN=1543331886&ADSESSION=1369441733&ADTAG=CLIENT.QQ.5083_.0&ADPUBNO=26169，2013-05-25。

第二节 炫耀式消费，符号化生活

> 人们从来不消费物的本身（使用价值），
> 人们总是把物用来当作能够突出自己的符号。
> ——（法国）让·鲍德里亚

根据 CNNIC2018 年 1 月发布的第 41 次《统计报告》，截至 2017 年 12 月，我国网络购物用户规模达到 5.33 亿，相较 2016 年增长 14.3%，占网民总体的 69.1%。手机网络购物用户规模达到 5.06 亿，同比增长 14.7%，使用比例由 63.4%增至 67.2%。在线教育的使用率由 2016 年的 18.8%增至 20.1%。2017 年中国网上外卖增长明显，截至 2017 年 12 月，网上外卖用户规模达到 3.43 亿，较 2016 年底增加 1.35 亿，用户年增长率达到 64.6%，其中，手机上外卖用户规模达到 3.22 亿，增长率为 66.2%。社会化媒体环正在颠覆我们的消费习惯。

以微信为代表的即时通信产品对于各类生活服务的连接能力仍在持续拓展。2016 年微信的功能拓展主要是通过移动支付连接各类缴费。2017 年，微信上线"小程序"功能，并以此为基础将连接能力向用户生活中的各类线上线下服务渗透，包括交通出行、线下餐饮、电子发票等多项生活服务。根据微信发布的数据，截至 2017 年第三季度，其开发平台小程序已经覆盖 20 多个行业大类的 200 多个细分类目。

掌上生活正在衍化成为人们须臾不可离开的基本生活方式，一种生活的常态，一种根深蒂固的"生活信仰"，也在逐步改变着当代社会消费文化的特征和发展趋势。

炫耀式消费与"镜中自我"

当代中国人的掌上消费生活表现出两个明显的特点：一是网联万物，

二是消费生活社会化。网联万物是社会化媒体环境下"掌上消费"的基本表现，其实质在于以人的关系结构起来的社会化媒体网络中，每个人的消费行为都处于一个社会化场景中，消费个人化的色彩减弱，消费社会化的色彩增强。除了满足一般的社交需要，即满足人的社会性的精神和心理需求外，社会化的场景以及社会化媒体中用户的良好互动还为炫耀性消费提供了必要条件，加剧了这样一个趋势：人们通过炫耀式的消费行为来以社会化媒体网络中别人想象中的自己而生活，同时完成印象管理和社会认同。

炫耀性消费（Conspicuous consumption）的概念最初是由加拿大社会学家和经济学家约翰·雷（Jahn Rae）提出的，他从虚荣心的角度解释了炫耀性商品的性质和效用。[1]但是首次将炫耀性消费引入经济学领域并在社会科学和人文科学上引起轰动的却是美国经济学巨匠托斯丹·邦德·凡勃伦（Thorstein B Veblen）。凡勃伦从炫耀性休闲与炫耀性消费的对比中得出了炫耀性消费的定义，即人们通过消费昂贵的商品来显示财富进而获得地位的消费方式。[2]

很多学者都采用或借鉴了凡勃伦关于炫耀性消费的定义，国内不少学者也把注意力放在了炫耀性消费与奢侈品、中产阶级、社会危害、面子意识、地位焦虑的关系上。也有学者对炫耀性消费可能带来的结果做了全面的讨论，认为炫耀性消费的效用往往用相对收入或地位提高所带来的主观幸福感来衡量，可能会产生两种不同的结果：一方面，炫耀性消费主体通过产品的排他性产生优越感，提升自身形象，从而导致更高的主观幸福感；另一方面，炫耀性消费可能导致地位踏板效应，即人们为了维持现有的地位不得不更多地进行炫耀性消费。[3]依据本书第三章的阐述，本书作者认为，从社会化媒体中个体形象管理的角度来看，炫耀性消费也是个体为了印象管理而公开消费能传递信息的商品或服务的行为倾向，同时，炫耀性消费也是实现社会认同与归属感的一种社交活动。

---

[1] 邓晓辉，藏俐秋. 炫耀性消费理论及其最新进展[J]. 外国经济与管理，2005(4): 2-9.
[2] [美]凡勃伦. 有闲阶级论：关于制度的经济学研究[M]. 李华夏，译. 北京：中央编译出版社，2012.
[3] 严思怡. 炫耀性消费的研究综述[J]. 商业文化，2014(44): 125-127.

炫耀性消费这种行为倾向和这种社交活动，可以用"镜中自我"理论来充分阐释。

"镜中自我"概念是由美国著名社会学家、美国社会心理学创始人查尔斯·霍顿·库利（Charles Norton Cooley）在他 1909 年出版的《社会组织》一书中提出的。库利认为，人的行为很大程度上取决于对自我的认识，而这种认识主要是通过与他人的社会互动形成的，"人们彼此都是一面镜子，映照着对方"。[1]他人对自己的评价、态度等，是反映自我的一面"镜子"，个人通过这面"镜子"认识和把握自己，从而使我们产生对自我的认识，进而影响自己的态度、行为。库利进一步阐释了人的自我是在与他人的联系中形成的，这种联系包括三个方面：关于他人如何"认识"自己的想象；关于别人如何"评价"自己的想象；自己对他人的这些"认识"或"评价"的情感。

在这其中，前两项只有在与别人的接触中，透过别人的态度才能获得。库利认为，"镜中自我"也是"社会自我"，传播特别是初级群体中的人际传播，是形成"镜中我"的主要机制。一般来说，这种以"镜中自我"为核心的自我认知状况取决于他人传播的程度。传播活动越活跃，越是多方面，个人的"镜中自我"也就越清晰，对自我的把握也就越客观、越准确。[2]基于社会化媒体网络中"镜中自我"的观察，人们通过炫耀式消费，实现社会化媒体环境下的印象管理，找到志同道合的好友，获得特定的圈子、群落的内部尊重和社会认同。结合"镜中自我"理论路径可以看出，社会个体对于实物消费或者是文化消费，都可以通过在社会化媒体中的展示、炫耀来完成自我认知并指导自己的行为策略。

为了印象的优化和证明群体地位，社会个体对炫耀的内容会进行选择，所炫耀的对象往往带有强烈的象征意义，可能是实物，也可能是行为，还可能是体验。这类炫耀性消费在社会化媒体环境下悄然地改变了人们的消费观念，从而也影响了社会大众的消费习惯，甚至推动了社会经济结构的变化。英国学者安格斯·迪顿（Angus Deaton）对消费者行为

---

[1] 查尔斯·霍顿·库利. 人类本性与社会秩序[M]. 包凡一，王源，译.北京：华夏出版社，1999.
[2] 郭庆光. 传播学教程[M]. 北京：中国人民大学出版社，2001.

的深入研究揭示了消费者的行为特征，他认为，个人消费关乎经济结构，消费者在细节上的个人选择和总体性的经济结构之间有着密切的联系。

有人提出，"炫耀性消费"早就过时了，因为可以炫耀物质拥有的时代已经过去了。如前文所说，没有什么生活用品能绝对区分出阶层来，从前极少数人才能拥有的高档的、奢侈的消费品现在很多人能够负担，从而人们投入了更多的金钱在文化、教育、医疗这样的无形消费上，网络上甚至出现了一个新的名词来指称这种现象，叫"非炫耀性消费"。

但是在"无处不社交"的社会化媒体环境下，我们发现"炫耀性消费"仍然无处不在，所谓的"无形消费"，通过另外的方式"炫耀"出来，从"炫耀性实物消费"转为"炫耀性无形消费"。"炫耀性无形消费"所展示、倡导、肯定的消费物品、文化商品或者是消费体验，通过社会化媒体广为传播，因为在人际互动中得到更多人的肯定、评论、转发和点赞，成为一种新的潮流，促使人们的消费习惯也发生根本转变。

在"炫耀性实物消费"阶段，"炫耀性体育消费"体现在穿着识别度很高的名牌运动服饰，配备小众运动的专业性很强的设备，如高尔夫球、网球等；"炫耀性学习消费"体现在拥有苹果笔记本电脑、豪华书房；"炫耀性休闲消费"体现在拥有豪华游艇、乘坐飞机头等舱、住五星级酒店……

在"炫耀性无形消费"阶段，"炫耀性体育消费"体现在对马拉松的参与，身体力行地跑完了全程或者半程，得到了一张纸质的证书或者一块并不含金也不含银的奖章；"炫耀性学习消费"体现在读了某本艰涩的书，孩子流畅的英文演讲在比赛中得了大奖，一个繁忙的都市白领或者忙碌的全职妈妈每天坚持在朋友圈打卡学习英语，对一部排片量极小的文艺电影发表了深度的评论，观看了实验剧场的某个话剧；"炫耀性休闲消费"体现在带着孩子在果园里劳作，呼吸到农村的新鲜空气，住了某个极具风格的民宿，和朋友分享了一泡20年期的古树"普洱"好茶……不仅普通人如此，网友在和明星的社交互动以及社会化用户对明星的讨论中，对其"炫耀性无形消费"的肯定声音也多得多。

从"炫耀性实物消费"阶段进入到"炫耀性无形消费"阶段，一个不可忽视的原因是，在"镜中自我"的观察中，社会化媒体中的用户充分互动，隐藏在喧嚣的流行文化之下的大多数人获得了表达的渠道，开始传递出自我的声音，以抵抗现代消费文化负面影响的侵蚀，也正好与主流媒体所主张的健康生活方式以及社会主义核心价值理念契合在一起，从而汇集成一股强大的显性力量，带来消费行为文化内涵的变迁。在炫耀什么这个问题上，呈现一系列明显的变化：从炫耀占有实物到炫耀体验；从炫耀财富地位到炫耀文化消费；从炫耀奢侈到炫耀节约、生态、环保、可持续；从炫耀独特到炫耀与别人趋同的一切生活方式。

曾经，在社会现实中，各种炫耀性消费现象随处可见，人们竞相攀比，爱马仕的铂金包、古驰的手袋、车库里的奔驰车、梳妆台上的香奈儿化妆品、限量款的江诗丹顿手表、卡地亚的珠宝、普拉达的眼镜、万宝龙的笔、芝华士的酒、纪梵希的打火机和豪华的室内装修、银质的餐具等，是富人的标配，表达的都是同一个意思：我是一个有钱人，这的确属于凡勃伦理论中的炫耀性消费，也一度是某些人表示自己地位的标志，也在一定程度上助推了社会大众对物质的过度追求。即使是现在，在社会化媒体平台，依然存在很多这样的炫耀性消费，大多以照片、视频的方式展示，给自己暗暗贴上一个"时尚""高贵""贵族""富贵"的标签，以宣告自己某种特殊的地位或能力。

中国老百姓经济收入、物质生活水平的大幅度提升改变了"炫耀性"消费的局面，原本一件难求的"奢侈品"成了不难获得的"商品"，奢侈品的象征意义和对社会身份的表征意义大大降低。握有较多资产的精英阶层转而把更多的钱投入到教育、文化等无形消费中，构建更契合时代发展的环保、健康、积极的个人形象，这也带动了大众潮流的转向，追求地位标志的符号价值消费不再是简单地通过物品来彰显，而是更多地由消费体验的展示来实现。社会地位获得方式的变化直接带来炫耀性消费的变化，如果能够有效引导，可以带动社会大众的消费方式朝绿色消费转化，这对于社会的可持续发展有着重要意义。

符号消费

社会化媒体的推波助澜下，人与人的联系普遍增强，一旦进入了社会化媒体网络中并开展交往行为，人们就被带到人际关系的广泛、普遍而又丰富的联系中。在这些联系中，人们明确自己的位置、层次，看到彼此的相同点和不同点，进而选用一系列符号来表达自己，融入某个社会环境，或者在某个交往语境中把自己"彰显"出来。

符号，是消费社会最重要的文化特征，符号价值构成了后现代消费文化的核心内容。法国学者让·鲍得里亚（Jean Baudriand）在他的《物体系》中给消费下过这样的定义："消费既不是一种物质性的实践，也不是一种'丰产'的现象学，它的定义，不在于我们所消化的食物、不在于我们身上穿的衣服、不在于我们使用的汽车、也不在于影像和信息的口腔或视觉实质，而是在于，把所有这些元素组织为有表达意义功能的实质；它是一个虚拟的全体，其中所有的物品和信息，由这时开始，构成了一个多少逻辑一致的论述。如果消费这个字眼要有意义，那么它便是一种符号的系统化操控活动。"①

迈克·费瑟斯通认为："消费文化，顾名思义，即指消费社会的文化。它基于这样一个假设，即认为大众消费运动伴随着的符号生产、日常体验和实践活动的重新组织。"②他认为，当代生活中的"符号与影像之流"是消费文化的中心，消费文化被认为已经和正在重构当代日常生活。费瑟斯通曾说："鲍德里亚的消费文化，实际上就是后现代文化。"③

今天的社会充满了各种消费符号，从消费品的外观到消费品的品牌，从消费的环境到消费的仪式，都可以作为一个符号，成为消费的内容和消费的对象。在社会化商业模式下诞生的一些新的文化符号，象征着体验式消费行为和绿色健康的生活理念。

人们通过微博、朋友圈、直播、QQ空间"晒"的、"秀"的、"炫耀"的不仅是某种具体的物品，还是这个物品以及某种消费行为下相关的生活方式和生活理念。当我们在微博、微信秀出骑单车的照片的时候，不再感到寒酸，而是表达致力于环保和可持续发展的现代观念；当秀出跑步、步行步数的时候，不是强调自己的身体素质，而是分享一种健康的、

---

① 鲍德里亚. 物体系[M]. 林志明, 译. 上海: 世纪出版集团, 2001.
② 迈克·费瑟斯通. 消费文化和后现代主义[M]. 刘精明, 译. 译林出版社, 2000.
③ 同②

积极向上、绿色的现代生活理念。"共享单车""健身"成了一个新的符号，为"炫耀性消费"赋予新的内涵。当人们聚会的时候，比较时尚的话题不是开了什么新车，而是炫耀他们如何骑单车上班，又如何放弃了公共交通工具，改为步行。

我们在消费过程中，除了消费产品本身，也在消费这些产品所象征和代表的意义、心情、美感、档次、格调、情趣和氛围等，也就是我们消费这些符号的意义和内涵，按照布尔迪厄的理论，这些都是文化资本的一部分。

"文化资本"是法国社会学家皮埃尔·布尔迪厄（Pierre Bourdieu）在《资本的形式》一书中提出的概念，他认为，文化资本是"一种标志行动者的社会身份的，被视为正统的文化趣味、消费方式、文化能力和教育资历等的价值形式"[①]。在他的《文化资本与社会炼金术》中，布尔迪厄分析了文化资本存在的三种形式：

（1）具体化形态。即具体化、身体化的文化资本，以精神和身体的持久的"性情"的形式存在。他把趣味、感性、气质等文化形态也视为身体化的文化资本，因为这些也是需要行动者花费大量的时间、精力甚至金钱积累起来的。

（2）客观化形态。以文化商品的形态存在，如书籍、图片、器具等，这些具体的实物是文化留下痕迹或者某种理论的体现。

（3）体制化形态。即体制化的文化资本，如教育文凭等。

布尔迪厄认为，文化资本和经济资本、社会资本一样，都具有可累积的特点，只是文化资本以更加隐蔽的方式来体现，例如，通过扩大社会影响和建立各种人际网络关系等。社会个体在一切社会化媒体上的互动，都是文化资本累积的过程。不论是社会化媒体中点对点的社交互动，还是社群或圈子里的讨论，再或者是在"知乎""豆瓣""果壳"或者"百度百科""百度知道"上的内容生产，又或者是某个视频社交网站上的一段短视频，都或多或少地帮助我们累积着文化资本。

在社会化媒体下的消费生活中，我们生产和传播消费符号，同时进

---

① 陈爱国. 论布尔迪厄文化资本的形态构造[J]. 学术论坛，2006(6): 176.

行符号消费，甚至我们每一个个体都可能成为消费的符号。也在这个过程中，出于追求优越的社会地位和卓越的社会权力，我们会对身体化形态以及客观化形态的文化资本所附着的符号进行有意识的选择，我们所消费的具有"符号"意义的商品或体验，不仅仅属于生活用品或者生活经验本身，同样属于审美、档次、财富、地位、价值以及生活方式的代表。

鲍德里亚认为："要成为消费的对象，物品必须成为符号，也就是外在于一个它只作意义指涉的关系——因此它和这个具体关系之间，存有的是一种任意偶然的和不一致的关系，而它的合理一致性，也就是它的意义，来自它和所有其他的符号——物之间，抽象而系统性的关系。"[1]鲍德里亚强调，符号消费绝不仅仅是为了简单的吃饱穿暖，符号消费的深层次动机是消费者的"自我实现"或者是"自我价值"的体现，当然，也包括"炫耀"在内。这可以用来阐释为什么人们在各类社会化媒体应用中呈现出的照片都用修图软件精心修饰过，关于食物、家居等的图片在拍摄之前还要精心布置，哪怕是一碗简单的皮蛋瘦肉粥或者是一碗平常的小面，都在周围花材、装饰品、杂志的衬托下，通过某种特殊的滤镜达到一种最佳的光影效果，有了超出饱腹感之外的意义。

传统政治经济学意义上的消费主要指物的使用和功能意义的获取。鲍德里亚所谓的符号消费，不仅仅是带来实物或者商品的消耗或使用，而且是为了表达"与众不同"。按照这样的消费模式，比如导致一种新的消费文化的形成，在这一新的消费文化中，符号的价值就体现出来。在当代的消费实践中，对产品特别是日常生活用品的符号化使用常常表现在等级符号、个性符号、时尚符号几个方面，无论是等级符号、个性符号，还是时尚符号的物品，都体现着当代产品的符号价值。[2]

消费品、消费体验和消费行为构成的符号系统在基于人与人的关系建立的社会化媒体网络中，既是意义的生成系统，也是表达沟通的系统。有符号意义的产品或者行为作为表达符号，展示着物品持有者或者行动者的社会身份与形象；作为沟通符号，通过特定物品、特定行为的无声

---

[1] 鲍德里亚. 物体系[M]. 林志明, 译. 上海: 世纪出版集团, 2001.
[2] 张涵. 波德里亚关于"消费社会"与"符号社会"的理论[J]. 山东社会科学, 2009(1): 118-124.

的表达与他人互动，进行意义交换和身份确认；符号价值的体验与获取是当代消费的内在主要动力。新的符号消费必然要对传统社会的原有的伦理道德和风俗习惯构成重大的冲击，并形成一种基于符号消费上的新消费文化或新人文主义。①

外卖

CNNIC 第 41 次《统计报告》显示，外卖高频市场需求已经形成，外卖平台和餐饮品牌开始重视打造外卖品牌。曾经一度，"外卖"所引起的联想，还停留在"简单""快速""将就""安全隐忧"等方面：

> 人们在社交网络中展示"外卖"的场景，不是加班就是孤单一人在家，更多地呈现出一个忙碌的、可怜的、孤单的、苦哈哈的形象；
>
> 餐饮外卖行业的不规范曾让"外卖"游离于食品卫生监测及管理之外，网友暴露的"外卖"的诸多食品安全问题在社交网络中广泛传播，甚至成为热点话题；
>
> 类似大学生、无业年轻人宁打游戏不做饭，常点外卖，家里垃圾成山的网络新闻和网络评论比比皆是；
>
> ……

"外卖"的符号意义由"快捷"变得和"孤独""忙碌""懒惰"或"生活低质"相关联。

"外卖"商家通过提升质量、设计包装、打造外卖 IP 等方式，着力提升外卖品牌的识别度和体验感。走在前面的"外卖"品牌给予消费者极大的惊喜，不再是简易的不卫生的白色塑料盒和粗劣的一次性筷子，不再是没有任何标识的"三无产品"——"外卖"大变样。外卖开始有了极富设计感的统一的标识，甚至还有店主充满个性化的手工文字；有了精美的包装，餐盒更环保更美观，还有连带砂锅一起送上门的，并附上

---

① 孔明安. 从物的消费到符号消费——鲍德里亚的消费文化理论研究[J]. 哲学研究，2002(11): 68-75.

可以回收砂锅的环保卡；食物摆盘更好看，注重形状和色彩的搭配，在味觉享受之前先给人愉悦的视觉享受；更强调健康和养身。

赏心悦目的外卖除了带给消费者味觉的满足，还带来了愉悦的心情、拍照的炫耀，人们通过朋友圈、微博、直播网站等社交媒体快速分享，移动设备的硬件提升以及美图、美拍软件的开发让一张张美食图片和一个个美食短视频麻辣鲜香，吸引了更多消费者"围观、体验"。而此时，在照片中露出的外卖品牌Logo也就自然而然地广泛传播。

消费者通过"炫耀式消费"自觉主动地为商家站台，以社会化媒体中的口碑分享促进了一个个外卖品牌的传播。部分外卖品牌的成功又带动了更多的"外卖"在硬件上更新换代、在软件上提升品位，从而带动了整个外卖行业产品质量、服务质量的提升，更多外卖商家在这个过程中重新定位消费者和产品，探寻个性化发展之路。不仅肯德基、必胜客等连锁餐饮品牌加入美食外卖中来，更多的知名中餐厅甚至火锅店也纷纷推出外卖业务。下午茶、瘦身套餐、特色餐饮私人定制等新的餐饮形式加入"外卖"队伍中来，给了批量化、快餐式的外卖发展更多风格的可能。

点外卖逐渐成为人们的常态化就餐方式。短短几年，外卖已经改写了中国人的吃饭方式，外卖消费出现了多元化趋势，不仅仅解决来不及吃饭的问题，还解决如何吃好的问题。人们点外卖的时间范围更广，从早餐、午餐、下午茶、晚餐到宵夜；点外卖的缘由更多样化，有为了加班省时的，有为了聚餐加菜的，有为了提升生活品质的，有单纯好某一口的，有休闲娱乐点个下午茶或点心的，有子女不在父母身边孝敬老人的……

"外卖"的符号意义有了新的内容："时尚""美味""团聚""格调""生活品质"。甚至，"瘦身套餐""下午茶"等"外卖"成为另一种时尚，代表一种摩登的生活方式。当红明星和时尚达人在微博上自嘲"只能吃草"（其实这是一种故意的炫耀），并适时地"晒出"并不便宜的"外卖"，社交网络中"意见领袖"青睐的这种讲究健康、追求瘦身的"外卖"引发更多希望讲究生活品质的年轻人追捧。

"外卖"因为符号意义的丰富而获得了极大的发展空间，行业的发展反过来推动了技术的提升和制度的完善。在技术层面上，智能语音助手、智能外卖贩售机、智能调度等应用不断投入使用并推广到大大小小的实体店终端和移动设备终端,进一步提升了配送效率。在制度层面上,国家食品药品监督管理总局发布《网络餐饮服务食品安全监督管理办法》,其他网络餐饮服务管理的制度法规也陆续出台,外卖行业的发展环境进一步优化。

和外卖的符号消费之路异曲同工的,还有民宿。

民宿

民宿和酒店一度是一对符号意义上的反义词,酒店代表的是"时尚""现代""尊贵""洋气""有品味",而民宿代表的是"简朴""便宜""节俭""接地气"。

我国经济的发展与国民收入水平的提高,促进了大众旅游和大众休闲的兴起,休闲度假市场进入快速成长期,人们出游更偏好个性化住宿,促进了民宿快速增长。有人总结了民宿火爆的6大因素:共享经济的思想影响、线上旅游平台的布局、现代人对乡村田野生活的向往、客房入住率高所以投资回收快、政策扶持、关注度高。

的确,民宿的市场关注度是所有住宿类型中最高的,一些媒体公众号推出民宿内容,动辄可以达到"10万+"的阅读量,许多民宿仅靠自媒体及社交网络人际口碑传播,就供不应求。能够让消费者口碑传播的,除了民宿固有的产品优势,如形式多样、房间个性化、特色化、多元化、高性价比、活动空间宽敞、生活设施齐备等,更愿意让消费者在社交媒体上分享的原因,是民宿带来的内心需求的满足需要表达,对理想生活的追求和实现需要展示。

民宿的主力消费群体是"80后""90后",占到总比例的70%以上,其中女性成员居多,年收入为5万~25万的中等收入水平,有固定的旅游度假习惯,重视旅游过程中的体验感,有一定的消费实力。[①]他们更追求与众不同的格调和在地的生活感。现代都市生存空间的挤压和紧张的

[①] 《数据解析:中国民宿市场现状及发展趋势》,参见 http://www.askci.com/news/chanye/20170714/111536102977.shtml.

人际关系让他们向往温情又清新闲散的生活，但彻底摆脱现实生活的束缚又是他们难于做到的，民宿让他们看见了想象中的自己，看见了"镜中我"。对理想自我的追求促使他们选择民宿，当住宿的环境和体验与消费者渴望的自我形象和期待一致的时候，当有情怀、有故事的民宿主与消费者友好互动产生超出交易本身的社交价值的时候，这种消费体验使消费个体对自我的认知增强。消费者精心拍摄的图片在社交媒体中展示、"炫耀"，获得他人关于"自我的想象"的点评和赞美，进一步提升了消费个体关于品味、审美等的自信水平，得到期望中的某个社交圈层的尊重和认可，从而获得社交网络中某种特定的良好印象。

选择民宿、"炫耀"民宿体验，是将民宿作为符号表达的"个性""格调""雅致""自然""脱俗"等内涵和意义作为消费的对象。消费者与民宿的关系并不仅仅是人与物、人与房子的关系，而是通过联想、欲望、社会认同等多种方式表达的人与人、人与社会的广泛联系，民宿的消费过程变成体验符号价值、个人品位及梦想欲望的过程。这是费瑟斯通倡导的追求风格化，"努力去享受、体验并加以表达"的生活，通过"设计好并汇合到一起构成生活方式的商品、服装、实践、体验、表情及身体姿态的独特聚合体中，把生活方式变成了一种生活的谋划，变成了对自己个性的展示及对生活样式的感知"①。

对民宿这一消费符号的认同带来了我国民宿行业的大发展。从2012年起步，到2015年，我国民宿行业的产值规模已经达到100亿元，环比增长150%。②截至2016年底，客栈民宿线上注册量总数达到50 200家③，除了国际著名的互联网社交民宿爱彼迎之外，国内的民宿互联网平台也蓬勃发展，除了携程、去哪儿等主力网站外，蚂蚁短租、小猪民宿、榛果、飞猪、住百家、自在客、途家等民宿平台也风生水起。近年的各项

---

① 张涵. 波德里亚关于"消费社会"与"符号社会"的理论[J]. 山东社会科学，2009(1): 118-124.
② 张慧敏. 共享经济下"互联网+民宿"现状及对策思考[J]. 现代经济信息，2017(2): 282.
③ 《数据解析：中国民宿市场现状及发展趋势》，参见 http://www.askci.com/news/chanye/20170714/111536102977.shtml.

旅游政策中均鼓励特色民宿的发展，在未来3～5年内民宿政策持续利好导向。

二手消费

符号消费既让我们表达自我，又在一定程度上约束、影响着我们，正如王铭铭所说："我们很少人能够抵御选择的社会性，我们今天的衣、食、住、行，基本的选择理性来自'摩登'所代表的方便与格调，它的背后时常隐藏着日常生活的价值判断，与现代社会的大众文化与阶级划分有着密切关系。"[①]就像曾经为人不屑的二手消费逐渐跨过大众心理界限，其本质的原因不是因为二手物品的超高性价比，而是消费者在全球社会化媒体互动中，逐渐接纳日本、欧美等发达国家关于二手物品的消费文化、消费习惯，与中华民族固有的勤俭节约观念以及现代社会倡导的环保消费理念相结合，从而转变消费意识的结果。

因为在社会化媒体中找到了同类人并且获得网络支持，我们更勇于、乐于表达自己关于二手消费的观念，年轻一代的消费者群体更是如此，对闲置物品的交易渐渐习以为常。电商平台、移动社交平台，都让闲置物品交易变得更便捷。二手物品买与卖都不再是寒酸抠门的表现，反而承载了环保的生活理念，在社会化媒体的推动下，逐渐被大众接受并成为一股消费潮流。不仅是普通大众接受了二手消费，明星和社会知名人士也加入二手消费中。女性、母婴闲置交易平台"花粉"的宣传语就是"明星都在用的闲置交易平台"，这个平台汇集了孙俪、刘涛、范冰冰、董璇、唐嫣、马伊琍等当红明星，明星效应和庞大的粉丝量让闲置物品买卖这一消费行为在社交网络中被更多的人接受并引为时尚。

二手消费，成了现代人环保理念以及合理消费、科学消费理念的代名词之一，而购买和使用能够用"Vintage"指称的有年代感的物品，如从老式家具、家居饰品、经典名车、经典服饰，甚至成为一种品味。尤其是老式家具，往往被看作经典、古旧、浪漫、艺术的实物表达符号；

---

① 王铭铭. 人类学是什么[M]. 北京：北京大学出版社，2012：66.

而购买老式家具，不管是中式的还是西式的，也往往被视为有文化品位的象征。

跨过了大众心理的界限，改写了"二手消费"象征意义后，通过社会化媒体网络的发酵，中国的二手市场进一步升温，消费者不断增加，电商平台和移动社交平台进一步融合，闲鱼、转转、猎趣、爱优品等应用逐步差异化发展。有数据显示，我国每年的闲置物品交易规模已突破4000亿元。①

点外卖、住民宿、买卖二手闲置物品——在社会化媒体的影响下，我们的消费文化和消费习惯加速了变化的进程，依附在日常生活之上的价值观也悄然改变。新的"生活方式"蕴涵着新的个性、新的意义及风格，影响着人们的身体语言、举止谈吐、衣食住行的选择、休闲的安排、家居的选择等，呈现出符号消费的表征性和象征性；人们也通过社会化媒体来了解、选择并展示有形、无形的消费并与他人积极互动，在这个过程中强化自我价值、彰显审美品位、表达风格个性、获取社会地位和社会认同。消费时代的现代人正在依赖社会化媒体自觉或者不自觉地去设计一种新的生活方式、去实践一种新的生活方式、去传播一种新的生活方式。

---

① 姜靖. 日本二手商品 App 四年估值已超 10 亿美金[EB]. 人民网：http://japan.people.com.cn/n1/2017/0921/c35421-29550002.html，2017-9-21.

能用众力，则无敌于天下矣；能用众智，则无畏于圣人矣。
——陈寿《三国志·吴志·孙权传》

第六章
社会化媒体下的合作与学习

人类社会普遍存在合作现象，这种合作就是社会合作，它是人类社会存在和发展的基础。马克思历史唯物主义观点认为，人类的一切形式的劳动，都要借助社会合作完成，学习也是如此。马克思在《哥达纲领批判》中指出："'劳动只有作为社会的劳动'，或者换个说法，'只有在社会里和通过社会'，'才能成为财富和文化的源泉'。"①马克思强调只有社会合作（社会劳动）才能产生社会财富和社会文化。尽管在不同历史时代以及不同社会形态中，社会合作以不同表象出现，但通过社会合作方式创造社会财富和社会文化，却是具有同一性的历史现象。

简单地说，社会合作是社会成员之间，通过纵横交错的联系和彼此间不断地协作，以实现共同的理想、价值、利益等诉求或目的的有序过程或行为，它是社会关系的一个哲学与社会学范畴。社会合作是世界普遍联系和内在统一的具体表现，是人类社会持续地、组织化地自我发展，是能动地改善物质生活条件和精神生活质量的学习与劳动。在人们的日常生活中，社会合作主要包括学习合作、劳动合作、生活合作、消费合作等。本章主要探讨人们日常生活中的学习合作。

休谟在《人性论》中解释了合作行为，他认为人类合作主要是基于三个通常是交叉叠加的原因：

第一，超过个人能力的不可分割的使命；

第二，基于专业化和交换之上的单位收益的提高；

第三，风险的控制。

---

① 哥达纲领批判[A]. 马克思恩格斯选集：第 3 卷[M]. 北京：人民出版社，1972.

这三个原因也可以用来阐释人们进入社会化媒体时代后社会合作行为的急速增长，当然前提是社会化媒体带来新的合作通道，以及在此基础上产生的新的合作模式。社会化媒体逐步融入当代中国人的工作、生活和学习中，逐渐形成了社会合作的技术基础和文化基础，也逐渐改变了当代中国人社会合作的方式、社会合作的广度和社会合作的深度。

第一节　社会合作的革新

> 人们在一起可以做出单独一个人所不能做出的事业；
> 智慧+双手+力量结合在一起，几乎是万能的。
> ——（美国）韦伯斯特

随着人的活动拓展到互联网领域并逐渐深入，人类的合作范围也不断发展。中国全面进入Web2.0时代后，社会化媒体网络的飞速发展已经到了一个比较理想的程度。一大批社会化媒体平台与应用如雨后春笋般兴起，覆盖率极高，构建了一个让个人和圈子、社群共享信息、生产内容的高频互动的平台，以几乎实时的速度，跨越了地域的阻碍，并且随时在线、随时在掌上，沟通低成本、高效率。这种革命性的方式极大地方便了人们的信息交流，拓宽了人们信息获取的渠道，人们获取知识的领域变得十分开阔，发表观点、传达信息也变得十分方便。这深入地改变了人们的劳动协作方式和学习方式，让社会合作可以超越时间、空间、民族、年龄、阶层等限制。社会化媒体网络是一个多元化空间，人们可以在其中休闲、生活、交流，也可以完成生活合作和商务合作。

跨时空合作

社会化媒体给企业、组织、团体和个人的沟通带来了巨大的革命和变化，也促使人们更热切地参与到社会活动中。社会化媒体信息碎片化、传送实时、"病毒式"传播、用户生产内容、高频互动的特性,给予社会化媒体网络中的每一个人平等参与社会事务的权利。每一个人都在社会化媒体网络中与他人建立了某种联系。从文字到视频,都可以在瞬间送达。世界成为地球村。我们可以跨越千山万水的阻隔,在现实生活不同的时空情境中,很方便地与"村"里的人交流、学习,很方便地与"村"里的人协同完成某项工作,仿佛他们就在隔壁。"社交"不久将成为人们每天相互交谈,合作解决问题的必备内容。

前互联网时代,我们工作、生活的半径更多地依赖交通工具的更新换代。从步行到自行车、摩托车、汽车、高铁,人们的生活半径从 500 米扩大到 1 千米、5 千米、10 千米、成百上千千米。在交通工具配备完善的基础上,在社会化媒体时代,我们工作、生活的半径扩展更多地仰仗信息传输技术的提升和社会化媒体网络及应用的完善与丰富。社会化媒体网络最大限度地节约了我们社会合作的时间成本。当今社会的网络结构将改变中国社会所拥有的空间概念,并会循着历史上曾经发生过的把自然空间转化为社会空间的逻辑去推动客观空间向主观空间转化。

人们在社会化媒体网络中能够合作的范围越来越广泛。在国内,人们可以通过社交网络完成跨地区、跨省份的档案完善、项目设计、医疗会诊、图书共享、教育教学课程共享、用户管理、企业营销等合作。例如,国外有病人自愿参与的医疗网络社交平台,往往是在没有专业医疗人员组织的情况下自发产生,病人贡献自己的数据,当然也可以接纳专业人士加入,从而更深度地推动医患互动。[1]国内也有自闭症患者的亲属搭建的互助社交平台,用于自闭症患者的亲属交流经验、互帮互助。还有糖尿病透析病人自发组织的医疗网络社交平台,用于交换数据、交流信息,以及医疗设备及医疗物品互助。甚至,社会化媒体可以帮助警察提高工作效率。[2]荷兰格罗宁根地区的警察充分利用 YouTube 上的视频进行办案,他们认为 YouTube 是"与公民合作以识别罪犯的最强有力的手段之一"。他们也使用 Twitter 来预防和跟踪目标,因为 Twitter 等软件可

---

[1] LEONARDI P M. Social media, knowledge sharing, and innovation: Toward a theory of communication visibility[J]. Information Systems Research, 2014, 25(4): 796-816.
[2] 商明杰. 社交媒体的使用纳入荷兰警察教育的思考[J]. 南方论刊 2017(7): 99-101.

以交换实时信息，实现信息共享。自 2015 年 5 月以来，约 9%的荷兰警察能熟练使用 Twitter，警区的官方 Twitter 拥有的大量粉丝使之成为一个快速的通信媒介，推文快速被转发，消息也随之被快速扩散。随着社会化媒体在我国的快速普及和广泛应用，我国的政务微博、警务微博及政务微信公众号、警务微信公众号已经在促进政府和民众的合作中发挥着越来越重要的作用。

在国际上，国际组织可以通过社交网络进行跨国的反恐侦查，经济组织可以通过社交媒体探究跨国商业的市场调查与商业模拟，研究机构可以通过社交媒体完成科研项目的联合申报、信息共享与行动策略实施，比如通过社交媒体大数据来探究"一带一路"沿线文化与合作交往模式[①]。

社会化媒体提供的是折叠的时间和打开的空间，其信息碎片化的特点，恰巧能够消除人们在现实环境中时间不同步、难以协调的尴尬，甚至时差也不是问题。当不需要实时讨论的时候，人们可以在某个社交应用上根据自己的时间，零散地、自由地去协同他人完成某项任务。社会化媒体人际关系基础上建立的各种大大小小的圈子、社区、群落，本身就提供了这个特定群体交流合作的场域，极大地减少了时间成本和交通成本。组织机构也好、企业也好，个人也罢，都已经越来越适应通过社会化媒体来推进内部合作和外部合作。

随着社会化媒体在中国的广泛普及，人们更多地在社交网络中完成信息沟通，在线讨论逐步取代了面对面讨论，在线支持能提供的不仅仅是文字的信息和口头的安慰，而是通过这些信息表达出来的思想的火花、智慧的力量和行动的策略。从面对面口语表达、书信、电报电话到网络，信息传递方式的变化，自然而然地会改变我们合作的方式。

在 QQ 兴起之初，人们认为它只能是聊天工具，但这样即时的通信工具最后成为普通人社会化合作的大平台。QQ 不仅支持文字、图像、语音及视频形式的在线聊天，而且可以点对点断点续传文件、共享文件和共享网络硬盘、远程控制他人电脑，并且可以与多种通信方式相连。我

---

① 吴胜涛，周阳，傅小兰，等."一带一路"沿线文化与合作交往模式探究：基于社交媒体大数据的心理分析[J]. 中国科学院院刊，2018(3): 298-307.

们通过 QQ 能够实现较为安全、高效的合作，和成百上千的 QQ 用户基于某一个话题或者是项目进行充分的交流。QQ 群不仅仅是一个聊天室，它是一个跨时区、跨地域、跨领域的"会议室"和"工作室"。QQ 群不仅帮助我们加强了强关系联系的频次，更强化和凸显了人际弱关系的作用。

  本书作者以在线问卷的形式，调查了 58 名本科高校的教师、344 名本科在校生运用 QQ 进行社会合作的情况，并选择个案进行了访谈。调查问卷统计结果显示：有 100 个以上（含 100 个）QQ 群的教师有 3 人、学生 16 人，分别占比 5.17%、4.65%；QQ 群数为 50~100 个（含 50 个）的教师有 36 人、学生有 204 人，分别占比 62.07%、59.30%；QQ 群数为 20~50 个（含 20 个）的教师有 19 人、学生有 124 人，分别占比 32.76%、36.05%；QQ 群数在 20 以下的教师和学生无。

  大多数接受调查的教师和学生表示，QQ 群是他们很重要的社会合作工具，用以完成工作中、生活中与各类社会关系者的协同合作。77.59%的教师和 99.42%的学生表示，每周登录 QQ 群至少 5 次及以上。大多数教师和学生表示，如果不看 QQ 群，将漏掉很多工作任务，错失很多机会；QQ 的群共享功能、文件夹传输功能、大文件传送功能是非常实用的功能；与弱关系联系人合作的频次较高，与强关系联系人合作的频次反而较低，弱关系联系人甚至是陌生人带来的新的信息和合作机会对个人影响和帮助更大。

  以成都某省属重点高校专业教师易某（男）为例，其一共有 QQ 群 101 个，主要包括以下内容：历届学生班级群、历届指导的毕业论文讨论组、历届指导的 3 个学生社团群、各类教师学习发展群、从小学一直到博士的同学群、多门课程讨论群、多个校企合作群、多个兴趣爱好群、孩子就读学校的班级群及家长群、所在教研室和系院及学校垂直管理口的群、多个项目群和主题工作群、多个临时交流建立但未注销的群。

  该教师表示，几乎现在不再用 QQ 作为日常交流工具，日常即时交流以微信替代，但不会删除 QQ，因为主要的生活合作和工作合作都在 QQ 上完成，如果脱离了 QQ，他的生活效率和工作效率将大打折扣，尤其是与学生的学习讨论和与国内外研究合作者的讨论，基本上都依赖于 QQ 群完成，除非必要，一般不采用面对面交谈、开会的形式。当然，有些生活方面的事情，通过 QQ 群也能够高效处理，比如家庭旅行，一般在校友群提出咨询，就能便捷地获取到当地的住宿、特色餐饮的各类信息，有时候还会直接和群内某个成员达成合作。

该教师特别谈到，他的 8 岁儿子所在班级的 QQ 群是他 101 个 QQ 群中很重要的一个群，老师和家长的沟通、作业的布置和上传、家委会的事务，以及某些学校活动和与其他家长的协同配合，全靠这个 QQ 群完成。

对于个人而言，QQ 是解决跨时空合作的重要工具；对于企业而言，企业 QQ 更是直接地满足了企业成员的各种内部通讯需要和企业对外联系的需求，提升了内部公众合作的效率，加强了和外部公众的沟通。

企业社会化网络合作

有研究者认为，社交媒体三分之二的价值来自"增强企业内部和企业之间的沟通和合作"，麦肯锡认为，通过运用全面的社交技术，可以使信息交互人员（包括管理者和专业人士）的工作效率提升 20%~25%。社会化媒体的特性不仅是利用社交网络和社会化媒体应用等发布信息，更重要的是以此为平台发起与现在合作对象及潜在合作对象的互动。社交工具可以使用户的对外交流合作更加畅通无阻，社交网络的共享和即时性，让内部协作变得更加容易。

从内部关系来看，社会化媒体使用促进了员工之间的交流与合作。社会化媒体提供给员工交流的通道是双向的，既弥补了大型企业因员工太分散而导致的面对面交流的不足，可以及时解决问题、澄清误会、协调矛盾、优化程序，又避免了耗时耗力以及有时候出现的面对面的尴尬。这样的双向通道很容易引发员工之间的交流与合作，并且不用考虑员工是在什么样的地理位置。

在社会化媒体中，个人或者某级组织，能够根据需要，突破现实的组织架构，自由地跨级、跨部门、跨地区构建若干个合作网络，让上行、下行、平行和斜向的沟通与合作变得非常畅通，有效地提高合作的效率和效果。社会化媒体各类产品联结起不同结构的新合作关系,这样的通道对员工来讲是工作场所之外的合作通道。新合作关系网络的成员构成在理论上可以是任意用户的集合,只要与网络中任一用户存在关系连接,便可以与网络其他成员发生关系,产生合作。社会化媒体图文并茂、音频视频实时传输的特性,丰富了沟通内容、增加了合作趣味,丰富的社会化媒体产品和应用也提供了合作的多种方式和可能。

研究者们发现,社交媒体能促进员工之间的互相学习。他们认为,社交媒体的发展目标之一就是加强员工之间的交互和内容的分享。Marwick 认为线上的论坛、讨论组和其他的线上的交互促进员工隐性知识的分享。[1]Long Alex Lai 也证明了内部讨论组对知识转移和分享的提升作用。[2]基于交流可见性理论,社会化媒体之所以可以促进员工之间信息的分享,一方面因为基于交流的可见性,社会化媒体使得任何一个员工都可以看见其他员工交流的信息;另一方面,交流的可见性可以让员工知道其他人的知识领域,从而在遇到问题时知道向谁询问相关知识和解决方案。[3]合理地利用社会化媒体,不仅会加强部门内和部门间的知识分享,而且同时提升员工和组织的知识创新能力。[4]通过社交媒体的知识分享,员工的社会资本也得到了加强。[5]更具前瞻性的企业还可以提高在社会化媒体时代捕捉、传输和存贮知识的能力,通过内部社交网络系统把企业的知识和经验保存下来,这样可以降低员工流失带来的损失。

从外部关系看,社会化媒体(微博、微信、直播平台、视频分享、社交网站)可以成为组织对外沟通的渠道,与外部利益相关者进行对话,还能促使超出企业界限的组织外部的虚拟社区和虚拟团体的形成,有利于企业和外部利益相关者的合作。社交媒体的热点聚焦效应,使企业能

---

[1] MARWICK A D. Knowledge management technology. IBM systems journal [J]. 2001(40): 814-830.
[2] LONG ALEX LAI. Knowledge management for Chinese medicines: a conceptual mode. Information Management & Computer Security[J]. 2005(13): 244-255.
[3] LEOPARDI P M. Social media, knowledge sharing, and innovation: Toward a theory of communication visibility. Information Systems Research[J]. 2014(25): 796-816.
[4] 赵英,杨阁,谢彩云. 基于SNA社交媒体对企业知识共享的影响研究[J]. 财经科学, 2014(10): 92-101.
[5] KLINE J, ALEX-BROWN K. The social body of knowledge: Nurturing organizational social capital via social media based communities of practice[J]. Technical Communication, 2013(60): 279-292.

够实现与目标用户之间和潜在用户之间更为广泛的沟通与合作。社会化媒体本身也吸引了大量的企业用户驻扎，这些企业利用社会化媒体提供各种类型的服务，社会化媒体的属性特征能方便企业全面判断潜在合作伙伴的资质和水平，从而获得更多合适的合作伙伴。

通过社交媒体，企业能够黏合用户，梳理用户需求，维护客户关系，推动公共关系发展，展开社会化营销。公共关系活动和社会营销活动，本身就是企业和更多个体用户或者企业的合作活动。社会化媒体能为企业带来的外部合作包括而不局限于：社会化媒体合作营销、拓展业务合作伙伴、拓展业务合作范围、接受客户反馈、开源式的产品构建与创新。

当然，社会化媒体作为一种最普遍的、便捷的、即时的双向互动沟通工具，也能够促使政府机构之间的相互参与及合作，以及政府机构和社会民众之间的合作，改善机构职能。社会化媒体打破了政府机构正式的层级，促使结构扁平化，缩短了老百姓参与信息交流沟通的路程，提升了信息传播的效率。可以基于社会化媒体的特性，把一些涉及面广的传统社会服务项目转移到线上，对原有的服务流程重新设计，使沟通和反馈途径多样化、速度更快捷，使服务更方便，从而提升社会服务的效率和满意度。

事实证明，社交媒体可以有效推动企业和政府机构的协作精神。融入社交媒体较快、较好的企业和政府机构，在与客户和民众互动及合作、吸纳客户和民众意见改进产品或服务、拓展合作关系、危机公关等方面的表现明显优于未融入社交媒体之前。因为本书主题的关系，对企业社会化网络合作以及政府部门社会网络合作不做深入的探讨。

互联网行业曾有一个说法是"社区沉淀内容、社交沉淀关系"，事实上，随着移动终端产品的演进，社区与社交的界限已经越来越模糊。拿Yammer来说，它最初只是一个通信平台，后来逐渐增加了许多新的应用程序，如：投票、链接、主题、问答、想法、活动源等，功能逐渐完善，成为企业用户青睐的社会网络服务平台。现在，Yammer有超过500万认证后的企业用户，用户可以使用免费的基本版，也可以付费使用进阶版，获得更高级的服务。Yammer所汇集的用户涵盖了《财富》杂志评定的500强公司的大部分员工，所能够产生的人与人、信息与信息、人与信息的碰撞是多元的,能提供社会合作的空间巨大。

就当前中国社会化媒体的现实来说,只有极少的社交内容以内容共享或在线社交的形式被利用,而事实上,几乎所有在工作场合的互动内容都是可以"社交化"的,企业社会化网络服务还大有市场。社会化媒体本身只是一个渠道或者平台,如何利用它推进社会合作,关键看使用者的思路。在社会化媒体中连接的个人也好、企业也好,本身没有雇佣关系和从属关系,无法用简单的行政命令或者企业规章制度去促进合作,个人和组织机构在其中的互动参与都是自愿的,这就需要转换思维,用数字化、社交性的互联网思维去展开合作、去推动合作。

弱关系凸显力量

作为人与其他动物本质区别的一个重要表征,社会合作一直在人类社会中存在。社会化媒体时代的社会合作和传统社会的社会合作相比,呈现出一些相同的和不同的特征。

社会化媒体时代的社会合作与传统社会的社会合作的相同性:

(1)整体性。传统社会的社会合作是依托一个系统整体而存在的,其要素就是参与合作过程的各个社会成员。社会化媒体时代的社会合作也是依托社会系统整体存在的,线上的社会化媒体架构和现实社会的架构高度地吻合。

(2)目的一致性。任何社会合作都有目的性,这个一定的目的决定着各社会成员的价值、利益等目的取向。只有参与社会合作的各社会成员目的相同或接近,才能达成合作,这一点在传统社会和网络社会都是如此。

(3)相互促进性。社会成员之间存在差异,因而彼此各有所长,在社会合作过程中,各个社会成员可以取长补短,共同进步。

社会化媒体时代的社会合作和传统社会的社会合作相比,也呈现出一些不同的特征:

(1)社会合作更频繁。社会化媒体低成本甚至零成本、高效率的传播特点,带来了更广泛的信息互动和人际互动,也促使了社会合作的范围更广、频度更高。

（2）临时性合作更多。社会化媒体网络结构中人员流动更频繁，信息流动更快捷，偶发的、临时性的社会合作增多。

（3）弱关系合作力量凸显。从社会合作的程度来看，人类社会的社会合作都受社会历史条件和现实客观条件的制约。传统社会中，囿于交通工具和传播工具，强关系合作比较频繁，而社会化媒体打开了弱关系的世界，弱关系在社会合作中的力量凸显出来。

传统社会中，人们在日常生活中接触最多的是强关系。强关系往往建立在先天的血缘关系和后天的业缘关系基础上，关系成员之间的背景和知识重复度较高，性别、年龄、教育程度、职业身份、收入水平等社会经济特征相似，同质性强。强关系朋友圈的重叠程度较大，群体内部相似性较高，因此，强关系圈子或社区的弱点是信息"窄化"，在一定程度上抑制了社会合作的创新性。

社会化媒体带动了人们和更为广泛的、浅层的弱关系的联系。弱关系往往不是通过人与人之间的关系进行关联，而是通过信息把人联系起来的。弱关系联结网更为广泛，甚至可以理解为"弱关系"串联起整个社会。

社会化媒体时代，传统的强关系网络日渐式微，而弱关系网络不断扩大。社会化媒体加强了以往人际交往中的弱关系，在面对面沟通、电话沟通之外，搭建了弱关系的多媒体化高频交流平台，让原来不可能的沟通结构变得可能，让原来不可见的沟通内容变得可见，让知识利用变得高效，因为合作关系的搭建，让弱关系有了更多转换为强关系的可能。即使是上线之初主打强关系联系的微信，也增加了更多添加好友的方式，扩大了弱关系范围，尤其是在微信上线多年后的今天，人们的微信好友名单上的联系人，早已经不再是熟人关系为主，更多的是弱关系联系人了。人们已经掌握了微信的联系人分组的方法，也适应了微信作为一般社会交际的通联工具。

弱关系之间社会经济特征不同，异质性较强，分布范围较广，更容易跨越社会结构与阶层的界限去获得信息和其他资源，容易获得陌生的、新鲜的信息。信息来源多元化、信息内容异质化，便于吸纳群体智慧，进而创造出更多的社会流动机会，从而推动社会合作的革新。

非血缘基础上的网络弱关系中的人际关系更应该是互惠互利的，大量研究表明，"弱关系"是不同社交人群之间分享信息的重要渠道，与一个人的工作和事业关系最密切的社会关系往往不是"强关系"，而是"弱关系"，弱关系的数量与质量也是衡量一个社会信息开放和活跃程度的重要标志。马克·格兰诺维特认为，在探究一些网络现象时，使用弱关系的概念比使用强关系的概念来得重要。弱关系虽然不如强关系那样牢固，却有着极快的、低成本和高效能的传播，利于合作对象的选择、合作内容以及合作方式的革新。

从社会合作的角度看，社会合作的客观条件不同，社会合作的原则和方式也就不同。随着信息技术的发展，社会合作出现了新局面；在社会化媒体下，学习与劳动也必将出现新模式和新业态。

网络社区合作

英国路透社《2016数字化信息研究报告》显示，在18~24岁年龄段的用户中，有超过60%的用户表示非常依赖通过在线媒体获取信息；而28%的用户更甚，他们认为社交媒体能够取代他们所有的在线工具。从中国社会化媒体后来居上以指数级发展的情况来看，这个比例在中国也不会低。人们使用社会化媒体的在线时间越来越长，线上生活也成了真实生活的一部分。社交媒体连接起了我们的现实生活和真实社区，也在网络空间中构建起虚拟社会和社区、群落、圈子。

从主打陌生人社交的QQ到主打熟人社交的微信，人们在利用社交媒体开展社会合作的道路上越走越深广。熟人社交、半熟人社交让人们在开展线上合作的时候更具有安全感。从最开始以即时通信为主，支持发送视频、图片、文本、语音等多媒体消息，到逐渐增加建群、传送文件、添加小程序等功能，可以组建高达500人的群聊和高达9人的实时视频聊天，微信除了是通联工具，还日益成为越来越多人工作、生活中完成协同合作的平台。

本书作者以在线问卷的形式，调查了 137 名本科高校的教师、273 名本科在校生运用微信进行社会合作的情况，并选择个案进行了访谈。调查问卷统计结果显示：有50个以上（含50个）微信群的教师有3人、学生7人，分别占比2.19%、2.57%；微信群数为20~50个（含20个）的教师有103人、学生有218人，分别占比75.18%、79.85%；微信群数为10~20个（含20个）的教师有31人、学生有46人，分别占比22.62%、16.85%；微信群数在10个以下的教师没有，学生有2人，占比0.73%。

大多数接受调查的教师和学生表示，微信群是他们很重要的社会合作工具，主要用来完成生活中与各类社会关系者的协同合作。86.13%的教师和98.9%的学生表示，每周登录微信至少10次及以上。大多数教师和学生表示，如果不看微信，会有心理上的缺失感，也会漏掉很多生活当中有用的、便利的信息和可能的机会；微信中群发红包、点对点转账、二维码收款、个人名片及位置共享功能非常实用，对社会合作的某些必要环节帮助很大；与强关系联系人合作的频次较高，与弱关系联系人合作的频次较低，但与弱关系联系人甚至是陌生人的合作有增多的趋势。

以重庆某市属高校教师高某（女）为例，其一共有微信群49个，主要包括以下内容：不同类型的闺蜜群、父系亲戚群、母系亲戚群、家庭群、若干工作群、多个师生群、多个涉及吃喝玩乐购的本地化生活群、从小学到硕士阶段的校友群、工会群、科研团队群、微商团队群、微商客户群、多个兴趣爱好群、妈妈帮互助群、个人能力提升群、多个临时交流建立但未注销的群等。

该教师表示，微信是日常最常用的即时交流工具；许多生活合作都在微信上完成，也有不少工作上的合作逐渐往微信转移，尤其是非职务内的工作合作；如果脱离了微信群，她会感觉举步维艰、费时费力。生活中很多和他人的多人互动与合作已经习惯通过微信群来完成，尤其是与闺蜜、朋友、家人关于生活中吃穿住行及消费的合作，基本上都依赖于微信群完成。

该教师谈到，微信提供了她和不同类型的社会群体开展合作的平台。在她以及部分亲戚的推动下，家族的重大事项的议事过程，都通过微信群来完成。由于该教师在业余时间从事重庆特色即时性方便火锅的线上经销，参加的经销团队课程培训也是在微信群完成，收付款通过微信完成，对老客户的维护和新客户的拓展一般也通过微信群和朋友圈完成。该名教师谈到，吃喝玩乐购的本地化生活群在生活当中特别有用，家里大小事情，小到育儿吃饭，大到装修购车，往往都能在各类生活群中找到合作的对象或者线索。

通过访谈，分析该教师各类群的建立过程，不难厘清她参与的各种微信合作群基本是两种建群模式："机构复制"导向和"工作项目"导向。从对该位教师的访谈中可以看出，这两种类型的微信群各有优势。

"虽然我们学院已经有了 QQ 群，但是学院办公室还是牵头建立了微信群，全学院的老师都加入了。我感觉这两个群不一样。因为 QQ 群建立得早，大家已经习惯了在里面发布与接收通知、文件、资料、工作安排，这个习惯就沿袭下来。新建的微信群更多地用于活动通知、日常事务交流、生活交流、学习交流、情感交流。我感觉我们这个微信群的气氛比 QQ 群更轻松一些。每逢传统佳节或者特定节日（比如说教师节、三八节甚至是儿童节），院领导或者某个同事就会倡议发红包，重点不在于钱，而是气氛非常融洽。老师们关于生活的、读书的很多感悟、分享，也都会发到微信群里面，我们都觉得这个群既是工会之家，也是队伍建设的阵地。"[1]

可以看出，"机构复制"的微信群与物理存在的机构空间有极大的不同，比起现实的机构群来，微信群里成员更集中，结构扁平化，信息交换便捷，互动频繁，人际距离感很近。这样的群既是现实工作群的一定人际关系的延伸，又提供了一种超乎现实的交流情境，可以让群成员之间跨越日常互动的障碍和限制，并衍生出更复杂多样的非正式群体。在"机构复制"的微信群中往往产生比平时更多的交流，有助于工作资讯、个人观点、情感情绪分享，可以提高群体认同和信任，在一定程度上起到组织认同感构建的作用和分享工作情绪、个人观点的作用。

"我个人很喜欢临时建群。我们全校有 1000 多教职工，根据工作性质有多个从职能部门到二级院系的垂直交流群。我所在学院有教师 60 多

---

[1] 访谈时间为 2017 年 9 月 24 日，访谈对象是重庆某高校教师。

人，会因为各类工作产生不同的交集。如果每次都在垂直交流群或者学院大群里面找人，一是不方便协调，二是有时候会搭错线。这个时候我喜欢根据项目、工作的范围来拉群，一个项目一个群，项目完成后这个群可以保留，也可以解散。哪怕同时进行着不同的项目，因为微信群把对象进行了分类分组，所以有条不紊、效率还高。我们今年有个在线课程的建设，就拉了一个群，集体备课、教案修改、资源建设等，都是在群里面协调完成的，课程素材和课程资源也都发在群里面大家共享，必要时候还可以发起多方通话或多方视频，这确实省时省力。而且比较有意思的是，往往这些项目群完成任务后，大家都不愿意解散，虽然也不怎么在里面发言，但总觉得这个群的人有着某种特殊的关联，在某些特定事件的触发下也会偶尔热闹一下。"①

"工作项目"微信群提升了跨部门层级的行动协调，降低了工作任务的不确定性，有助于上级对下级的激励和监督，成为权责再分配的有效机制。②不管是"机构复制"式还是"工作项目"式，在网络结构上联结的人越多，社会化媒体就越有着惊人的生产力。

人们通过社会化媒体联结，基于共同的兴趣、特定的关系，构建起大大小小的圈子、群、部落、吧、社区，也就是构建起了网络中的社区。网络社区是指由网上相邻或相互关联的若干社会群体和社会组织构成的网上网民共同体。③网上社区有多种分类方法，有学者将网络社区分为交易社区、兴趣社区、关系社区和幻想社区四类。社会化媒体网络社区的兴起及其在现实工作和生活中的应用降低了人们维护关系的成本，成为这个时代人们交流和协作的主要方式。

社会化媒体网络的社会合作，至少包含了以下三类关系：一类是人与人的关系，即通过强、弱关系达成的社会合作，另一类是信息与信息之间的关系，还有一类是人与信息的关系。信息，成为社会化媒体中流

---

① 访谈时间为 2017 年 9 月 24 日，访谈对象是重庆某高校教师。
② 黄佳扣. 微信中的中国地方政府及其日常运作——社交媒体技术的组织复制与塑造[J]. 甘肃行政学院学报，2017(2): 17-29，124.
③ 王欢，郭玉锦. 网络社区及其交往特点[J]. 北京邮电大学学报（社会科学版），2003(4): 19-21.

动的重要内容。人们普遍认为社交媒体能够完善民众的知识结构，提升知识水平；事实的确如此。人们可以借助知乎、果壳、百度文库、豆瓣以及各种专业论坛和社群组织参与活动，平等讨论交流，自主发布观点和信息，收集反馈和回应。社会化媒体的自主性和便捷性，使之成为人们合作的最广泛通道，也成为人们学习的最便捷平台。

第二节 学习的新方式

> 独学而无友，则孤陋而寡闻。
> ——《礼记·学记》

社会化媒体作为一种社会化网络工具，在改变人们对信息的获取渠道、生产渠道、传播渠道限制的同时，深刻地影响着人类的学习方式，这是人类学习史上的一次重大变革。

当今世界，科学发展日新月异、知识经济方兴未艾，知识更新速度加快、周期缩短，知识总量呈几何级数增长。这个时代对人类创新能力的要求大大提高，对人的素质的要求也越来越高，人力资源的重要性日益凸显，学习成为个人、组织以至全社会的迫切需要，学习型社会的提法应运而生，其核心内涵是全民学习、终身学习。社会经济、政治和文化的发展是学习型社会提出的根本动因；学习型社会是时代发展和社会进步的产物。

现代人才学上有一个"蓄电池理论"，是指一块高能电池的蓄电量也是有限的，就像人一样。人的一生只充一次电的时代已经过去，只有成为一块高效蓄电池，不断进行周期性充电，才能不间断地、持续地释放能量，这对我们抓好终身学习有重要启示。联合国教科文组织国际教育发展委员会提出的报告《学会生存》也曾经预言：未来社会最终将走向学习化社会。

中国正在开展学习型社会创建活动，这既是回应时代的要求，也是当代中国应对世界竞争的重大课题。习近平同志多次强调要顺应信息技术的发展，推动教育变革和创新，构建网络化、数字化、个性化、终身化的教育体系，建设"人人皆学、处处能学、时时可学"的学习型社会，从学习型家庭—学习型组织—学习型社区—学习型城市—学习型社会等多个不同的层次来构建学习型的当代中国图景，社会化学习正是探索构建"学习化社会"的有效途径之一。

社会化学习

社会化媒体时代的信息高速传播、低廉到近乎为零的网络成本、庞大的社会化媒体用户都为社会化学习提供了有利的条件。不在场的真实互动性、用户生产性和开放性，使得虚拟空间和现实空间中的人群界限越来越模糊，人与人的层级、距离越来越淡化。社会化媒体网络和传统网络相比，更宏观更深入地影响和改变了人们的生活。这种影响可以通过社会化媒体点对点地发生，也可以通过社会化媒体网络投射到更大更广的网络结构中。毫无疑问，社会化媒体作为分享知识和集体学习的在线学习平台已经越来越流行，它帮助使用者之间建立起多元的沟通，帮助他们高效地分享想法和收到实时的反馈。

在较长的一段时间内，社会化媒体曾经被视为学习的干扰，最多被认可为是人性化的交流方式。事实上，使用社会化媒体不仅是个人和组织在交流密切的社交时代所必需的交际技能，同时也是基于潜能和潜力进行高效合作的发展技能，更是一种包罗万象且适用范围极广的学习技能。社会化学习不再是现实生活中业已存在的自发学习风气的一种借助社会化媒体的补充形式，而是未来人们重要的学习方式。超越个体局限的学习是永无止境的。互联网和社会化媒体使我们在学习的时候几乎可以随心所欲，在社会化媒体时代，学习不再是被禁锢的有限资源和限制的固定形式，而变得前所未有地开放和自由。

近年来社会化学习的界定比较混乱，没有统一的说法，有研究者通过描述性定义，指出社会化学习一般包含以下属性：

（1）学习在个体层面已经发生认知变化，这种转变可以是浅层的，比如回忆、感知新知识；也可以是深层的，比如个人态度的转变、世界观或信念的形成。

（2）超越个人维度，成为社会交往网络中的一员，在社交网络成员之间通过社会互动发生学习，交往和联结是学习的动力。

（3）成员间的互动可以是直接的也可以是间接的，直接如面对面交谈，间接如通过各种社会化媒体、大众媒体，当前最具特色的是由Web2.0应用程序构建的学习环境。①

社会化媒体有着新媒体的一切特性，公开性、高参与度、交流性、便捷性、即时性、自由性、社区化和连通性等，都在一定程度上改变着人类学习的方式；社会化媒体独有的不在场的真实互动性、用户对内容的生产性两大特点，又使社会化媒体时代的社会化学习呈现出和互联网时代的明显不同：

第一，知识的新的流动方式出现，知识变得流动、开放。

凯文·凯利认为，"这一刻上网的亿万人并不是把时间浪费在愚蠢的链接上，而是进行着富有成效的思考，包括快速地得到答案、搜索、反馈、做白日梦、浏览、接触不同事物、写下自己的想法、发表哪怕是微不足道的意见。我们在网上肆意'冲浪'，'上蹿下跳'，在各种信息之间切换，刷微博或发送状态，不断熟练地浏览新内容，做白日梦，质疑一切事实。这种新的生活模式并没有错，它体现了一种特征，同时也是对淹没我们的数据、新闻和事实的海洋做出的合理回应。我们必须保持流动和机敏，流转在各种观点之间，因为这种流动性反映了我们周围动荡的信息环境。这种模式既不是懒惰的失败，也不是放纵的奢侈，而是繁荣发展的必由之路……不要把这种流动和浅薄相混淆。流动性和互动性同样能让我们迅速把目光转移到比以前更复杂、更庞大、更深奥的工作上。"②

在人类传播史上，人类经历了五次革命——语言传播、书写传播、

---

① 王帆. 微时代社会化学习新解[J]. 中国电化教育，2013(10): 14-18.
② 凯文·凯利. 必然[M]. 周峰，董理，金阳，译. 北京: 电子工业出版社，2016: 323.

印刷传播、电子传播、互动传播（以电脑为主体、以多媒体为辅助的多种功能的信息传播）。每一次传播革命都对社会进步具有重大的推动作用，将人类带进一个新的境界、新的时代。互动传播在社会化媒体时代又引领我们进入一个新的境界，越来越轻薄的手机成为主体，多媒体信息成为内容。如果在印刷传播时代，读写流利意味着一个人可以理解文字并灵活运用的话，那么社会化媒体时代，读写流利就意味着一个人可以轻松检索任何想要的资料，轻松理解动态影像，轻松地用多媒体手段表达出来。

美国科技、商业领域作家尼古拉斯·G.卡尔（Nicholas G.Carr）认为，书籍具有四种一成不变的体征：书页是一成不变的，版本是一成不变的，介质是一成不变的，完成度是一成不变的。这种一成不变，不仅仅体现在书籍，还体现在内容的一切形式上：音乐、电影、图表，等等。而在全民互动介入内容生产的社会化媒体时代，一切内容都是开放的，流动的，改进的，就如同电子书的内容可以时时被更新、补充、标记、注解，我们可以得到每一个属于当下时间的独特版本。

印刷品时代，文化的根基在文本当中；数字时代，也许文化的根基会迁徙到屏幕上面。本雅明在《机械复制时代的艺术作品》一书中论述了机械复制技术的发展给艺术领域带来的一系列变革，他把艺术从一向被人们所崇敬的神圣的"祭坛"上拖了下来，机械复制技术制造了"世物皆同的感觉"，消解了古典艺术的距离感和唯一性，导致古典艺术的"灵韵"消逝，即艺术美境的流失。但是这对于人类来讲是幸事，数十亿人第一次能在日常生活中接触到优秀作品，在人类摧毁了传统的同时使现代艺术具有了新的特点、价值和接受方式，也成就了创意产品前所未有的黄金时代。而今天，另一个关于知识、关于学习、关于分享的黄金时代正在来临。我们所处的社会化媒体时代，文化变得流动、快速和开放，我们每个人都在里面阅读、吸收养分、拼接真相。

第二，知识的新的扩张机制产生。

传统的知识扩张是以知识的线型结构为逻辑关联的，而社会化媒体带来一种建立在社交关系互动上的新型的知识扩张机制。与通过专业型网站或搜索引擎进行的知识学习不同，这种知识扩张机制提供了一种新的知识扩展链，它既有内在的逻辑关联，又使知识的扩展不过分封闭在某一个领域内，因为这种扩展不是以专业分类为基础的，而是以"人"为基础的。

以豆瓣为例。豆瓣不是以严格专业分类为基础的，是基于兴趣聚合的。按照豆瓣网的宣传语来说，是"提供图书、电影、音乐唱片的推荐、评论和价格比较，以及城市独特的文化生活"的。豆瓣网创始人杨勃认为："豆瓣网是一个以个人为中心的网站。用户能看到自己感兴趣的人、东西和书，但有一个问题，时间长了以后，你会发现你的兴趣限制在自己的圈子里，你看的东西将越来越窄，用户没有机会去发现一些新东西，这是一个问题。虽然排行榜是大众流行的，但它有它的意义。通过排行榜可以看到别人关心什么东西，可以跳出自己的视野。"[①]因此，先"求同"再"求异"，成为豆瓣成员知识扩展的一种重要方式。豆瓣的评论以及人际关系的作用，对于人们探求新知识的愿望有更强烈的促进作用，在知识学习方面的效果通常也会更好。当然，与此同时，别人的评论等也会给自己带来先入为主的印象，完全取决于别人或者网站的推荐也会在知识扩展方面存在一定的局限。[②]

第三，社群化的学习和研究模式逐渐成熟。

不管是以教育学习为目的，还是以科学研究为目的，不管是普通民众，还是专业人员，都日益习惯社群化学习，并逐步摸索出社群化学习的有效方法，并激励、影响、培养、催生出社会化媒体时代的新的学习文化。这一点将在后文细说。

第四，知识生产大众化趋势明显。

虽然互联网时代开始提供和累积海量的资源，但社会化媒体时代开启了大众知识生产的最大可能，大众生产知识成为知识产生的常态。伴随大众参与知识生产的步伐，越来越多的非教育领域从业人员开始以知识生产和知识分享为创业增长点，知识变现成为可能。

---

① Web2.0 上的文化之旅-豆瓣网创始人杨勃谈 web2.0.排行榜和小众文化[EB/OR]. 参考新华网 http://www.xinhuanet.com/xhft/20061107/index.html.
② 彭兰. 社会化媒体理论与实践解析[M]. 北京：中国人民大学出版社，2015: 333-334.

知识的大众生产

除了高效、实时地分享与传播，获取信息与反馈外，社会化媒体带来的更大影响是推动知识的大众生产。互联网给了普通大众获取海量资源的可能，但知识生产的权利仍然更多地掌握在专业人士手中，大众缺乏参与的便捷性和途径。社会化媒体则给了普通大众参与知识生产的众多平台和最大可能。

知识与符号、数据、信息等概念往往联系在一起。世界银行对数据、信息和知识进行了区分：数据是未经组织的数字、词语、声音、图像等；信息是以有意义的形式加以排列和处理的数据（即有意义的数据）；知识是用于生产的信息（即有意义的信息）。信息经过了加工处理、应用于生产，才能转变为知识。[1]因此，数据位于最底层，其上面一层是信息，再上面一层才是知识。

知识生产是指人们在物质生产的过程中发明、发现、创造各种为物质运动的转化提供条件与能量来源的思想、观点、方法、技巧等的过程。与物质生产相比，知识生产是更高层次的生产力，具有信息性、探索性、创造性与非重复性、低可比性和继承性。[2]经济合作与发展组织把"知识生产"界定为知识的创造和创新，或者新的研究成果的出现，包括传统的科学和技术知识以及其他一切知识的制造或创造。

一般而言，知识生产者包括两类群体：一类是科研专业人士，他们负责提供系统的、能够通过逻辑证实的科学知识；另一类是普通民众，他们提供经验知识，这部分知识往往没有严密的逻辑系统，更多的是基于经验、技巧和认识等方面的个人经验。知识的大众生产出现以前，通常所说的知识生产者是指前者。

大众生产是一种新型知识生产模式，泛指世界各地的网民在互联网上进行的合作型知识生产活动。大众生产这个词最早出现是在2012年。

---

[1] 世界银行. 1998/99年世界发展报告：知识与发展[M]. 北京：中国财政经济出版社，1999.

[2] 王绍平，陈兆山，陈钟鸣，等. 图书情报词典[M]. 上海：汉语大词典出版社，1990.

2001年，NASA（National Aeronautics and Space Administration）面向广大互联网用户发出邀请，一起来确认飞行器所拍摄的火星地图照片。让活动发起者没有想到的是，响应者众多，成千上万的互联网用户积极地投入进来，出色地完成了这项本该由天文学专家处理的任务，效果远远超出了活动发起者的预期。耶鲁大学法学教授 Benkler 关注到了该事件的效果，在2002年发表的文章中将之称为"大众生产的涌现"（Emergencing of Peer Production，简称 EPP）①。Benkler 将"大众生产"（peer production）界定为"分散在各地的互联网用户共同生产并共同享用知识产品的知识生产模式"，并将这些分散的互联网用户称为"大众生产参与者"（peer producer），他认为大众生产参与者是基于对回报的期望而参与生产的。Benkler 指出，大众生产具备以下特征：大众生产是在线社区；与传统知识生产模式比较，大众生产是一种新的知识生产模式；大众生产是一种新的产业组织方式（不靠雇佣与外部激励的组织）；大众生产是兼具自由、民主、平等的新事物。

在知识经济时代，团队知识生产模式已经被广泛接纳和使用，学者们对团队知识生产的互惠偏好、合作机制及互惠行为的研究发现，知识团队互惠合作是创新的源泉，知识生产协同创新活动过程中，需要具有激励与约束功能的互惠制度来提高知识团队的协同创新效率。这种基于结构、制度保障的团队知识生产，仍然不同于我们所说的社会化媒体时代的大众生产。伴随着社会化媒体的繁荣、移动通信终端的普及和互联网技术的提高，人们几乎可以在任何地方、任何时间参与网络上的知识生产，哪怕是最简单的，如编写词条。伴随着知识生产模式的转变，知识生产者也出现了变迁，这些业余爱好者正在改变他们涉足的每个领域。和传统的知识生产相比，社会化媒体时代的大众知识生产呈现出明显的差异：

（1）传统知识生产模式是线下模式；大众知识生产是在线模式，是基于社会化媒体网络进行的合作式知识生产。

（2）传统知识生产的参与者主要是专业知识工作者；后者的参与者更多的是非专业科研人员。大众知识生产是业余爱好者和专业人士的同

---

① BENLKLER Y. Coase's Penguin, or, Linux and The Nature of the Firm[J]. The Yale Law Journal, 2002, 112(3): 369-446.

场竞技。更多的人是在获取知识的同时又主动地参与知识生产，这一现象也是 Web2.0 理念下使用社会化媒体学习获得主导权后，个体积极性得以充分发挥、个体创造性得以解放的必然趋势。这一发展趋势对于构建学习社会化的重要意义在于，通过大众参与知识生产，知识长尾将发挥其不可估量的作用。

（3）专业人士受到具体职业、职级等社会身份的制约，往往有雇佣关系和管理层级和任务驱动存在，以物质收益为主要激励方式；业余人士则相对自由，以自愿为主，受到的约束较少，不以物质激励为行为驱动。

（4）传统知识生产的过程更完整、更系统化；大众知识生产更零散、随机、碎片化。

（5）传统知识生产的参与者合作范围有限、频次有限；大众知识生产的参与者之间跨领域、跨地域、跨国家的合作更为频繁。

国外主要以维基百科、谷歌学术、Quora[①]等为典型，尤其维基百科是公认的大众知识生产项目典范。国内主要以知乎、百度知道、果壳、豆瓣、新浪微博、微信和简书[②]为代表，这些都是典型的中文大众知识生产项目，其参与者绝大多数是中国社会化媒体用户。给中国现有的知识平台简单分类的话，大致可以分为问答类、互动类以及音频专栏类三种。问答类的代表是知乎、分答、悟空问答等，主要生产社会化的轻知识。互动类的代表是知乎 Live、在行等，主要是满足用户垂直领域学习的需求。音频专栏类有得到、蜻蜓 FM、豆瓣时间等，相对来讲内容更专业，呈现形式更多媒体化，往往需要"知识大牛"、专业团队和平台共同配合完成。如蜻蜓 FM 的《矮大紧指北》[③]《蒋勋细说红楼梦》、喜马拉雅的

---

① Quora 是一个问答 SNS 网站，由 Facebook 前雇员查理·切沃（Charlie Cheever）和亚当·安捷罗（Adam D'Angelo）于 2009 年 6 月创办。
② 简书是一个创作社区，任何人均可以在其上进行创作。用户在简书上面可以方便地创作自己的作品，互相交流。简书成为国内优质原创内容输出平台。参见百度百科，https://baike.baidu.com/item/%E7%AE%80%E4%B9%A6/5782216?fr=aladdin，2018-4-28。
③ 《矮大紧指北》是由蜻蜓 FM 与高晓松联合出品的音频节目。@矮大紧指北官方微博 2017 年 7 月 13 日公布，上线仅仅一个月，该节目付费用户规模已经超过 10 万人。《矮大紧指北》首月付费用户超 10 万 创行业新高，参见网易新闻，http://ent.163.com/17/0713/16/CP85MTG9000333J5.html，2017-7-13。

《好好说话》《小学问》等。

从知识管理的视角来看，现有的很多社会化媒体产品并非偏重知识产生、知识传播和知识共享，而主要偏重信息传播（如微博）和情感沟通（如微信），在知识传播上更表浅、碎片。相对而言，维基、博客等更容易沉淀知识，专业性更强。但新崛起的微信公众号也可以成为大众知识生产的聚集地，不论是个人的还是社会团体的微信公众号，都可以成为知识沉淀的平台。社会化媒体所起的作用不是单向的、碎片化的知识传播，而是将用户形成的知识进行沉淀，形成竞争力。

人们越来越看重知识的核心竞争力，在信息爆炸的知识经济时代，人们需要有人帮助自己筛选和提炼知识，为此，他们愿意进行知识消费。知乎，就起到帮助人们筛选和提炼知识的作用。所以，知乎确定的产品定位是知识分享性的社区平台，当然，作为人们获取信息知识的平台，知乎也在积累用户、沉淀知识。这从知乎和同类典型产品的比较就能看出差别：知乎的产品定位是"中文互联网最大的知识社交平台"，百度知道的产品定位是"中文问答社区"，简书的产品定位是"一个基于内容分享的社区"；知乎的广告语是"与世界分享你的知识、经验和见解"，百度知道的广告语是"全球最大中文互动问答平台"，简书的广告语是"创作你的创作"。

简单地说，知乎就是一个建立在问答基础上的网络社区，但知乎确定的核心用户是各行业的"精英大牛"以及各方面优秀内容的生产者，知乎在创立之初严格实行的邀请制最能体现这一特征，有效提高了信息质量和用户水平。在知乎上，有很多人们常常听说但接触得很少的职业人士，如投资人、桥梁设计师、最高人民法院的法官等，还有些人甚至都没有听说过的小众职业，比如高频交易员、种猪选育人员等，都在知乎上进行活跃的分享。

2013年3月知乎放松准入门槛，开放公众注册，用户复杂程度提高，信息质量也有所下降，但是社区文化和核心用户群还是决定了知乎小众化、轻社交的风格。知乎通过比"百度知道"更为有效的用户管理和用户自筛选机制、主页推送机制来确保高质量和专业化的知识社区氛围，所以知乎的内容沉淀较好。以医疗领域中的心脑血管疾病来说，知乎就有"缺血性脑卒中的早期血管开通治疗"这样相对处于较专业领域的问题存在，类似的还有"冠脉造影是怎么做的？""钢结构建筑渗漏成因及解决方法？""如何理解人类的线粒体病多为母系遗传，说明其中核质冲突的直接原因更多地来源于线粒体基因的突变？"这样的问题。

当然以上这些问题在书本上或者专业期刊上也能够找到答案，然而普通用户有两个难以突破的困境，第一是对专业书籍、学术期刊、各类数据库的占有不够，第二是综合整理资料并通过解析获取答案的能力不足。我们对资料、数据的占有情况决定了我们获取到的知识是否正确、是否前沿。而多数社会化媒体知识平台的注册门槛是大多数人可以迈过的，以知识性内容为主而非信息传递为主的微信公众号更是无门槛的。

与一般的知识平台相比，刷微信公众号学习的程度或许相对深一些；与系统的专业学习比较，微信公众号学习还是碎片化阅读，但这些知识更新快，可以满足大多数人的一般性学习。除了各学术机构和学术刊物的微信公众号外，以下微信公众号也得到不少用户的认可：人文社科类的黑蓝、未读、读书有疑、利维坦、罗辑思维、新生大学、社会学了没、逻辑学等，艺术创意类的埃姆创意、理想国、Artist、蝉创意、VART、橄榄古典音乐等，财经类的创业家、价值线、经纬创投、零壹财经、老金扯谈、吴晓波频道、长投学院、格上理财等，互联网及传播类的艾瑞网、插座学院、36氪、199IT互联网数据中心、借智等。

更重要的一点是，书本和数据库给我们的答案往往是静止的、固定的、少解的，而在社会化媒体平台上，由于更多人的参与（知乎上相当多的内容提供者甚至是本着学术标准的要求来进行答案写作的），我们可以获得更多的答案，这个答案被不断更新和修正（社会科学领域的问题尤其如此），是动态的、多解的，这恰好弥补了书籍、期刊的局限性。

知乎2017年9月20日宣布，截至2017年9月，知乎个人注册用户总数超过1亿，日活跃用户量达2600万。从下载量、平均日活跃用户数和人均访问时长来看，知乎已经成为国内知识型社会化媒体产品或平台的典型代表。

知乎联合艾瑞共同发布的2017年《知乎用户刻画及媒体价值研究报告》（以下简称《知乎报告》）指出，超七成用户使用知乎的目的是搜索专业内容自我提升，专业知识分享和有趣的话题内容最受他们关注；用户对知乎的使用黏性和满意度也比较高，专业、真实、原创是他们对知乎的主要印象。①《知乎报告》显示，知乎用户的高学历、高收入、高购买力让其整个群体呈现出高价值特性。知乎高学历人群占比达到80.1%，硕士及以上人群比例高于总体水平，近两成用户拥有海外留学经历。中高收入及小康用户是知乎主力人群，占比76.0%。作为一个知识平台，渴望通过知乎学习知识与自我提升的用户占比最多，达70.6%；使用知乎提问和查找专业领域知识的用户占65.5%，他们的主要行为是浏览和搜索话题内容。除此之外，还有43.1%的用户在知乎通过写文章和回答问题分享自己的知识和经验，20.4%的用户通过与作者互动来结识"大牛"。通过知识，知乎把有学习需求和乐于分享的人连接在了一起，形成了独具特色的知识海洋和知识生态圈。

社会化媒体的出现更改了我们获取信息的方式和知识生产的方式，也就同时重组了我们整个学习的过程，协作学习和协作研究变得必须和更容易实现。

学术创新、科研创新的一个重要来源是学科的交叉融合。在海量科研资料和海量信息的困境下，传统的学术会议、研究团队合作、论文发表等渠道远远不能满足交流的需求，论坛、BBS等网络交流渠道早已兴起，而社会化媒体的快速增长推动了社交科研网络的迅猛发展。在社交科研网络中，科研人员的关联方式主要与其所属机构、学科、交流制度和学术活动相关，跨越地域、学科、身份、种族、机构等限制的弱关联科研人员之间的多向、动态、随机、随时、随地的沟通和交流对于科研创新更为有效。②拿科学家社交网站ResearchGate③来说，虽然不接受广告和第三方资助，同时对注册的会员有严格的要求，但目前已经拥有140

---

① 知乎发布用户报告：用户群体多元化，认为知乎专业、真实、原创[EB/OR]. 搜狐网 http://www.sohu.com/a/199103017_362315，2017-10-20.
② 张素芳. 网络社区学术资源关联研究[D]. 天津：南开大学，2012：5-6.
③ ResearchGate是一个科研社交网络服务网站，2008年5月上线。网站旨在推动全球范围内的科学合作，用户可以联系同行，了解研究动态，分享科研方法以及交流想法。目前有140万注册用户，涉及192个国家和地区。资料来源：百度百科，https://baike.baidu.com/item/ResearchGate/1911386?fr=aladdin，2018-4-30.

万注册用户。目前国内的科研社交网络发展势头良好,学术博客、学术社区、学术微博、专业 QQ 群、科研微信群、学术刊物和科研机构的微信公众号等构建起越来越丰富的"网络科研社区"[①]。

如果说网络科研社区仍然是以研究生、科研人员为主的话,那么学习成长型社群大量出现,则真正体现了社会化媒体对整个社会学习方式、学习形态的改变。

学习成长型社群

国内外研究者早就关注到社会化媒体辅助教学、促进学习的功能。国外研究者研究了 Podcast、Facebook、Twitter 等社交媒体功能在教学中的运用,证明 Web2.0 工具所构建的情景化协作学习平台融合了真实与虚拟多重学习空间,可以提升外语学习者的自主性、活动参与度、信息共享水平及在线社会化水平。[②] Joseph 等通过实验论证了基于社交媒体的交互学习环境更有利于学习。[③] 基于社交媒体交互环境的协作学习作为一种有效的在线学习方式,若能恰当使用,有助于学习效率和质量的提高。[④]

多数社会化媒体是没有准入机制的,是一个开放式平台,其优势是参与者众多,扩充了知识、经验、信息的丰富性、延展性和多解性,弥补了专家学者研究角度的局限性;带来的问题是信息的同质化、低质化,甚至是谣言、伪科学。社交网络给了沉默的大多数发声的机会,也给了专家学者走出象牙塔的机会,这是一个参与面广阔的讨论平台。当然,信息海量、参与者众多但注意力资源稀缺难免带来"劣币驱逐良币"的

---

① 网络科研社区指的是与科研人员有关的非交易型网络兴趣社区,指由于科学研究和科学交往的需要形成的科研人员网络学术交流圈子。参见张素芳:《网络社区学术资源关联研究》,南开大学,2012 年,博士论文,第 37 页。
② MONDAHL M & RAZMERITA L. Social media, collaboration and social learning a case-study of foreign language learning[J]. The Electronic Journal of e-Learning, 2014, 12(4): 339~52.
③ JOSEPH CHAO, KEVIN PARKER, ANTHONY FONTANA. Developing a social media interactive learning environment[J]. The Journal of Issues in Information scisnt and Information Technology, 2011(8): 323-334.
④ 赵怡斐. 基于社交媒体交互环境的研究生协作学习研究[D]. 北京:中国矿业大学,2017.

现象和"马太效应"。符合传播学特征的内容往往广受注目，理性严谨的言论却反响平平，各种评分、排行等评判机制也加重了以上现象。

目前，国内的社会化媒体与教学、学习的结合主要有三种形式：第一种是通过社会化媒体教育网站完成；第二种是在传统教学网站植入社会化媒体的部分功能，尤其是社交功能；第三种是在社会化媒体平台植入教育教学内容。因为社会化媒体平台和应用的丰富多样以及庞大的用户群体、极高的覆盖率，第三种的影响力更为广泛，学习成长型社群应运而生，参与人数之多、受众之广前所未有。

自 2016 年开始，朋友圈最流行的不是晒美食、晒美景，而是晒学习。随便翻翻，我们就可以在自己的微信朋友圈看到以下内容：

——宅在家的豆豆妈妈英语学起来！"懂你英语"累计打卡 66 天，今日学习时间 40 分钟，行动力超过 75%的同学！

——我是××幼儿园的大米姐姐和小米妹妹，在参加"21 天阅读养成好习惯"亲子品质阅读活动，第 7 天打卡。

——#××区青少年活动中心××绘本馆"为爱朗读 21 天"#第 20 天。与小周周一起读《现在我很棒》，讲的是现在的我比小孩子大，比大孩子小，我到底是大孩子还是小孩子呢？心得：我要快快长大，变成大孩子，就能够帮妈妈做饭啦！

——我已经在百词斩上坚持了 246 天，今天过招 100 个单词。

——跟林青霞的唯一偶像蒋勋老师一起聆听《红楼梦》，每天 20 分钟，听最美声音，400 集音频连播放送！回看隔世人生，重温红楼梦！（长按二维码入群）

——家里小朋友背起来，中小学生必背古诗词，由国家一级主播董卿老师带领朗读，国家级教授联合倾力打造，每天一首诗，让全国中小学生积淀深厚中华文化。（长按二维码入群）

——新的一年，我已经报名由董卿老师发起的"朗读者"训练营，每天训练 10 分钟，跟着央视主播轻松学朗读，让自己的声音更具感染力！赶紧加入吧！

——我已经加入高晓松唯一音频节目"矮大紧指北"。扫码进群！48 年生活阅历，52 张人性底牌。高晓松没说的话，矮大紧讲给你听。拯救尬聊，做一个武装到牙齿的文艺青年！

——我正在听《凯叔讲三国》。每天 10 分钟，让孩子通过聆听，轻松熟知三国故事，寓教于乐，了解历史典故，积累文学知识，提高文化修养！

……

还有更多的规律性地晒绘画作品的、晒习作的、发练习音频的、发人生感悟的，都是加入了某个学习圈或者成长群，通过微信朋友圈表达正在自律学习，力求蜕变！似乎一夜之间，学习成长型社群就遍地开花。

我国经济的快速发展和物质生活水平的提高，带来人们对精神文化需求的提升。消费升级的浪潮下，人们关注自我成长，对文化、技能、精神的学习充满热情。选择社群式的方式来学习成长，这既是提升自我的需要，也是在快节奏、强压力、高焦虑的社会环境下，抱团取暖、互相督促、对抗知识焦虑和内心孤独的需要。

和企业型社群、产品型社群相比较，学习成长型社群的普遍性更强，涉及的面更广。一般而言，学习成长型社群可以分为如下三类：

（1）自我成长、自我提升类。这类社群往往是封闭性的，有人数的限制和个人条件或费用等准入门槛，主要是满足个体提升自我知识、技能、专业素养的需求，以社群的力量来进行监督，提升学习积极性。如秋叶 PPT、芝士会社群、运营研究社、混沌研习社、Better Me 社群，李笑来社群的共同写作、行动派社群的协作创新、Scalers Talk 社群的英语学习等。

（2）求知会友类。主要以书籍、电影、音乐等的分享连接成员，组织结构比较松散，社群往往不具有封闭性，主要满足人们的文化精神需求和高层次的交友需求。如吴晓波书友会、樊登读书会、蒋勋说红楼、知更社区等。

（3）生活服务类的。社群的学习内容不局限于单纯知识的获取，还包括了各种各样的生活方式培养，如烘焙、下午茶、中式茶艺、亲子、两性关系等，主要满足人们相互影响、追求积极健康的生活方式、提高生活品位和个人修养的需求，如微信公号"灵魂有香气的女子"的粉丝社区香蜜会、趁早社群的跑步健身、荔枝汇的美容沙龙和下午茶、面包公社的烘焙、私席社群的时尚美丽经等。

随着各类社群的喷发，学习成长型社群也在聚合、裂变，一些高价值和强输出能的成熟社群越来越大，还有一些知识型大 IP 社群化的规模也逐渐壮大。如，樊登读书会已经有超过 60 万付费学员，社群层级设定了省级、市级以及县级代理，而香蜜会则开通了 40 多个城市社群和兴趣社群，人数已经超过 2 万人。从前文所列朋友圈关于学习成长型社群的内容可以看出，在大社群、大 IP 之外，一些更加垂直、私人化、地域化的小型学习成长社群更为常见，这些社群影响力虽然不如大社群，但形式灵活多样、线上线下的互动性很强。

学习成长型社群带来的不仅仅是专业知识和泛化的经验、技能，而且是一种学习意识、学习自主性、研究精神和探索精神的培育，更带来对社会价值观的塑造和对社会大众生活态度、生活方式的影响。随着社群这一学习方式越来越成熟稳定，知识付费也逐渐为人们接受并成为社会共识。

知识付费

知识付费是指内容创造者将书籍、理论知识、信息资讯等知识与自身认知积累融合，并对其进行系统化和结构后梳理转化成标准化的付费产品，借助知识付费平台所搭建的付费机制与业务模式传递给用户，以满足用户自身认知提升、阶级归属、丰富谈资等需求的创新产业形态。[1] 知识付费的本质，就是把知识变成产品或服务，以实现商业价值。知识付费有利于人们高效筛选信息，付费的同时也激励优质内容的生产。[2]

随着中国经济形势带动整体消费水平的提升和大众消费结构的变

---

[1] 王传珍. 中国知识付费行业发展白皮书 2017[EB]. https://www.analysys.cn/analysis/trade/detail/1001061/，2017-12-06.

[2] 资料来源：百度百科，ttps://baike.baidu.com/item/%E7%9F%A5%E8%AF%86%E4%BB%98%E8%B4%B9/20788292?fr=aladdin，2018-04-30.

化，人们对优质内容付费的认可度和意愿也随之提升，催生了一大批连接用户和内容生产者的知识付费平台。知识付费不同于出行和外卖行业"高频+刚需"的应用场景，知识交易的频率相对较低且个性需求差异大，但用户对专业化、垂直化的优质内容的渴求日益强烈，基础条件及宏观环境利好，所以知识付费行业仍发展强劲并且潜力巨大。在知识付费APP"得到"的"001号知识发布会"上，"得到"创始人罗振宇就谈到，"得到"的典型用户年龄、身份、地位、状态各不相同，但唯一相同的特征就是强烈的求知欲，和许多知识付费产品的忠实用户一样，他们有很强的焦虑感，很希望能"抓紧时间过好这一生"。

2017年，中国的知识付费行业明显迈入高速发展期。目前用户规模较大的知识付费产品有以喜马拉雅FM、得到为代表的音频录播，以知乎、简书为代表的图文分享，以分答、微博为代表的在线问答，以荔枝、腾讯课堂为代表的视频播出，以在行为代表的一对一咨询。据易观数据2017年12月6日发布的《中国知识付费行业发展白皮书2017》(以下简称《白皮书2017》)对独立APP中的用户数据监测统计显示，2017年1-10月最高用户规模，喜马拉雅FM达3652.7万人，知乎达1378.05万人，豆瓣达485.15万人，得到达301.26万人，分答有36.41万人。①一方面，用户规模较大的知识付费产品在着力提升产品质量和服务质量；另一方面，众多的小规模的知识付费产品在逐渐渗透市场。付费知识产品内容日益多元化，除了比重较大的文化、亲子、成长、财经、技能等内容外，还有职场、健康、两性、艺术等内容。

优质的内容既是吸引用户的核心价值点，又可以直接变现，也就是知识变现。一般而言，知识付费产品的付费模式有三种：

(1) 订阅合辑付费模式，如喜马拉雅FM、得到、豆瓣等。吴晓波频道相关内容的订阅费是一年180元，罗辑思维打造的"得到"订阅费是一年199元。樊登读书会的优质内容需要付费，一年388元。十点读书的"十点课堂"，美妆、手绘、社交技巧等教程的费用从69元到199元不等。

---

① 王传珍. 中国知识付费行业发展白皮书2017[EB]. https：//www.analysys.cn/analysis/trade/detail/1001061/，2017-12-6.

（2）打赏模式，如知乎 Live、简书等。一对多实时问答互动产品知乎 Live 采用了两种形式收费，Live 开始前接受少量金钱赞助参与，Live 结束后用户需要原价购买回顾。前后购买的知识内容是完全一样的，费用差别却很大。这刺激了用户获取知识的欲望，也在一定程度上培养着用户为知识买单的消费习惯。

　　（3）单次付费模式，如分答、在行、微博等。以杏仁医生为例，杏仁医生提供的是医疗类的个性化、针对性的咨询服务，有图文咨询、电话咨询两种形式，可以选择包月，也可以选择单次付费。根据医生职称、学历、从业经验的不同，单次付费的金额从十几元到上百元。以某县级市二甲医院的杨姓儿科医生为例，电话咨询 25 元一次，图文咨询 15 元一次，特色服务费 80 元一次。相比而言，个性化服务可以创造更高的价值，但服务群体和服务频次有限，产品的规模化效应难以取得。

　　多数付费产品综合使用了多种付费模式。过去的 2017 年，知乎 Live、得到、分答、豆瓣、喜马拉雅 FM、蜻蜓 FM、微博、微信及自媒体平台都有较佳的业绩。表现最为突出的是喜马拉雅 FM，2017 年整体销售额高达 1.96 亿元，是知识新经济崛起的典型代表。

　　据易观数据《白皮书 2017》数据分析的结论，知识付费平台未来发展趋势如下：一是知识付费平台运营模式从"平面化"向"垂直化"纵深。二是传统内容与付费模式结合，垂直细分内容逐渐显现，兴趣引导类产品将大有作为。如喜马拉雅 FM 汇集了一批传统教育转行到知识付费的"大师"，豆瓣聚集了数量众多的文艺主播，而核桃 LIVE 聚齐了两性及健康领域的主播。三是冲动性付费变为理性付费，用户更愿意为专业买单，用户对内容的选择将更为挑剔。

　　知识付费的影响深度仍有待观察，但"终生学习"已成社会共识，这也是知识付费的本质需求。在当前竞争激烈的国际环境下，知识已经成为个人和组织最重要的战略资源，是个人和组织竞争优势的根本。但并非所有人都意识到了社会化媒体在促进个人和组织学习与合作方面的功用，远没有把它上升到终身学习和社会合作的高度。未来，充分发挥社会化媒体在促进社会学习与合作方面的潜力，方能打造知识竞争力，构建当代中国的学习化社会。

参考文献

[1] 阿格尼丝·赫勒. 日常生活[M]. 衣俊卿, 译. 重庆: 重庆出版社, 2010.

[2] 阿格尼丝·赫勒. 现代性理论[M]. 李瑞华, 译. 北京: 商务印书馆, 2005.

[3] 德华·苏贾. 后现代地理学[M]. 王文斌, 译. 北京: 商务印书馆, 2004.

[4] 安东尼·吉登斯. 社会学[M]. 李康, 译. 北京: 北京大学出版社, 2010.

[5] 安格斯·迪顿, 约翰·米尔鲍尔. 经济学与消费者行为[M]. 龚志民, 等, 译. 北京: 中国人民大学出版社, 2005.

[6] 班杜拉. 社会学习理论[M]. 陈新银, 李伯黍, 译. 沈阳: 辽宁人民出版社, 1989.

[7] 包亚明. 现代性与空间的生产[M]. 上海: 上海教育出版社, 2003.

[8] 包亚明主编. 文化资本与社会炼金术——布尔迪厄访谈录[M]. 上海: 上海人民出版社, 1997.

[9] 保罗·莱文森. 数字麦克卢汉[M]. 何道宽, 译. 北京: 社科文献出版社, 2001.

[10] 保罗·维利里奥. 解放的速度[M]. 陆元昶, 译. 南京: 江苏人民出版社, 2004.

[11] 鲍德里亚. 消费社会[M]. 刘成富, 全志钢, 译. 南京: 南京大学出版社, 2001.

[12] 尚·布希亚. 物体系[M]. 林志明, 译. 上海: 上海人民出版社, 2001.

[13] 本尼迪克特·安德森. 想象的共同体[M]. 吴叡人, 译. 上海: 上海人民出版社, 2011.

[14] 彼得·德鲁克. 管理的实践[M]. 齐若兰, 译. 北京：机械工业出版社, 2006.

[15] [法]布尔迪厄, [美]华康德. 反思社会学导引[M]. 北京：商务印书馆, 2005.

[16] 曹进. 网络语言传播导论[M]. 北京：清华大学出版社, 2012.

[17] 陈力丹. 精神交往论[M]. 北京：开明出版社, 1993.

[18] 陈原. 社会语言学[M]. 上海：学林出版社, 1997.

[19] 陈原. 社会语言学[M]. 北京：商务印书馆, 2004.

[20] 戴维·莫利. 认同的空间——全球媒介、电子世界景观与文化边界[M]. 司艳, 译. 南京：南京大学出版社, 2001.

[21] 凡勃伦. 有闲阶级论：关于制度的经济学研究[M]. 李华夏, 译. 北京：中央编译出版社, 2012.

[22] 费尔迪南·德·索绪尔. 普通语言学教程[M]. 高名凯, 译. 北京：商务印书馆, 1985.

[23] 弗雷德里克·詹姆逊. 时间的种子[M]. 王逢振, 译. 南京：江苏教育出版社, 2006.

[24] 弗里兹·马克卢普. 美国的知识生产与分配[M]. 孙耀君, 译. 北京：中国人民大学出版社, 2007.

[25] 郭庆光. 传播学教程[M]. 北京：中国人民大学出版社, 2011.

[26] 胡明扬. 西方语言学名著选读：2 版[M]. 北京：中国人民大学出版社, 1999.

[27] 胡易容, 赵毅衡. 符号学-传媒学词典[M]. 南京：南京大学出版社, 2012.

[28] 吉尔·利波维茨基, 塞巴斯蒂安·夏尔. 永恒的奢侈：从圣物岁月到品牌时代[M]. 谢强, 译. 北京：中国人民大学出版社, 2005.

[29] 杰克·理查兹. 朗曼语言学词典[M]. 刘润清, 等, 译. 太原：山西教育出版社, 1993.

[30] 凯文·凯利. 必然[M]. 周峰, 等, 译. 北京：电子工业出版社, 2016.

[31] 柯林斯. 互动仪式链[M]. 林聚任, 王鹏, 宋丽君, 译. 北京：商务印书馆, 2009.

[32] 克莱·舍基. 未来是湿的——无组织的组织力[M]. 胡泳, 沈满琳, 译. 北京：中国人民大学出版社, 2009.

[33] 卡尔波普尔. 客观知识：一个进化论的研究[M]. 舒炜光, 卓如飞, 周柏乔, 等, 译. 上海：上海译文出版社, 2015.

[34] 利奥塔尔. 后现代状况[M]. 车槿山, 译. 南京：南京大学出版社, 2005.

[35] 李砚祖编著. 外国设计艺术经典论著选读（下）[M]. 北京：清华大学出版社, 2006.

[36] 李良荣主编. 媒介研究的进路[M]. 北京：新华出版社, 2004.

[37] 刘文富. 网络政治网络社会与国家治理[M]. 北京：商务印书馆, 2002.

[38] 迈克·费瑟斯通. 消费文化与后现代主义[M]. 刘精明, 译. 南京：译林出版社, 2000.

[39] 迈克尔·比利希等. 辩证与思考[M]. 李康, 译. 北京：中国人民大学出版社, 2011.

[40] 米兰·昆德拉. 缓慢[M]. 严慧莹, 译. 长春：时代文艺出版社, 1999.

[41] 莫斯科维奇. 社会表征[M]. 管健, 高文珺, 俞容龄, 译. 北京：中国人民大学出版社, 2011.

[42] 尼古拉·尼葛洛庞帝. 数字化生存[M]. 胡泳, 等, 译. 长沙：湖南出版社, 1997.

[43] 欧文·戈夫曼. 日常生活中的自我呈现[M]. 冯钢, 译. 北京：北京大学出版社, 2008.

[44] 欧文·戈夫曼. 污名——受损身份管理札记[M]. 北京：商务印书馆, 2009.

[45] 皮埃尔·布尔迪厄. 区分：判断力的社会批判[M]. 刘晖, 译. 北京：商务印书馆, 2015.

[46] 齐美尔. 时尚的哲学[M]. 费勇, 等, 译. 北京：文化艺术出版社, 2001.

[47] 乔治·瑞泽尔. 后现代社会理论[M]. 谢中立, 译. 北京：华夏出版社, 2003.

[48] 萨丕尔. 语言论[M]. 陆卓元, 译. 北京: 商务印书馆, 1985.

[49] 石义彬. 单向度、超真实: 内爆——批判视野中的当代西方传播思想研究[M]. 武汉: 武汉大学出版社, 2003.

[50] 苏平, 田士杰, 吕守玉. 打造有吸引力的学习型社群[M]. 北京: 机械工业出版社, 2017.

[51] 隋岩. 符号中国[M]. 北京: 中国人民大学出版社, 2014.

[52] 托尼·宾汉姆, 玛西娅·康纳. 新社会化学习: 通过社交媒体促进组织转型[M]. 邱昭良, 等, 译. 南京: 江苏人民出版社, 2014.

[53] 涂尔干. 社会分工论[M]. 渠东, 译. 北京: 生活·读书·新知三联书店, 2013.

[54] 托斯丹·本德·凡勃伦. 有闲阶级论[M]. 蔡受百, 译. 北京: 商务印书馆, 2004.

[55] 特里·伊格尔顿. 瓦尔特·本雅明或走向革命批评[M]. 郭国良, 陆汉臻, 译. 北京: 商务印书馆, 2015.

[56] 于根元. 网络语言概要[M]. 北京: 中国经济出版社, 2001.

[57] 约瑟夫·斯特劳巴哈, 罗伯特·拉罗斯. 今日媒介: 信息时代的传播媒介[M]. 熊澄宇, 等, 译. 北京: 清华大学出版社, 2002.

[58] 张廷国, 郝树壮. 社会语言学研究方法的理论与实践[M]. 北京: 北京大学出版社, 2008.

[59] 张公鹏. 文化仪: 自我认同与他者认同的向度[M]. 北京: 社会科学文献出版社, 2007.

[60] 查尔斯·霍顿·库利. 人类本性与社会秩序[M]. 包凡, 王源, 译. 北京: 华夏出版社, 1999.

[61] 赵毅衡. 符号学原理与推演[M]. 南京: 南京大学出版社, 2011.

[62] 周洪波. 述评: 网络语言的位置[M]. 北京: 光明日报出版社, 2001.

[63] 朱庆华, 等. 新一代互联网环境下用户生成内容的研究与应用[M]. 北京: 科学出版社, 2014.

[54] 祝畹瑾. 社会语言学概论[M]. 长沙: 湖南教育出版社, 1992.

[65] 赵瑞琦. 网络爱国主义: 源流、利弊与策论[M]. 北京: 中国传媒大学出版社, 2012.

[66] 卞冬磊，张希颖. 媒介时间的来临——对传播媒介塑造的时间观念之起源、形成与特征的研究[J]. 新闻与传播研究，2006（1）：32-44，95.

[67] 段雅丽. 创新物流模式重建游戏规则——互联网思维下的中国物流业[J]. 物流技术，2015（8）：17-18.

[68] 方晓红，牛耀红. 网络公共空间与乡土公共性再生产[J]. 编辑之友，2017（03）：5-12.

[69] 高岩. 公共空间2.0?——论Web2.0视角下网络公共空间的转型[J]. 广西大学学报（哲学社会科学版），2011（5）：84-87.

[70] 郝妍. 朋友圈微商的印象管理——基于拟剧理论的分析[J]. 青年记者，2017（2）：88-89.

[71] 胡泳. 互联网并不是性别中立的——谈网络公共空间中的性别问题[J]. 新闻与传播研究，2014（12）：54-62，120.

[72] 华中科大新闻与信息传播学院课题组. 微博意见领袖的印象管理策略研究[J]. 新闻前哨，2014（2）：23-26.

[73] 黄含韵. 中国青少年社交媒体使用与沉迷现状：亲和动机、印象管理与社会资本[J]. 新闻与传播研究，2015（10）：28-49，126.

[74] 蒋俊男. 社交网络中青少年的印象管理行为 [J]. 青年记者，2014（27）：73-74.

[75] 靖鸣. 微信"晒客"行为及其自我认知研究[J]. 武汉大学学报（人文科学版），2016（6）：115-124.

[76] 匡亚林，马健. 网络公共空间的"净化"与秩序建构[J]. 科学社会主义，2016（06）：83-87.

[77] 雷牡丹. 网络传播与社会控制——以"薛蛮子事件"为例[J]. 前沿，2014（6）：149-150.

[78] 刘诗白. 论现代知识生产[J]. 福建论坛人文社会科学版，2005（4）：4-10.

[79] 李小永. 大学生旅游网络分享行为印象管理策略研究[J]. 华北水利水电大学学报（社会科学版），2016（5）：110-113.

[80] 李正华. 社会规则论[J]. 政治与法律，2002（3）：6.

[81] 厉梅. 在速度和记忆的深处——"缓慢"初窥[J]. 书屋，2004（5）：78-80.

[82] 林虹宇. 印象管理理论中的传播学思想与启示[J]. 新闻研究导刊，2014（10）：40-41，43.

[83] 林远泽. 姿态、符号与角色互动——论米德社会心理学的沟通行动理论重构[J]. 哲学分析，2017（1）：61-97，197.

[84] 刘砚议. 微信朋友圈中的"印象管理"行为分析[J]. 新闻界，2015（3）：58-61，66.

[85] 鲁肖麟. 社交网络自拍中的印象管理与自我认知[J]. 陕西教育（高教，2015（2）：5-7.

[86] 陆益龙. 法律性的社会学建构——评尤伊克和西贝尔《法律的公共空间——日常生活中的故事》[J]. 社会学研究，2003（01）：226-237.

[87] 罗以澄，姚劲松. 中国传媒在公共空间建构中的角色考察[J]. 新闻大学，2012（4）：1-6.

[88] 潘霁. 公共空间还是减压阀？"北大雕像戴口罩"微博讨论中的归因、冲突与情感表达[J]. 国际新闻界，2014（11）：19-33.

[89] 曲彦斌. 计算机网络言语交流中的身势情态语符号探析[J]. 语言教学与研究，2000，（4）：25-31.

[90] 石平. 让网络空间清朗起来[J]. 求是，2013（18）：51-52.

[91] 孙祯祥. 网络文化传播中的人文精神缺失与重建[J]. 浙江大学学报，2006（2）：73-76.

[92] 唐宏峰. 网络时代的影评：话语暴力、独立精神与公共空间[J]. 当代电影，2011（2）：15-21.

[93] 唐玉环. 网络新词"晒"的形成和发展——语言符号与传播的互动[J]. 湖南师范大学社会科学学报，2012（5）：130-133.

[94] 汪波. 中国网络公共空间：镜像、异化与理性建构[J]. 南京农业大学学报：社会科学版，2011（4）：60-65.

[95] 王欢. 微信朋友圈"晒"现象研究[J]. 重庆邮电大学学报（社会科学版），2016（3）：76-81.

[96] 王晓婧. 基于印象管理理论分析的面子呈现策略[J]. 东北师范大学学报（哲学社会科学版），2015（2）：109-113.

[97] 王卓亮. 人际交往中的印象管理[J]. 厦门科技，2004（6）：57-58.

[98] 吴晓东. 福克纳的时间哲学[J]. 读书，2002（9）：145-151.

[99] 辛文娟. 大学生社交网络中印象管理的动机和策略——以微信朋友圈为例[J]. 情报杂志，2016（3）：190-194.

[100] 徐国源. 网络公共空间与知识分子价值重构[J]. 新闻大学，2015（5）：8-12.

[101] 闫方洁. 自媒体语境下的"晒文化"与当代青年自我认同的新范式[J]. 中国青年研究，2015（6）：83-86.

[102] 严从根. 论公共空间意识教育[J]. 教育研究，2016（5）：60-65.

[103] 姚纬明，徐亚萍. 大学生社交网站中的印象管理倾向与自尊——一般自我效能感的关系[J]. 南京中医药大学学报（社会科学版），2016（1）：42-45.

[104] 殷俊. 自媒介与公共空间的再转型[J]. 国际新闻界，2008（9）：31-35.

[105] 俞吾金. 马克思时空观新论[J]. 哲学研究，1996（3）：9.

[106] 袁艳. 传播学研究的空间想象力[J]. 新闻与传播研究，2006（1）：45-50，95.

[107] 张涵. 波德里亚关于"消费社会"与"符号社会"的理论[J]. 山东社会科学，2009（1）：118-124.

[108] 赵冬晶. 限制性的自我和社会化的表演——读新浪名人微博的印象管理[J]. 新闻世界，2013（9）：136-137.

[109] 赵云泽. 从技术到政治：中国网络公共空间的特性分析[J]. 国际新闻界，2013（11）：73-87.

[110] 郑素侠. 技术创造环境——对麦克卢汉传播思想的一种考察[J]. 当代传播，2006（2）：30-32.

[111] 郑晓涛. 大学生个体印象管理对其社会网络质量的影响[J]. 中国心理卫生杂志，2007（7）：464-468.

[112] 郑远汉. 关于"网络语言"[J]. 华中科技大学学报（人文社会科学版），2002，（3）：102-106.

[113] 周卫红. 论网络语言的后现代文化内涵[J]. 晋阳学刊, 2006（5）: 76-79.

[114] 周文洁, 余维祥. 关于现代人符号化倾向的哲学思考[J]. 经济与社会发展, 2011（8）: 92-94.

[115] 朱爱菊. 从对人的关注和浏览中获取信息——新浪微博中的信息组织与信息获取机制分析[J]. 情报杂志, 2011,（5）: 161-164.

[116] MEYROWIZ JOSHUA. NO Sence of Place: The Impact of Electronic Media on Social Behavior[M]. New York: Oxford University Press, 1985.

[117] PIERRE B.tr. Language and Symbolic Power[M]. Gino Raymond, Matthew Adamsontr. Great Britain: Polity Press, 1992.

[118] PLUMMER K. Telling Sexual Storise: Power, Change, and Social Worlds[M]. London: Routledge, 1994.

[119] Benkler Y. Coase's Penguin, or, Linux and The Nature of the Firm [J]. The Yale I aw Journal, 2002, 112(3): 369-446.

[120] Giles J. Internet Encyclopedias Go Head to Head[J]. Nature, 2005(438): 900-901.

[121] Post D, Bradford C Brown. Peer Production Promises to Leap in Importance[J]. Information Week, 2002(7): 74.